U0909927

人工智能颠覆未来战争

石海明
贾珍珍
著

人民出版社

序

军用人工智能就是今天的“两弹一星”

江晓原

（上海交通大学科学史与科学文化研究院原院长，讲席教授）

对于人工智能，我一直持全面的否定态度，我认为人工智能是人类目前玩的最危险的那把火。早在埃隆·马斯克、史蒂芬·霍金、比尔·盖茨等人领衔的关于禁止研发军事用途人工智能的呼吁书公布之前很久，我就发表文章主张大国应该签订国际条约来限制、直至禁止人工智能的研发。

石海明博士是军事理论的研究者，在通常的意义上，可以说他是我的学生，毕竟他是在我们上海交通大学科学史与科学文化研究院获得博士学位的；狭义说来，他是我的师侄。当年他的博士论文《科学、冷战与国家安全——美国外空政策变革背后的政治（1957～1961）》出版，我为他写了序。现在他的《人工智能颠覆未来战争》付梓在即，而我又答应为他写序了。

我身边朋友们好奇的是：你一直全面反对人工智能研发，现在海明和贾珍珍的书，专门讲人工智能将如何影响未来战争，这篇序看你怎么写？

这确实是一个问题。我想了好久，最后发现我还是可以写这篇序，而且可以在这样的前提下来写：既不改变我一贯的观点，还能赞成海明他们的研究。因为我发现，这两者之间仍然是有共同点的。

当年阿西莫夫著名的“机器人三定律”，第一定律就是“机器人不得伤害人类，也不得见人类受到伤害而袖手旁观”，这个第一定律意味着，我们人类不能把杀人的权力让渡给机器人。比如有一个罪犯被判了死刑，我们可以让机器人去对他执行枪决吗？不可以。因为机器人不得伤害人类，不管这个人类是一个罪犯还是一个圣人。而这实际上就从理论上排除了将机器人或人工智能应用于军事用途的一切合理性。

如果研发军事用途的人工智能，那当然就是把杀人的权力交给人工智能。比如现在很热的军用无人机，即使是在人类下达命令之后让无人机执行攻击，也违背了第一定律，更不用说研发自主识别目标执行攻击的无人机了。

所以军事用途的人工智能就是从根本上违背“机器人三定律”的。虽然搞人工智能的不少人表示愿意尊重这三个定律，但这毕竟不是法律，只是一个科幻小说家在他的小说里提出来的，如果研发者不遵守，别人也没办法，很多研发军事用途人工智能的人当然都没有遵守这三个定律。

另外一个情况是，人工智能的边界至少在理论上是相当模糊的。比如我们口袋里的手机是不是人工智能？通过适当的定义，完全可以将手机视为人工智能。既然如此，那么现代战争中的通信指挥系统，为何不能定义为人工智能？这样的人工智能不是早就在战争中应用了吗？反过来，对另一些武器，比如无人驾驶的坦克、无人机，你既可以说这是人工智能，也可以说这只是一种自动武器。到底算不算人工智能，理论上没有明确的边界。

前些时候，埃隆·马斯克、史蒂芬·霍金、比尔·盖茨联合了很多名流，发表了一个公开的宣言，要求停止军事用途的人工智能研发，认为这有可能“唤出魔鬼”，产生比原子弹更可怕的武器。马斯克更明确表示“我们需要十分小心人工智能，它可能比核武器更危险”。一方面，军用人工智能直接操控武器或自身就成为武器，一旦失控后果难以设想；另一方面即使没有失控，研发出这类更新颖更高效的杀人武器，从根本上来说也绝非人类之福。媒体对上述宣言有过一些报道，但并未给予足够的重视。学者中也有一些人提出了类似观点，但这些都只是民间呼吁，还没有达到国家政策的层面。

马斯克自己就是一个人工智能大力的支持者和使用者，他自己的工厂里大量使用了工业人工智能，但是他一面自己使用和研发人工智能，一面却不断警告说人工智能非常危险，这样做看上去难免有伪善之嫌，但是他提出警告毕竟也有好处。比如说，我在马斯克他们的上述宣言之前早就发表文章提出过警告了，但人们会说你又不研究人工智能，你的警告我们用不着重视；但是马斯克提出警告，人们至少不能说他不研究人工智能吧？至少对他的警告有可能更重视一些吧？从这个意义上说，他的警告还是很有价值的，所以他这方面的警告我也都赞成。

那么对于《人工智能颠覆未来战争》这本书，我会持什么态度呢？也许和我身边一些朋友的预想不同，我对此书持高度支持和赞赏的态度。

这里我们有必要回忆关于原子弹的一些伦理和道德方面的思考。原子弹这种大规模杀伤武器的出现，从根本上来说当然是一种罪恶，但是人们为何普遍对美国的曼哈顿工程给出正面评价？原因很简单，因为一些效忠纳粹德国的物理学家已经在为希特勒研发原子弹了，如果纳粹德国先造出原子弹，“自由世界”很可能会万劫不复。所以美国抢先造出原子弹，并向法西斯日本投放了两颗，就被视为加速了法西斯阵营灭亡的正义之举。

其实换一个角度来看，原子弹和一系列后续的核武器，也带来了某种积极的后果。广岛、长崎的实战投放，加上稍后几年美国在比基尼环礁的实战测试（投放原子弹摧毁一些大型军舰），人类对原子弹的巨大杀伤力已经没有疑问。命运的巧合是，“自由世界”的冷战对手，社会主义阵营的苏联很快也造出了原子弹。从那以后，原子弹再也没有用于实战，它变成了一种战略威慑武器。这种武器具有特殊性质——因为任何一方使用它都高概率地意味着双方同归于尽，以至于它实际上几乎不会真的被使用了。恰恰是原子弹的这种特殊性质，使得它可以为某些相对弱小但又不愿意屈服的国家带来某种保障——当年中国的“两弹一星”就是这方面的榜样。

所以今天我们只能、而且必须抱着和当年搞“两弹一星”类似的心态，来进行军事用途的人工智能研发。军用人工智能就是今天的“两弹一星”。在这个意义上，我不仅赞成中国研发军用人工智能，而且主张要像当年美国搞曼哈顿工程那样，力争抢先占领军用人工智能的制高点。这样才有可能止戈为武，以战止战，确保和平。

在本书中，作者从多个方面探讨了与军事用途有关的人工智能问题，包括一般意义上的理论问题、人工智能在作战应用方面的新进展、美俄等外军研发军用人工智能的新动向、科幻作品对军用人工智能的启示、军用人工智能的伦理困境等等。两位作者多年来在这方面已经有了相当的积累，本书在此基础上整理发展而成。本书所作的讨论，对于我们争抢军用人工智能制高点，相信会有多方面的启发和参考价值。

展望未来，比较理想的局面，应该是各大国坐下来谈判，签署限制或禁止人工智能研发的国际协议。但谈判需要手中有筹码，只有当中国手中握有足够的实力筹码时，才有可能推动人工智能方面的国际裁军谈判。所以无论如何，我们抢占军用人工智能制高点刻不容缓。

目　录

※ 科技篇 ※

※ 作 战 篇 ※

※ 外 军 篇 ※

※ 科 幻 篇 ※

※ 伦 理 篇 ※

绪 论

决战智能之巅

在人工智能的江湖，悄然发生着一系列惊心动魄的事件。

1997 年，国际象棋软件“深蓝”战胜世界冠军加里·卡斯帕罗夫。2011 年，IBM 人工智能“沃森”在著名智力问答节目中战胜历代冠军，获得 100 万美元的奖金。2012 年，日本象棋软件 Bonkras 战胜日本“永世棋圣”米长邦雄。2013 年，亚马逊自动无人驾驶飞机项目启动。2014 年，全球首例人工智能文学创作项目启动。2015 年，谷歌汽车自动驾驶技术开始实地试验。同年，IBM 发布一款用于深度学习与类脑计算的低功耗神经形态芯片“真北”，寻求实现智能层次的超级脑。2016 年，一个名为“Master”的神秘账号在多家网络围棋平台完胜了 60 名世界顶尖围棋高手。2017 年，“阿尔法狗”（AlphaGo）对战职业围棋高手屡屡胜出。

展望未来，人工智能狂潮是否会以摧枯拉朽之势席卷一切？

2021 年，“东大机器人”考上日本东京大学。2045 年，奇点（Singularity）来临，人工智能开始自我进化。2050 年，类人机器人战胜足球世界冠军……无疑，人工智能正在飞速进化、在特定领域及特殊技能上超越人类。它真的会彻底取代人类，成为“人类的最后一个发明”吗?

对于雷·库兹韦尔提出的人工智能“技术奇点”理论，背后是两个假设：其一，虽然不同于人脑的结构，但机器人的演进也可以在某一天拥有“类人智能”，这种智能与人类智能有许多相似的特征，甚至是“自我意识”也不例外；其二，按照计算机科技发展目前遵循的“摩尔定律”或别的规律，随着计算机科技的不断发展，终究有那么一天计算机的复杂度会达到和人类一个量级的水平，到那时，类人智能或超人智能就会从机器中自动涌现出来。

尽管库兹韦尔有关人工智能“技术奇点”的理论受到人们广泛质疑，但是作为国际竞争的新焦点，社会进步的加速器，经济发展的新引擎，军事变革的新杠杆，在机器学习、神经网络、大数据、资本市场等多重因素的激发下，人工智能目前呈现出跨界融合、人机协同、全维渗透的新态势。

尤其是在当前，我国经济社会发展进入创新驱动、变挡换速的跃迁期，国防和军队建设亦进入智能主导、全域对抗的爆发期，人工智能以其独有的变革性元动因与时尚化新标签进入决策议题、专家课题及公众话题，迅速在全领域掀起多波次浪潮。

军事领域理应是对前沿科技感知最敏感的领域，因为自工业革命以来，战争已经由原来的人力驱动转向了科技驱动，五花八门的各种作战理论，都离不开对科技的关照，也正是在前沿科技的催生下，人类战争一路从自然中心战、机器中心战及网络中心战，演进到了今天的智能化时代，智能化战争、后人类战争等新概念开始逐渐进入我们的视野，冲刷着我们对战争的原有认知框架。

何为智能化战争？原点的追寻考验着我们的知识结构，更考验着我们的思维范式。回到智能这一最本源的概念，不难发现，一切并不简单。战国时期的思想家、教育家荀子在《荀子·正名》中就讲："所以知之在人者，谓之知。知有所合，谓之智。所以能之在人者，谓之能。能有所合，谓之能。"《辞海》中说，"智力，通常叫'智慧'。指人认识客观事物并运用知识解决实际问题的能力。集中表现在反映客观事物的深刻、正确、完全程度上和应用知识解决实际问题的速度和质量上，往往通过观察、记忆、想象、思考、判断等表现出来。它在掌握人类知识经验和从事实践活动中发展，但又不等同于知识和实践。它是先天素质、社会历史遗产与教育的影响以及个人努力与实践多方面因素相互作用的产物"。

"多元智能理论"的代表性人物，哈佛大学教育心理学家霍华德·加德纳说："智能是在某种社会或文化环境的价值标准下，个体用以解决自己遇到的真正难题或生产及创造出有效产品所需要的能力。人类的智能包括七个范畴：语言、逻辑、空间、肢体运作、音乐、人际及内省。"其实，人的智能就是与环境交互的能力，面对世界解决实际问题的能力，这种能力的培养与提升，需要人接受新的信息并从中不断学习，提炼出留有个体烙印的知识。这种过程是思维的过程，更是实践的过程。

人类因智慧而超越万物，自然有理由为智慧而击掌高歌：古代西方哲人曾自我标榜爱智慧，古代东方哲人断言智者不惑，甚至主张上智为间。说法不一，但对智慧的崇尚和礼拜溢于言表。个体智慧穿越了人类文明时空几千年，从毕达哥拉斯定理，到爱因斯坦的相对论再到今日号令万邦的科学技术，正是这些大师们杰出智慧的结晶。如今，伴随着生物交叉技术与人工智能的飞速发展，后人类社会扑面而来，在军事领域如何应对挑战，前瞻布局，成为摆在我们面前的一个不可回避也无法回避的难题。

日本学者松尾丰在其《人工智能狂潮：机器人会超越人类吗?》中曾扼腕叹息：日本因为“第五代计算机计划”受挫而将“王冠”拱手让给了美国硅谷，从而错失了一个时代。如今，面对人工智能与生物交叉技术合力形塑的后人类时代，我国是否迎来了“逆袭”的可能性？着力布局“互联网 +”“生物交叉技术 +”及“人工智能 +”，是否会给我国经济、工业与国防建设插上腾飞的翅膀？

面对新生事物，唯有创新的思维才能应对挑战。对此，历史给我们提供了清晰的指引。当米切尔在思考飞机的军事应用价值时，墨守成规者却一如既往地投之以冷笑。当杜黑进一步指出飞机的战略价值而创立《制空权》时，反对者引经据典加以驳斥。20 世纪 30 年代，当英美军事保守主义者都反对将坦克引入军队时，德国却创立了合同战术，最后用闪电战震惊了世界。同盟国在欧洲和太平洋战场经历了血与火的洗礼后，才领悟到机械化地面部队、轰炸机和战斗机一体化的威力。

应该说，在科学探索向极宏观、极微观和极复杂三个维度的延展中，人类熟悉了浩瀚的宇宙，洞察了显微的世界，并在复杂性的认知领域不断披荆斩棘，将目光锁定在人脑，试图揭开这个最神秘莫测的智慧枢纽。由此可见，人工智能在今天走到了镁光灯下，从科技创新史的角度而言不无道理。毕竟，在人类的所有探索中，心智之谜最扣人心弦，大脑之诀最引人注目，在这个复杂性逼近极限的领域，任何细微的进展都难免让人心潮澎湃，都激发人们期许未来。

然而，我们又不得不说，人工智能领域的探索才刚刚起步，相关应用性研究与基础性研究还不对称。

任何一支军队、任何一个民族都不能与基础科学发展的趋势逆向而行。面对人工智能与未来战争的新时代，要赢得未来，我们不妨再重温下意大利军事天才杜黑的名言：

“胜利总向那些预见战争特性变化的人微笑，而不会向那些等待变化发生后才去适应的人微笑。在战争样式迅速变化的时代，谁敢于先走新路，谁就能获得用新战争手段克服旧战争手段所带来的无可估量的利益。”

科 技 篇

※ ※ ※

“以大量记忆构造出来世界的模型。你所知道的所有东西都储存在这个模型中。脑就根据这个以记忆为基础的模型不断地预测未来。正是这种预测未来的能力才是智能的关键。”

——霍金斯（美国计算机工程师、企业家、掌上电脑和智能电话的先驱）

机器战胜人类？——AlphaGo 人机对战的启示

自 2016 年 12 月 29 日“上线”起，短短 7 天，一个名为“Master”的神秘账号在多家网络围棋平台完胜了 60 名世界顶尖围棋高手，其中包括柯洁、井山裕太和朴廷桓等中日韩三国最强选手，以及“棋圣”聂卫平、八冠王古力等，颇有独孤求败之势。终于，在 2017 年 1 月 4 日晚间，“Master”亮明了身份：它就是“阿尔法狗”（AlphaGo）。从 2016 年刷爆各大媒体的“世纪人机大战”，到如今 Master 对战职业棋手的屡屡胜出，人工智能无疑成为时下最炙手可热的“技术之星”。

有人依此断言，人类进入智能时代。

一、美国智库的预言

军事领域是对科技前沿感知最敏锐的领域。当前，随着人工智能等相关科技的飞速发展，对于其未来的潜在军事影响，世界各主要军事强国都高度关注。在此背景下，美国智库“新美国安全中心”成立了专门的“20YY 战争形态倡议小组”，对机器人技术的发展与未来战争变革进行了系统研究，形成了一系列相关研究报告，从2014年2月到2015年4月，相继发布了5份20YY研究报告，这本《20YY：机器人时代的战争》就是其中之一。

该报告由时任“新美国安全中心”首席执行官，后担任国防部常务副部长的罗伯特·沃克牵头完成，需要指出的是，沃克也负责美国第三次“抵消战略”的相关策划，在其看来，以智能化军队、自主化装备和无人化战争为标志的军事变革风暴正在来临。为此，美军将通过发展智能化作战平台、信息系统和决策支持系统，以及定向能、高超声速、仿生、基因、纳米等新型武器，到2035年前初步建成智能化作战体系，对主要对手形成新的军事“代差”。至2050年前智能化作战体系将发展到高级阶段，作战平台、信息系统、指挥控制全面实现智能化甚至无人化，更加多样的仿生、基因、纳米等新型武器可能走上战场，作战空间进一步向生物空间、纳米空间、智能空间拓展，实现真正的“机器人战争”。

事实上，由于人工智能在军事领域日益广泛的应用，其正成为军事变革的重要推手，必将催生新的战争模式，改变战争制胜内在机理。因此，美国在人工智能领域的研究虽然不在“无人区”，但一直处于前沿领域，2016年1月，NASA进行了“小行星重定向机器人任务”航天器早期设计工作；8月，DARPA启动了人机协作项目——“可解释的人工智能”(XAI)，并向工业部门寻求开发人工智能自适应无线电技术；10月，美国发布了《为人工智能的未来做好准备》和《国家人工智能研究与发展战略规划》，这两份文件详细阐述了人工智能的发展现状、规划、影响及具体举措。

按照传统的思想与理解，人工智能应用于战争，无非也就是使战争更加智能化。比如说，有了人工智能技术，无人作战平台系统的智能化水平将更高，平台上的无人作战飞机、无人反潜战或反雷战潜水器，以及无人战车等武器既可以被作战人员远程遥控操作，也可以让武器按预编程序自主运作，并能要求武器系统在短时间内对威胁情况、打击手段、打击效果进行分析和研判，进而全面提升无人作战平台及系统的智能化水平。

然而，未来人工智能的发展对战争形态的颠覆，或许要比上述勾勒的图景更加超越人们的想象，必将开启一个崭新的智能时代，那个时代不是我们今天所看到或预见的互联网、物联网时代，而是一个脑联网时代。

对此，我们需要沿着历史的长河溯源而上才能洞察未来。

二、“脑联网”的智能时代

纵观人类社会发展，有一条清晰的演进脉络。在人类社会进入区域帝国之前（如古罗马、中国、阿拉伯帝国等），国家与国家、人与物、人与人、物与物是弱关联的。公元 1500 年前后的地理大发现，拉开了不同国家相互对话和竞争的历史大幕，开启了全球经贸互联互通的新时代。比如，“在 19 世纪初，历史上第一次，海运、铁路、国际银行和贸易已经连接了我们星球上每一块适宜居住的大陆。”①1969 年“阿帕网”诞生，人类社会进入了“万物相联”的互联网乃至今天人们热议的物联网时代，整个世界逐渐成为一个“地球村”。

展望未来，科学技术的突破必将开启一个新的时代，特别是一旦生物交叉技术尤其是脑机接口技术（BCI）的发展，实现了人或动物的大脑与外界的直接信息交流。人类社会发展必将由此来到一个新的转折点，未来人与人、物与物、人与物充分互联互通。但是，此物非彼物，

---

① ［英］乔治·扎卡达基斯：《人类的终极命运：从旧石器时代到人工智能的未来》，陈朝译，中信出版社 2017 年版，第 209 页。

此时的“物”是人大脑的延伸、智力的延伸，更是智慧的延伸，人类社会从此进入“脑联网”的智能时代。

对于这个“脑联网”的智能时代，人类战争的面孔将会被涂抹成什么样？我们或许需要跳出原有的思维窠臼，需要一个更高层面、更宽视野、更新视角的审视。就某种意义而言，军事系统是社会系统的缩影，因此，与人类社会系统同步，军事系统也必将经历了一个从“物质系统”“能量系统”“信息系统”走向“智能系统”的过程。

智能化战争孕育于信息化战争这一“母体”之中。早在第一台计算机问世后不久，就有科学家预言，人工智能时代必将来临。1950年，艾伦·图灵出版《机器人与智能》一书，6年之后，美国科学家约翰·麦肯锡提出“人工智能”一词，主要含义是指依托计算机运用数学算法模仿人类智力，让机器“学会”人类的分析、推理和思维能力。经过半个多世纪的迂回曲折，近年来，人工智能发展进入“快车道”，正由弱人工智能向强人工智能迈进。美国科学家雷·库兹韦尔预言：2045年将是人工智能超越人类智慧的“奇点”。

或许库兹韦尔的预言有夸张的成分，人工智能超越人类智慧的所谓“奇点”不会到来得这么早，抑或根本就没有这个“奇点”，这的确可以商榷。但有一点却是肯定的，未来的人工智能发展，必将彻底刷新我们今天所认知的战争，具体催生什么样的“脑联网”时代的战争，还只能根据未来科技的萌芽进行想象。

三、告别牛顿机械论军事观

可以预见，伴随着军事“智能系统”的自生成性、自组织性、自演化性不断发展，战争对垒双方已不再是用“能量杀伤”以消灭敌人

“有生力量”，而是通过“脑”控武器来控制敌人的思想和行动。作战主体由“知识战士”向“超级战士”转化，作战平台由信息化“低智”向类脑化“高智”发展，作战样式由“体系作战”向“开源作战”演进。由此，未来战争将超越“信息主导、体系对抗、精确打击、联合制胜”的传统制胜机理，开启“智能主导、自主对抗、溯源打击、云脑制胜”的崭新攻防模式。总之，未来的军事系统不仅仅是“物质系统”、“能量系统”、“信息系统”，还是一个人机融合的“智能系统”。未来战争的毁伤方式将发生变化，武器的演变主要围绕智能的控制与反控制、摧毁与反摧毁而展开。

应对未来这样的战争，我们需要更新观念，特别是要摒弃传统机械论在军事领域的影响。按照牛顿机械论自然观，世界的缩影就是一架“时钟”，里面的因果关系非常清晰，按时摆动有秩序地运转。世界都像一架“时钟”，军事系统就更像“时钟”了，简单直接，因果明了。然而，在未来的“脑联网”时代，我们研究战争需要新视野、新思维、新范式。要真正超越牛顿机械论及奠基其上的有机论，树立复杂系统思维，要注重运用整体观、联系观、演化观等来透视战争。

著名军事专家刘戟锋将军曾指出，在“脑联网”的智能时代，一个显著特征就是智慧彰显。

人类文明因智慧“善”用而进化，人类文明也因智慧“滥”用而毁灭。

科幻作家艾萨克·阿西莫夫曾说：“在我们这些真正无所不知的人眼中，那些自以为无所不知的人就是一个巨大的麻烦。”

未来科技向何处去？未来战争向何处去？

这考验着人类的智慧。

大数据：让智能化战争步入“精算”时代

伴随着信息化社会数据的“爆炸式”增长，大数据自然引起军事领域高度关注。在未来战场上，漠视数据就是漠视生命，克劳塞维茨所谓的“战争迷雾”在科技之光的映照下，必将极大地趋向弥散化，作战较量进入相对透明的“精算时代”，乃智能化战争的大势所趋。因此，如何看待大数据的问题，就是如何看待未来战争的问题，可以讲，军事领域的数据之争，绝不仅仅是作战资源之争，更是作战方法之争，作战理念之争。

一、小战争，大数据

告别20世纪两场血与火交织的世界大战，在颠覆性技术的催生与掣肘下，未来的人类战争走向小型化、隐形化及全域化，这样的判断目前已有一定共识。战争变小，数据变大，战场变透，数据变精，战法变活，数据变聪。恰如隐没在海面之下的冰山一样，看不见的数据才是战争真正较量的重心所在。

战争变小，数据变大。从古代的自然中心战到近代的机器中心战，直到现代的信息中心战或网络中心战，军事技术进步与战场军队规模之间一直存在着某种张力，军事技术打击力、防护力的提高倾向于限制战场军队规模的扩张，而机动力、信息力的进步，则对战场军队规模有正逆双向影响。两者交互作用的结果，使战场军队规模在两次世界大战达到顶峰。技术重构战场，反映在信息维度，就是战场数据量急剧攀升。如在阿富汗战争期间，一次小型反恐行动，美军的陆基、空基及天基全方位侦察系统运转一天就产生了 53T 数据。战术行动，体系支撑，如此量级的作战行动与战场数据，无论是对指控机构，抑或作战人员，都是全新的考验。

战场变透，数据变精。在以往的人类战争史上，对谋略的尊崇一直热度不减，那些创造“以少胜多”“以弱胜强”“以劣胜优”经典战例的将帅，一直是古往今来军事界顶礼膜拜的战神。在技术定义战争规则的今天，战场正在变得透明，必将进一步挤压在模糊中顿悟的谋略空间，战争需要精准设计、精准筹划及精准指挥，这一切都离不开数据。进而言之，数据承载信息，大数据能否消除“战场迷雾”，关键不在数据多寡，而在于如何从大数据中挖掘出“精准”信息，进一步推测出高价值密度的情报，并以此作为军事行动决策的依据。美国国防部近几年不断资助相关机构研发大数据挖掘分析系统及相关技术，其目的就在于为赢得战争打造“数据加工厂”，生产精准、优质、高能的数据，而不是海量、离散、无效的数据。

战法变活，数据变聪。技术创新与战法创新，两者相辅相成。大数据与云计算、人工智能等深度联合，就能够挖掘出隐藏在海量数据背后的作战规律，从而使作战运筹程式化、清晰化与标准化，而不是经验化、模糊化与个性化。当然，这进一步逼问出一个更为深刻的军事命题：战争到底是科学还是艺术？我们不妨把战争看作是一个连续谱，一端是科学，一端是艺术，随着技术对军事的撬动，在这个连续谱上，战争正在向科学一端移动，其背后的支撑之一就是数据变得越来越“聪明”了。如美军在研发的“近传感器计算”产品，以作战平台为依托进行数据边缘高速处理，就增加了无人机作战单元的“自主性”，使之可以在作战体系中灵活地、能动地、聪明地对作战环境做出反应。

二、“数据—算法”大战

大数据能否改变战争规则，关键不在数据本身，而在于对数据的挖掘开发，如何在全域联合作战、全频军事行动中链接数据、激活数据并创造数据，日益成为制胜未来战争的要害。而这一切的秘诀就在于那只“看不见的手”——算法。

算法链接数据。马歇尔·麦克卢汉有句名言：“人们曾经以采集食物为生，而如今他们要重新以采集信息为主，尽管这件事看起来很不可思议。”麦克卢汉虽然没有谈论军事、谈论数据，但其对数据、信息与社会变革的洞见是极富前瞻性的。在信息化战争风靡全球之前，人们从来都没有对数据、信息如此倚重。而如今，“除了等待变的，一切都已变了”，未来战争将是联合作战、全域作战，各军兵种的作战体系独立运转必然产生大量分散数据，形成的“数据池”“数据井”“数据塔”倘若无法连通，势必无法提炼信息，创造价值。因此，如何让不同军兵种作战体系产生的数据汇聚起来、链接起来、流通起来，通过大交融、大分析、大关联，以此来支撑全域作战行动，这显然是一个重要的科学问题。

算法激活数据。在全域作战、联合作战的大框架下，未来战场将密布各类实时数据、侦察数据、指控数据、传感数据，等等。大数据的全域分布会给作战行动带来前所未有的复杂性，如何将数据优势、信息优势转化为决策优势、战场优势，考验着算法这一幕后英雄。正是算法这只“看不见的手”，使战场数据、信息变得有序、有谱、有效。尤其是赛博空间的对抗，特殊的信息规律决定了算法的绝对价值，好的算法能够激活数据，使之产生真正的作战价值。应该说，在科技主导的战争中，几乎所有的军事运行流程，都是由算法在幕后建立一种秩序。恰如主导社会经济领域运行的推荐算法、分配算法、匹配算法、区块链技术及相关算法、大数据处理算法及数据交易算法等一样，在军事领域的算法也将使数据产生价值，并贯穿于作战全流程。

算法创造数据。在传统的战争中，作为一个封闭体系，战争主要汇聚、流通及利用的是物质与能量，这两个基本范畴都有一个共性，那就是零和性。而数据和信息最典型的特点之一就是非零和性，尤其是在一个开放体系中，如何收集数据、挖掘数据、开发数据的价值，在信息化战争或智能化战争中，显得尤为重要。算法，由于自身所具有的独特性，使其定义的军事系统也具有高自主性、高扩展性及高鲁棒性等特点，由算法掌控的军事系统，高效运转、适时扩展、相对稳定。在这个过程中，完全可以通过创造新的数据和信息来优化军事指控系统。而且，由于算法不会停止进化的脚步，随着算法的崛起与驱动，未来的作战模式也将会不断升级。

三、迈向智能化军事新时代

在智能社会充分来临之前，清晰地勾勒智能化军事的模样，必须借助科技的理性之眼，从“科技—战争”演进链条中推演未来的趋势，如此涂抹出的未来战争色彩，才不会变色走样。

人机协同，共享信息。未来的智能化战争将是人机协同的战争，今天不断刷新我们认识的军用机器人、各类无人作战平台、脑机接口技术及“物理—生理—心理”融合技术等，都在传递着这样一种信息，描摹着这样一种图景：人机协同，共享信息。如在《变形金刚》电影中，特战队员与掠食者无人机的协同作战，就透露出智能化战争初级协同的作战情景，当更丰富、更智能的机器人走上战场之后，人机协同将开启全新的作战样式，到那时，没有大数据技术支撑的一方，将无法掌握战场的主动权，尤其是高度依赖数据安全的指控系统，将成为整个作战体系的阿喀琉斯之踵。

云脑控制，数据攻防。未来充分智能化的军事体系，将有一个“大脑”隐喻的中心，分布式作战单元通过云大脑链接起来，这个云大脑既是物理信息、生理信息及心理信息中心，也是军事指挥与控制中心，同时也是颠覆性军事技术研发中心，等等。多中心的耦合赋予了该云大脑核心的战略地位，从而使其汇聚的数据本身成为对垒双方的攻防中心，如何渗透、污染、破坏敌方的数据源、数据链、数据网，成为掌握战争主动的关键。古时言“兵马未动，粮草先行”，在未来的智能化战争中，或许将是“兵马未动，数据先行”。

智能主导，全域作战。在未来的智能化战争中，数据、算法与人工智能密不可分。从某种意义而言，大数据之所以是“金矿”“密钥”“银库”，关键在于有挖掘、处理及利用大数据的优质算法。准备未来的智能化战争，首先是思维的准备、观念的准备，其次才是技术的准备、战法的准备。比如，从体能较量、技能较量到智能较量，确立智能主导的军事价值观，积极关注数据思维，探索大数据背景下的军事训练、军事管理及指挥作战等二阶关联问题，才能为赢得未来战争抢占先机。

机器人操作系统：智能化战争的“幕后英雄”

自20世纪80年代以来，军用机器人逐渐得到广泛应用，美军的“剑”“魔爪”，俄军的“平台”“阿尔戈”等机器人在走向硝烟弥漫的战场后声名大噪，助力一线作战部队效果显著。如今，人们通常熟知这些战争“怪物”，而对于控制这些军用机器人的“幕后英雄”——机器人操作系统，却鲜有关注。

一、应运而生，演进升级

21世纪初，伴随着机器人领域的快速发展和复杂化升级，程序代码的复用性和模块化需求日趋强烈，机器人行业中硬件的非标准化生产、软件的编程代码不通用等问题渐次凸显。从实用性角度来看，机器人发挥作用的关键在于具备适应多样复杂任务与环境的能力，而这一任务并非一己之功能够完成的。归结起来，机器人行业的发展应用需要可靠通用的软件与标准化高效生产的硬件，由此，机器人操作系统应运而生。

机器人操作系统是编写机器人软件的灵活框架，是用于机器人的一种开源操作系统或次级操作系统，提供了一系列工具程序和适用于获取、建立、编写和运行多机整合的程序和工具，提供的功能包括硬件抽象描述、共用功能执行、设备驱动、函数库、可视化工具、消息传递和软件包管理，等等，其设计目标在于提高机器人研发代码的复用率，简化多种机器人平台之间创建复杂性和鲁棒性机器人行为的任务量。

当前最通用的机器人三大操作系统为 Ubuntu 系统、Android 系统和 ROS（Robot Operating System）系统，其中 Android 系统使用率最高，而 ROS 系统则成为机器人研发领域的事实标准。相比于其他系统，ROS 系统适用于协作式机器人软件开发，具有点对点设计、多语言支持、精简与集成、工具包丰富、免费且开源等优点，因此在诸多大学和研究机构被广泛应用，已成为学术界指定的创新验证平台，并衍生出了 ROS–I、ROS–A、ROS–DoE、ROS–M 等多个版本，其中 ROS–M 是 ROS 系统的军用版，主要应用在无人机领域。与其他操作系统相比，ROS 系统的分布式和模块化有效降低了人机交互机器人的开发难度，与未来机器人智能化、人机交互的发展趋势相吻合，可能将成为最专业、最全面、功能最强大的机器人开发平台。

二、聚焦实战，基座创新

机器人操作系统是开发军用机器人的基础平台。军用机器人是用于完成以往由人员承担军事任务的自主式、半自主式或人工遥控的机械电子装置，而机器人操作系统则运行在机器人之间，是管控机器人的软件体系。操作系统使得每一位机器人设计师都能使用同样的平台进行机器人软件开发，正因如此，开发新的操作系统直接关系机器人的更新换代。一直以来，世界主要军事强国都将军用机器人作为研究重点，五角大楼每年在军用机器人领域投入数十亿美元，当前美军在此领域的开发与应用已涵盖陆、海、空、天等各军兵种，是世界上唯一具有综合开发、试验验证和实战应用能力的军队。俄罗斯则正在执行《2025年前未来军用机器人技术装备研发》综合专项计划，逐步构建军用机器人技术系统，根据俄军相关发展规划，2025年前俄军武器库中机器人的比例将达到约30%。随着现代战争日益呈现出从信息化向智能化演进的大趋势，军用机器人的应用必将越来越广泛。自20世纪60年代以来，机器人先后经历了三代演进：从“遥控操作器”到“程序执行器”，再到智能机器人，在这一创新过程中，机器人操作系统的更新升级扮演了重要角色。ROS系统诞生于2007年的斯坦福大学，在全球开发者的共同支持下，现已包含2000多个机器人平台的常用软件包。据不完全统计，仅2017年5月全球就有7万多个独立IP下载了900万次ROS程序包，且ROS开发者社区中的1840位成员一共写出了1000万行代码。

由此可见，机器人操作系统并不是一个陈旧不变的框架，而是处于不断开发与完善过程之中。目前，全球致力于开发智能机器人产品的公司数不胜数，但从基底意义上关注机器人操作系统研究开发的却是凤毛麟角，我国目前主要有三大智能机器人操作系统：Turing OS系统、用于小i机器人的操作系统iBotOS以及ROOBO人工智能机器人系统。以上机器人操作系统侧重于机器人的系统性、决策力等不同面，由此可见智能机器人的开发并非像ROS系统那样是“大一统”的局面。此外，机器人操作系统的完善不仅需要海量的硬件适配，也需要海量的开发者参与，这也是机器人开发创新的重点所在。总之，机器人操作系统的出现实现了从底层设备控制到高层数据管理的有效集成，对于军用机器人的创新发展具有基础性价值。

机器人操作系统是实现智能化作战的技术支撑。伴随着智能化武器装备的发展与应用，未来战争的“智能化”气息扑面而来，“钢铁战士”不再只是科幻电影中的虚构形象，而是日渐成为各国军方关注的重点，当前机器人已被用于侦察、排雷、防化、保障及直接攻击等各个领域。作为控制机器人的软件体系，机器人操作系统是机器人之间相互理解并遵守规则的保证，也是多机器人及异构机器人之间协同行动的平台，如同一根链条将机器人置于共同框架之下。

与计算机操作系统不同的是，机器人操作系统通过资源管理与行为管理相结合的架构，负责机器人观察—判断—决策—行动的全过程，机器人操作系统的完善是增强机器人的自主性、生存性与对抗性的关键所在，如 2014 年美国 iRobot 公司开发了一项用于提升机器人应急处置自主性的新操作系统，通过与 Android 程序相配套，军用机器人具备了更强的自主思考能力。再比如针对异构多机器人的协同规划与决策问题，德国人工智能研究中心（DFKI）在“分布式机器人系统集成式任务规划”（IMPERA）中使用了标准化、模块化的任务规划架构，有效弥补了各个机器人分支在信息处理和问题求解方面的局限性，增强了机器人团体自主判断及决策的合理性与准确性。在未来智能化战争时代，机器人将取代或协同部分人类参战已成大势所趋，而内嵌的机器人操作系统则直接规约着机器人的作战模式，是竞逐双方需要抢占的技术高地。

三、智能导向，深度融合

在机器人应用与发展过程中，机器人操作系统发挥了重要作用。与计算机操作系统的演进过程相类似，机器人操作系统也面临着瓶颈与挑战。以往的机器人操作系统主要解决了机器人的运动控制问题，未来则需要构建一个广义的操作系统，在驱动本体的支持下，为加强机器人的语言、视觉、听觉、行动等各方面的表现进行补充与升级，完善部件驱动、环境感知、行为管理、数据传输等功能，从而增强机器人可视控制、模拟仿真、数据传输和深度学习的能力。

人工智能是机器人操作系统进一步升级所面临的最艰巨挑战，可用于解决当前操作系统在观察监测、行动判断、规划决策等方面的局限。博伊德 OODA 循环作为设计机器人操作系统的参考模型，包括观察、判断、决策和行为控制四大环节。针对观察环节，利用高精度、鲁棒的多传感器信息融合算法库能够促进传感器信息的交互与融合，提升机器人群协同观察的能力。行为判断是 OODA 模型中最关键也最难以完善的环节，军用机器人能力的终极目标在于具备类人的判断能力，这就需要机器人操作系统与人工智能中深度学习、神经网络等算法相结合，建立能够适应复杂战场环境的学习模型及模型识别方法，并利用大数据提高机器判断的准确度。为增强机器人进行复杂规划与决策的能力，则需要进一步完善领域无关规划与相关规划的决策库，针对问题描述与求解加入成熟规划算法，实现复杂战场环境与任务中高效准确的规划与决策，尤其是在多机器人协同的情境中，更需要进一步推动算法创新以提升机器人群体的信息处理与问题求解能力。与传统计算机操作系统实现“互连、互通、互操作”不同的是，军用机器人操作系统需实现各部分的“互操作、互理解、互遵守”，其目的已不仅在于处理各类战场信息，而是执行多领域作战任务。在此过程中，如何实现与人工智能的深度融合是升级机器人操作系统并使之适应智能化战争的关键挑战。

人类心智演化的梯子

敬畏我们的大脑！大脑，浓缩着人类心智进化的历史，也是未来科技着迷的城堡。

人类心智的本质何在？现代心智如何演化而来？构建人工大脑路在何方？这一系列问号，追问的都不是小问题，而是没有终极答案的大问题。

英国学者乔治·扎卡达基斯在《人类的终极命运：从旧石器时代到人工智能的未来》中，拆除文学、哲学和科学之间的篱笆，超越远古、近代与现在的时空，虚拟对话柏拉图、笛卡尔、维特根斯坦、哥德尔、图灵、维纳、申农、冯·诺依曼、麦卡锡等在人工智能发展史上留有浓重一笔的思想巨匠，并在《禁忌星球》《暴风雨》《银河系漫游指南》《我在精灵树丛中的生活》《弗兰肯斯坦》《大都会》《星际迷航》《银翼杀手》《黑客帝国》《终结者》等文艺、影视作品中寻觅到与科学界、哲学界遥相呼应的主题。

跨学科的对话，当然希冀解开“意识难题”。总体来看，《人类的终极命运：从旧石器时代到人工智能的未来》一书虽然不够透彻，但有局部突破。

一、人类心智何以演化？

将目光投射在4万年前欧洲和其他地方的岩画上，扎卡达基斯从古老艺术中追寻心智的起源之谜。在其看来，艺术的创造，源于我们的心智试图理解自身的存在、他人的关系与外在的世界。在“视觉符号化”的艺术出现之前，智人经历了一次“现代心智大爆炸”。“‘现代心智大爆炸’可能源自基因突变，人类获得并发展了通用语言，这种语言进而改变了意识。最后，靠着表达一切的语言，一小群早期人类发展起来，很快就适应了各种环境。动物和无生命物体的世界被纳入心智，人类变成了符号宇宙的造物主。”①

语言创造了我们的世界，这个观点蕴含着深刻性。人类有了通用语言之后，就开启了新的世界。在第一世界（天然世界）之外，开始有了第二世界（符号世界）及第三世界（意象世界）。在作品中，扎卡达基斯懵懂地感觉到了这一点，但论述还不够彻底、不够清晰。在其看来，“二元论、心理理论、讲故事的能力和拟人化”这四种元素，塑造了人类的现代心智，相关影响延宕至今。但如果深究的话，在这四种元素背后，其实是人类心智的演化，引发了从第一世界向第二、第三世界的拓展。

在天然世界和符号世界之间，原本的界限是模糊的，这也是人类早期图腾思维的基础。恰如书中引用的人类学家提姆·英戈尔德所言：“对于他们而言，并不存在两个世界，人的（社会的）世界和东西

---

① ［英］乔治·扎卡达基斯：《人类的终极命运：从旧石器时代到人工智能的未来》，陈朝译，中信出版社2017年版，第15页。

的（自然的）世界。只有一个世界，乃其赖以为生、行于其间的大地山河。”① 图腾思维蕴含着两个关联的世界，但由于科学与技术的缺席，两个世界尚未分隔，远古人类尚需经历漫长的进化，才能跃迁到新的认知层级。

此后，伴随着人类认识自然、改造自然的进化之路，“人—技术—世界”的关系也发生了变化，与美国技术哲学家唐·伊德在《技术与生活世界》中提出的人与技术之具身关系、诠释学关系、它者关系及背景关系不同，笔记认为，从大历史尺度来看，“人—技术—世界”关系大致经历了以下三个阶段的演化：其一，人—技术—世界；其二，人—技术—（技术—世界）；其三，（人—技术）—技术—（技术—世界）。

在“人—技术—世界”三阶段的演化历程中，人类心智也在同步演化之中，身体与环境的交互，技术中介扮演了重要角色。着眼未来，在“人—技术”关系的赛博格与技术重构后的“技术—世界”之间，一种新型的主客观关系构筑起来，这也是后人类主义哲学思潮描摹的未来世界。

二、人类意识源于何处?

意识，人工智能的核心问题。倘若破译不了意识的奥秘，所谓的智能机器，就不过是一架没有主观体验、没有人类感觉的自动机器而已。这种观点今天已然成为常识。然而，意识又是什么？计算机科学家是否笃信算法之类的逻辑编码能够制造机器意识？出版《惊人的假说》一书的克里克说，意识是一种纯粹的生物学现象，可以像其他自然现象

① ［英］乔治·扎卡达基斯：《人类的终极命运：从旧石器时代到人工智能的未来》，陈朝译，中信出版社 2017 年版，第 21 页。

一样研究和测量。但是，目前的科学研究揭示，重量为1.4千克的人类大脑由约1000亿个“神经元”构成，并且通过百万亿级的突触相连。这种超出一般人想象的复杂度，给模拟大脑带来了前所未有的挑战——破译意识，何其容易？

或许正是由于大脑的这种高度复杂性，引发了还原论思想破译意识奥秘的困境，弄清大脑中每一个“神经元”的功能及每一个连接的作用，难道就可以自下而上地构建人工大脑吗？

其实，与其说现代心智起源于多种神经通路的整合，还不如说，它起源于人类与环境的复杂互动。在这种互动中，人类有了自我意识。扎卡达基斯在作品中说，“自我意识是人类意识中最为深层和最神秘的要素……自我意识既是我们的救赎，同时也是一枚投向逻辑学、数学、计算机科学和人工智能根基的炸弹。它认为心智具有观察自己的能力。”① 如果“人”是这样一种反馈循环，意识是大脑神经通路将信息传递回自身的递归过程，那么，意识的产生就绝不仅仅是逻辑解答能够胜任了。

扎卡达基斯在作品中谈及这一点时，介绍了神经科学、医学成像技术、脑科学等前沿科技领域的最新进展，特别是“人类大脑计划”（HBP）雄心勃勃的宏伟构想。尤其关注到，今天医学上的脑电图、脑磁图和功能性核磁共振成像打开了透视人类心智的窗户，但在更微观层次上完全揭开大脑运行的机制、意识产生的原因，这些科技手段的突破尚远远不够。

俯瞰今天的科技领域，主流的倾向性观点是，意识是一个量子现象和生物学现象，是大脑中的物理过程，必然经历了演化。因此，碳基

① ［英］乔治·扎卡达基斯：《人类的终极命运：从旧石器时代到人工智能的未来》，陈朝译，中信出版社2017年版，第82页。

分子与硅基分子有天然的隔绝，我们不可能在计算机中编码意识。未来，倘若没有计算机领域的根本性范式变革，人类不可能制造出真正的智能机器。即使人类制造出所谓的智能计算机，能够通过图灵测试之类简单的考验，也不会有真正的意识，用“哲学僵尸”这个隐喻来指称，再恰当不过了。雷·库兹韦尔宣称的所谓2045年迎来人工智能“奇点”的说法，更多的是科学的狂想，是对“意识大难题”的有意漠视，而并不是人类科学真正的未来。

意识到底是什么呢?“当我们谈论‘意识’时，常常视它为一个统一的现象，实际上意识是许多分子在‘非意识’的层面上多重互动的结果。同一理论是一种由科学发展和还原论驱动的思想，最终，所有自然现象都可以还原为各个部分的互动。对于意识研究，各个部分就是神经元和他们的联结。”① 扎卡达基斯在作品中提到，意识有三种本能的状态：觉醒、注意和觉察。纯粹的还原论无法解释复杂系统中新特性的涌现，这种涌现性关键在于自反性。“例如解释大脑中产生的意识，我们需要利用控制论的方法。我们需要定义自组织的层级：从分子到神经元再到脑区，甚至可能到整个社会层级，研究因果的链条，研究分叉如何导致了意识的涌现。”②

显然，一如心智的演化一样，意识的奥秘也不是短期就能够破解的，它有赖于对大脑进行多学科的揭秘。或许，也有可能，这种试图探究生物系统规律的努力，本身的可行性尚存疑。“生物系统是宇宙中最复杂的系统，极其难以研究。一切因素都和其他因素相连，大多数连接

---

① ［英］乔治·扎卡达基斯：《人类的终极命运：从旧石器时代到人工智能的未来》，陈朝译，中信出版社2017年版，第138页。

② ［英］乔治·扎卡达基斯：《人类的终极命运：从旧石器时代到人工智能的未来》，陈朝译，中信出版社2017年版，第174页。

都是我们想象不到的。实际上，生命系统处于一种临界状态，我们还在疑惑其背后是否存在着基本的法则。如果这种法则存在，我们又可以找到它，我们就可以讨论如何创造肉体、心智和思想。”①

三、科学隐喻的价值

“心脏是一台机械泵。”“原子是微型太阳系。”“DNA 是生命的图书馆，而基因就是其中的书籍。”“牛顿的万有引力定律是美妙的。”扎卡达基斯在作品中引导读者思索这类科学隐喻的价值。

原来，在人类心智的演化史上，“我们关于生命的隐喻不断演化和变异。一开始是泥土，之后是水与体液，然后是机械，再之后是电流或者生命的火花，紧接着是电报和现代计算机。对于每一个隐喻，人类都曾经设想过自动的、人造的技术来支持这个隐喻。在希腊化的埃及，它是水利工程，在 17 世纪的法国，则是机械装置和弹簧，到 21 世纪则成了计算机工程。”② 的确，科学隐喻的变化，折射的是我们对自然与自身知识的拓展，恰如心智的梯子，不断指引人类将讲述的故事向远方延续。

当然，在这种故事的讲述中，“爱的叙事”与“怕的叙事”，作为科学乐观主义与科学悲观主义的两极，一直是平行演化的，共同汇聚为人类科学价值变迁史。

扎卡达基斯在作品中专门把科学隐喻作为一个篇幅进行阐述，如

① ［英］乔治·扎卡达基斯：《人类的终极命运：从旧石器时代到人工智能的未来》，陈朝译，中信出版社 2017 年版，第 277 页。

② ［英］乔治·扎卡达基斯：《人类的终极命运：从旧石器时代到人工智能的未来》，陈朝译，中信出版社 2017 年版，第 41 页。

果不深思，就会觉得与该书的主体不相吻合，但仔细考量才发现，语言与世界的关系非同寻常，语言早年在人类心智演化中至关重要，在今天依然是我们描述科学问题绕不过去的思维工具。柏拉图在《理想国》中宣称要将诗人驱逐出城邦，维特根斯坦一度也主张要净化语言，其实，哲学家的激愤言论背后，更多的是流露出对洞察世界天才般的自信，没有谁可以真正绝对“净化语言”，维特根斯坦后来也意识到，“意义只是语言的使用者之间的社会建构”，这是思想在历经不断迭代与循环之后的一种更深刻而精准的洞见。

无人机：智能化战争的终结者？

犹记得好莱坞电影《遗落战境》讲述了这样一个故事："杰克–42"意外发现自己原来是一个帮助外星人入侵地球的克隆人之后，便对外星人展开绝地反击并最终拯救了地球。除去夺人眼球的特效、动人心弦的剧情之外，影片中的反面主角"无人机"成为全剧一个亮点，无人化作战缘起何方？优劣何在？走向何处？一系列疑问激发我们深入思考。

"军队的全部组织和作战方式以及与之有关的胜负，取决于物质的即经济的条件：取决于人和武器这两种材料，也就是取决于居民的质和量以及技术。"[①] 重温伟大哲人恩格斯有关战斗力的上述精辟论述，不是有意教条主义般引经据典，而旨在说明，人与武器的"结合"一直是有关战争的核心问题。然而，未来物理战却有可能让"人"走开，换而言之，人与武器将以另一种"结合"形式走上战争舞台。对此，多年前在阿富汗战场上演的一幕颇值关注。

---

① 《马克思恩格斯选集》第 3 卷，人民出版社 2012 年版，第 551 页。

一、谁拉开了无人化战争的帷幕？

2002年11月3日夜，在也门境内的马里布沙漠地区，一架美国中央情报局所属的RQ–1A“捕食者”（Predator）无人机从高空发射一枚“地狱火”空对地导弹，将包括本·拉登的贴身保镖阿布·哈里在内的6名基地组织成员炸死，无人机的操控者位于数百英里外吉布提的一个秘密指挥部。

无人机在人类战争史上实施的精准制导攻击，其意义是深远的。它标示着，在科技进步与军事需求的双轮驱动下，无人兵器必将在未来重新涂抹战神的面孔。

就在这次袭击事件之后，美军看到了无人机具有的战术机动性强、生产维护成本低及作战效费比高等优点，坚定了发展无人机打击全球恐怖分子的决心。据美国华盛顿一家战略思想库布鲁金斯基金会的研究报告显示，在小布什时代率先使用的无人机，后来在奥巴马执政时期迅速扩大了规模。具体而言，奥巴马同意使用无人机发动袭击的次数4倍于小布什，通过“定点清除”，共造成了多达1800名恐怖分子毙命。另据美军新版无人兵器发展路线图透露，美国将在未来10年内投资100多亿美元用于无人机的研发与采购，而10年后美国国防部每年用于无人机研发的资金将高达40亿美元。此外，美军还宣称，其海军计划用武装无人机——可能基于X–47B——来取代未来一部分或全部的F–35有人驾驶战斗机。当然，除美国之外，英国、法国、俄罗斯及日本等军方近年来也在精心实施各种无人兵器发展计划。

一叶知秋，透过上述无人兵器的发展动向，一幅未来无人战争图景隐隐而现：到那时，与传统战争中有血有肉的战士在有固定边界的前线对阵厮杀不同，代替战士们冲锋在第一线的，也许将是在陆地昂首挺胸、勇敢前进的智能机器人，在空中隐身盘旋、伺机出动的无人战斗机，在海底蛰伏出击、威力无穷的潜水战斗器，在太空巡天遨游、攻防兼备的卫星冷杀手。

二、无人机的是是非非

对于这种“战场只见机器兵”的物理战未来图景，今天，之所以还有人不大信服，其根源就在于没有参悟，在各国军方对无人兵器趋之若鹜的背后，其实蕴含着物理战的演进规律，即从军人角度而言，物理战已从体能较量、技能较量，演进到了智能较量阶段。具体而言，无论是体能较量时代的对阵搏击，抑或技能较量时代的阵地厮杀，一个共同的特点就是，军人都深深地与血与火交织的前线战场捆绑在一起，只有当战争进入智能较量时代之后，军人才得以日渐从前线战场走向幕后战场，从操作兵器及从事战争的角色，转向设计兵器及预演战争的角色。

上述这种变化不仅仅意味着，对大多数军人而言，其将逐渐摆脱战场上的血雨、腥风、严寒、酷暑及恶臭等极端残酷的作战环境。更深刻的含义在于，在无人化战争中，兵器将不再单单是军人体能、技能的延伸，而成为军人智能的延伸，“剑”与“剑法”得以在战争之前、战场之外合而为一，军事思想越发内嵌入军事技术之中。鉴于无人兵器更多地需要在作战实验室中模拟以检验实际作战效能及人机协同效果，因此，“战争从实验室打响”将成为常态。总之，人类对战争的控制，通过无人兵器的研发、训练及使用，将得以加强。

当然，伴随着各国对无人兵器的趋之若鹜，当战争的面孔幻化为上述这般图景之后，无人战争还将带来更深刻的形而上学问题，波及军事伦理、军备伦理及军人伦理等多个维度。例如，像传统的“人与武器到底谁是战争制胜的主要因素？”之类的命题，也许将被最终消解而归于虚无。试想，人与武器已在一个新的层面上达到了融合，还谈得上谁更主要、谁更次要吗？

再比如军事伦理问题，就无人机技术领跑者的美国而言，对于袭击活动的一些所谓的“特征打击”（signature strike），即根据行为特征锁定不知名的嫌疑人为打击目标，遭到了人们的强烈不满。尽管美国辩称其特征打击也有精确的定位，造成平民伤亡的情况微乎其微。但美国斯坦福大学（Stanford University）和纽约大学（New York University）两所大学的法学院在开展的一项研究中证明：在巴基斯坦境内的无人机袭击杀害了474—881名平民，其中包括近200名儿童。其中一起袭击发生在一场部落长老会议上，长老们应邀前去讨论一起采矿纠纷，在会议中遇袭，袭击造成42人死亡。

另在2004年，一架重达88磅（约为39.92公斤）的德国“月神”（Luna）无人机在阿富汗首都喀布尔上空执行任务时，因受到迎面飞来的客机气流的影响而失控，在迫降前险些撞上一架载有100名乘客的客机。由于无人机在战争中造成无辜民众死亡等“附带伤害”以及扮演的间谍角色，其在各国也一直颇受争议。无人机被人为地赋予了“生杀大权”，就连美国政府的法律团队也在考虑，如何在遵守战争法的同时，保证运用无人机攻击目标的合法性。

三、未来走向何方？

尽管无人机投入作战使用存有上述争议，但战争无人化却乃大势所趋，展望未来，无人机的发展将朝着微型化、隐身化及协同化方向发展。

其一，微型化。运用无人机，通过隐蔽化作战，达到军事目的，获取最好的政治与舆论效果，是以美国为首的西方国家多年来不断追求的目标。为使无人机能直接为班、排等战术级作战单元提供实时的情报保障，美国正积极开发微型无人机。微型无人机，是指翼展和长度小于 15 厘米的无人机，也就是说，最大的大约只有飞行中的燕子那么大，小的就只有昆虫大小。一些微型无人机的作战半径可以达到 10 千米，使用时可由单兵发射筒发射。目前美国研制的相关型号有“机器苍蝇”“微型蝙蝠”及“蜂鸟”等。

其二，隐身化。无人机常常要深入敌区，执行高危任务，如果没有很强的隐身性能，是不能实现的。而要提高无人机的隐身性主要有以下几种方法：一方面是降低雷达反射截面。另一方面，降低红外特征，比如在发动机燃料中加入化学制剂等。

目前，美国推出了最新型隐形无人机——“X–47B”。该机是第一架能够从航空母舰上起飞并自行着陆的隐形无人轰炸机，其最大的优势在于隐身突防，它拥有非常优异的雷达和红外低可探测性，保证其能够突破敌方防空圈。倘若将该飞机运用于作战之中，则那个作战场景就将与《遗落战境》中出场的无人机所差无几了。

其三，协同化。虽然无人作战飞机的使用范围会逐渐增大，甚至部分替代有人作战飞机，但其智能化水平不可能在短期内达到有人作战飞机的水平，特别是在对付伪装目标、执行随机任务及克服复杂干扰时更是如此。因此，在未来战争中，有人驾驶飞机和无人作战飞机及其他无人支援飞机联合编队作战，将产生一种新的作战模式。在这种作战模式中，多种无人机和有人机优势互补、分工协作，可以将各自的效率发挥到最大。

无人机与有人机协同作战已经有过令人瞩目的战例。如在阿富汗“持久自由行动”中，“捕食者”无人机共发射115枚“海尔法”导弹，并为有人机提供激光指示目标525个；在伊拉克战争中，“捕食者”无人机共发射62枚“海尔法”导弹，为有人机激光指示目标146个。目前，美国海军研发的X–47B无人机，与F–35联合打击战斗机拥有接近的载弹量，航程远，速度也可达到接近一倍音速，并且具备高度的隐身性能。尤其是美军要求它具备低空飞行和突防的能力，因此在人工智能、数据链等方面都将会比现有无人机有较大提高。这种飞机将会成为美国航空母舰的主力对地打击机种，成为配合F–35“闪电2”的主力作战机型。

脑科学：新概念武器之源

脑科学的未来发展将催生干扰和控制意识的武器。脑科学研究是多学科交叉研究领域，不仅涉及生物、化学、物理、信息、材料等诸多自然科学领域，而且涉及社会学、行为学、哲学等方面的学科知识。

一、俄罗斯科学家的探索

俄罗斯学者弗拉基米尔·宾吉的《从科学视角看电磁精神控制：事实还是幻想?》以及美国学者乔纳森·莫雷诺的《思想大战：脑科学与21 世纪的军事》是目前我们看到的两部相关著作。弗拉基米尔·宾吉在书中归纳列举了若干基于现代神经技术提取大脑信息或通过电磁波向人脑发送信息的方法与手段，特别是基于电磁波与生命体相互作用的一般原理，在现有理论和实验的基础上，推断了电磁精神控制的可能性。他认为，现代功能神经影像技术能够对大脑各种功能进行可视化测量，检测大脑特定区域活动与认知过程和行为特征的关系。任何电磁精神控制方法都应当基于电磁场与生命体相互作用的一般原理，可能实现电磁精神控制的科学基础包括：弱磁场和电磁辐射产生的各种生物学效应和神经学效应；在分子及亚细胞水平证实弱电磁效应；向人体定向施加电磁场和电磁辐射存在的技术局限性。

弗拉基米尔·宾吉还指出，基于目前的物理学框架无法实现读脑，“按照现代计算机的内存能力和计算水平推断，目前快速存储阵列的极限大致是 10^{12}，而人脑的神经元数量为 10^{10} 个，神经元之间的连接即突触数量可达到 10^{14} 个，如此才能产生意识并进行传递。现有的计算机如果没有质的改变，仅靠功能与存储扩展是不可能消除这 100 倍差距的。但更重要的是如何为这种实现大脑功能的系统创造必要的‘初始条件’”。

对于脑机接口技术，弗拉基米尔·宾吉认为，“植入式电子装置可将特定的微波装置直接嵌入大脑，这种技术能够大大推进电磁精神控制的发展。……脑机接口存在的一个难点是，侵入式的神经芯片容易对受试对象神经组织结构造成伤害，大脑会对植入其中的外来异物产生排斥等生物学反应，这会使芯片与神经元之间的信号传导随着时间推移而变得微弱，甚至完全消失。……从精神控制的角度来看，最吸引人的是非侵入式的脑机接口。未来，随着可植入纳米传感器的数量越来越多，生物相容性越来越好，计算机的功能和信息处理能力越来越强大，技术领域或许会出现我们现在无法想象的飞跃”。总之，弗拉基米尔·宾吉在“结论”中认为，“电磁读脑是不可能的现象，自然科学中没有使其成为可能的先决条件。电磁读脑的困难涉及简单的物理局限性，脑图谱设备的分辨率随着与大脑表面距离的增加而显著降低”，“继续深入研究弱电磁场的非热生物效应非常重要”。

二、DARPA 锁定脑科学

乔纳森·莫雷诺的《思想大战：脑科学与21世纪的军事》一书是我们翻译的，该书披露了美国国防部高级研究计划局的脑科学研究，对于脑机接口技术，提及DARPA支持的探索“新型接口，以及实现（皮层及皮层下组织）中央和周围神经系统互动的传感设计，重点在于以非侵入性或非接触性的方式”。的确，脑机接口技术将为武器装备操控提供全新的智能化发展方向。在人脑与计算机或其他外部设备之间建立通道的脑机接口技术，已经能够实时捕捉大脑复杂神经信号，并直接用来控制外部设备，使得人和机械可以作为一个生命的不同组成部分而共存。

目前，世界各军事大国非常关注研究用人的意志控制机器人士兵。14年前的2004年美国多个实验室进行“思维控制机器人”研究，其“认知技术威胁预警”项目已经初见成效，可使士兵在2—3秒内识别视场范围内100个威胁目标。2013年美国国防部披露的“阿凡达”项目计划在未来实现能够通过意念远程操控“机器战士”，以遂行各种战斗任务。未来战场上赋予武器装备“随心所动”的智能化操作，有可能使电影《阿凡达》中用大脑思维控制物体的神话变为现实。

对于脑控武器，贺福初院士曾断言：“随着光遗传学、化学遗传学、电磁调控等技术的进一步发展，将实现对控制记忆的海马区、控制恐惧形成的杏仁核等特定脑区以及决策、情绪等功能神经环路的精准调控，使精确操控人脑功能成为可能，有望开发出干扰和控制意识的全新武器装备……控制脑方面，突破脑机接口、脑—脑通信、神经机器人等关键技术，研发智能机器人兵团、控脑动物部队，实现对人意识的定点定向控制（我方协同控制，敌方逆向控制），掌控‘制脑权’。”

三、“物理—生物—认知”三域会聚

人脑是自然界最复杂的系统，认知、意识、情感产生机理是自然科学的终极疆域，解读人脑成为国际科技竞争的巅峰战场。主导了数千年的物理战在信息化战争中遇到瓶颈，物理域、信息域、认知域已然成为现代战场的三大作战维度，而且，认知域成为继物理域、信息域之后新的战场较量热点。一直以来，从牛顿力学到相对论、量子力学等大部分物理学成果在军事领域得到广泛应用，物理战盛行了数千年。然而随着战争形态加速演进，物理战开始面临作战对象偏转、作战时空受限、作战费用飙升的困境。

当前，以生命与认知、生物技术主导的新一轮科技革命正加速形成。生物技术、认知计算、脑机接口技术等重大前沿技术正发生颠覆性突破。随着军事系统从“物质系统”“能量系统”向“信息系统”及未来的“智能体”演进，未来战场的对抗从重物质、重能量、重信息转向重心理、重认知、重智能。认知域战场的较量是通过物理域、信息域与认知域的共同行动而制胜，其实质是物理—生物—认知的三域会聚。脑科学、生物交叉技术将成为未来军事革命新的战略制高点。

技术地平线与智能化战争：来自 DARPA 的报告

2012 年 2 月 15 日，时任俄罗斯总理梅德韦杰夫表示，俄罗斯政府将就建立高级军事研究局向议会提交一份建议书。新的政府机构将类似于美国的国防高级研究计划局（DARPA）。作为美国国防科技创新的摇篮，其职责一般都是从事那些有潜在军事用途而又未被陆、海、空军列入现时议程的基础研究。尽管不常显山露水，但无论是武装到牙齿的美军，还是日常生活中的各种新科技，从军事领域到民用领域，DARPA 都一直扮演着一个极为重要的角色，是一面我们推进国防科技创新的难得的镜子。

一、冷战中诞生的创新孵化器

1957 年 10 月 4 日，苏联发射人类第一颗人造卫星“Sputnik–1”。卫星直径 58 厘米，重 83.6 公斤。由于当时冷战的特殊背景，美苏两国都密切关注彼此“重要敌人”军备动向，而“Sputnik–1”的成功发射无疑给美国带来了巨大的震撼。第二天，美国《纽约时报》即以醒目的 0.5 英寸大写字母横贯首页刊印："时速 18000 英里环绕地球无线电信号确认卫星通过合众国上空轨道。"① 英国《曼彻斯特卫报》也报道，"'Sputnik–1' 人造卫星已明白无误地显示，莫斯科现在可以制造能够攻击世界任何既定目标的洲际弹道导弹了，显然，俄国人在外空领域已经取得了极大的领先地位，美国的核力量优势从此将成为历史，这是令自由世界倍感痛苦但又不得不接受的残酷事实。"②

同日，苏联在其官方报纸《真理报》上也宣布了"Sputnik–1"号人造卫星发射成功的消息："苏联科学技术获得的新的杰出胜利的消息昨天轰动了全世界。作为对我国各科学研究所和设计院极其紧张工作的回报，我们创造了世界上第一颗人造地球卫星。现在这颗卫星以每秒约八千公尺速度绕着地球作椭圆形运转，绕行一周为时一小时三十六点二分钟……"③ 对于这颗人造卫星对美国的含义，苏联的《真理报》也不忘借机嘲讽一番："现在难道不是美国统治集团走出自己钻进去的死胡同的时候吗？要知道，是他们发起了军备竞赛，宣称他们垄断了原子武器。但是他们的算盘落空了。他们继续军备竞赛，高叫美国独占的氢弹，他们的算盘再次打乱了。他们拒绝苏联的裁军建议，吹嘘自己的火箭武器。这次他们又遭到了失败，因为苏联已经制成了洲际弹道火箭。"④

---

① 世界知识出版社编译：《苏联两个卫星上天后的国际反响》，世界知识出版社 1958 年版，第 48 页。

② James J.Harford，"Korolev's Triple Play：Sputnik 1，2，3"，in Roger D.Launius and John M.Logsdon eds.，Reconsidering Sputnik：Forty Years Since the Soviet Satellite，Overseas Publishers Association N.Y.2000，p.85. 另参见世界知识出版社编译：《苏联两个卫星上天后的国际反响》，世界知识出版社 1958 年版，第 52 页。

③ Announcement of the first satellite，Pravada，October 5，1957，http：//history.nasa.gov/sputnik/14.html.

④ Announcement of the first satellite，Pravada，October 5，1957，http：//history.nasa.gov/sputnik/14.html.

为避免再次出现此类对美国造成被动局面的技术突袭，同时确保其自身的技术优势，1958 年 2 月，美国政府宣布成立高级研究计划局（Advanced Research Projects Agency，ARPA），即今天美国国防高级研究计划局（DARPA）的前身。作为美国国防部的直属机构，DARPA 始终坚持其“保持美国技术领先地位，防止潜在对手意想不到的超越”宗旨，在推动创新具有颠覆性影响的新技术和新能力方面做了大量探索性工作，包括互联网、GPS、隐形战机、无人机、高超声速飞机、智能语音助手等在内的诸多领域，都取得了重要突破性科技创新，为美国保持军事技术领先地位奠定了坚实基础，并成为全球创新机构眼中开展前沿性、探索性及颠覆性研究的标杆。

近年来，DARPA 持续资助人工智能领域的相关研究。由于防务战略研究的特殊性，尽管只有一定的借鉴性价值，不能照搬照抄或简单对表，但从其公开发布的技术报告中，我依然可以窥见其有关人工智能技术的探索动向，以及基于战略前沿科技探索的智能化战争理解。

二、面向智能化战争的科技创新

美国军事硬实力和战略威慑力，在很大程度上依赖于其源源不断的科技创新能力，尤其是对战略前沿技术的敏锐捕捉。近几年，DARPA 加大了对智能科技的关注与升级，布局的一系列科研探索项目，将标靶瞄向了未来智能化重构的战场。

（一）智能科技的升级

1. 透明计算技术——“透明计算”

当计算达到极致所得出的结果仍然只是接近目标而非绝对正确时，

计算的智能化就是如何在追求无限近似目标条件下“揭开黑箱”，从而设计出最优方案的过程。然而，由于人们对于计算机系统内部运行的认知就如同黑箱，几乎无从看到具体运行过程。这就极大地限制了人们充分理解网络操作的能力，自然也就无法检测并应对某些重大网络威胁，尤其是某些机理更复杂、时间更持续的网络威胁。

DARPA 的“透明计算”项目旨在保证系统性能损耗最低的前提下，通过提供高保真度的可见性，使目前不透明的计算机系统变得更加透明。透明计算主要支持科学研究和实验所涉及的相关计算模型及体系研究，以及推理计算和通信。该项目将开发用于记录并保存所有系统的要素 / 组件（输入、软件模块及进程等）来源的技术，以动态跟踪交互和网络系统组件间的因果关系，在端对端系统操作中整合与分析这些关系。与此同时，“透明计算”还将开发多层数据收集体系和分析 / 执行驱动器构成的基本技术和实验原型，以实现主动执行的理想化策略（允许 / 禁止交互）、近距离实时入侵检测及论证分析，并为计算技术的升级带来新的起点。

2. 终极搜索系统——“Memex 深网搜索”

有人曾对美国的谷歌做过一个实验，在谷歌搜索栏中输入“the 10 deepest lakes in the U.S.”（美国最深的 10 个湖），而搜索引擎将优先展示基于这些单词或者词组权重最高的句子和网站。针对该实验，谷歌的解释是，搜索引擎还不能明白输入的这句话是一个问题。此外，搜索算法有时还会漏掉不能被标准搜索引擎检索的网络信息，造成跨页共享内容的丢失。由此可见，即便是表现非常出色的网络搜索引擎，也依然存在着亟待解决的技术难题。

DARPA 的“Memex 深网搜索”项目旨在创造更好的信息交互及分享方法，从而使用户能够快速、全面地组织并搜索与个人兴趣有关的信息子集。深网搜索是一种补充人类记忆的模拟计算技术，它可通过存储和自动交叉引用用户的所有书籍、记录和其他信息以达到快速、灵活地搜索大量信息，进而高效地获得相关见解的功能。该项目将开发远超当前水平，并提供完善内容探索、信息提取、信息检索、用户协作及其他关键搜索功能的先进在线搜索功能机制。

3. 精准信息平台——“面向任务的弹性云”

尽管美国有关“云战略”——在未来战争中将信息技术从传统工作站转移至云计算环境的规划早已提出，但如何将敏感数据和计算压缩至云计算系统时的安全性问题仍未完全得以解决。这其中的关键问题就在于，传统安全解决方案中的国家周边防御重点无法覆盖现在的“孤岛”安全。而在云环境中，它将会被进一步边缘化，从而在高速网络环境中构成高度集中的同类主机，且在有限周边防御地区的主机内无须内部检查，而拥有绝对的可信度。

DARPA 的“面向任务的弹性云”项目旨在通过开发云计算中的攻击检测、诊断和相应技术，解决某些潜在的安全挑战。为此，该项目将着重研究完成分配的云防御，创建共享态势感知和动态信任模型，将可管理和可分配至任务的多样性引入其他同类云系统中，开发任务感知适应网络技术。同时，该项目还将与美国国防部的“弹性、自适应、安全主机的全新设计”计划同时进行，以限制主机的安全漏洞。

（二）学习能力的提高

华盛顿大学计算机科学教授普德罗 · 多明戈斯曾指出：“如果机器人掌握了人类除学习以外的所有能力，人类很快就会抛弃它。”但正是由于人工智能的自主学习功能，即人们无须事先以概念的形式告诉它应该怎样做，它就能随着事情的进展而获得“规则”，并逐渐形成能够改善其表现的策略。在这里，人脑与神经网络的不同在于，人脑中的学习能力增强是一个生物化学过程，而神经网络中的学习能力增强是另外一种发生机制，即通过修改其自身代码，以在复杂情况下找到输入和输出之间或原因和结果之间的联系。

1. 理论框架构建——“学习的根本局限性”

据国际数据公司估测，目前网上在线数据量约为 4.4 泽字节，而如果能将这些数据输入 ipad Air（苹果超薄平板电脑）中，那么产生的堆栈将能够覆盖地球到月球距离的 2/3。然而，如何找出数据海洋背后的关联性，则成为机器自主学习的关键。例如，机器学习缺乏对相关领域、问题或数据库相关技术的权衡和数学限制的理解。而这种缺陷正是了解数据、任务、资源和绩效度量之间关系的基本理论框架，这些要素可以帮助我们理解人工智能与任务之间的匹配关系。

DARPA 的“学习的根本局限性”项目旨在开发学习系统设计方案能力评估方法及应用规则。该项目将研究能够提供可量化及可归纳性学习测定结果的数学框架，进而设计出具备好性能的系统。此外，该项目还将有助于描述现有的和新型机器学习规范做法之间的基本限度特征，并阐明多种应用中可信度的评价方法。

2. 复杂系统建模——“深度有目的学习”

Facebook（脸谱网）曾创建了一种称之为“DeepFace”的脸部识别技术，该技术可凭借深度学习能力，对比两张照片并查看其显示的是否同一人。而在此后不久，Facebook 又在“DeepFace”的基础上开发了另一种技术，该技术能够为盲人用户描述图像。例如，一张图片上显示的是某人在一个夏日骑自行车穿过英国乡间小路，该技术在识别后便能用语音将这一情景描述出来。当然，在军事领域，人工智能的深度学习系统要比这里的“面部识别”和“场景描述”复杂得多，其复杂系统建模也成为深度学习中不可缺少的一环。

DARPA 的“深度有目的学习”项目旨在利用高效的信息分析和处理方法，推进复杂动态系统建模，并在多个尺度上实现数据和已知物理学的最佳应用。该项目将使用高通量多模态科学数据开发如下内容：降噪和内插随机时间序列数据的新方法；用于预测系统轨迹、弹性和稳定性的产生式模型；调整这种系统最终态势轨迹的新方法。

3. 战场对策制定——“自适应电子战行为学习”

智能化战争究竟能否实现？为何我们对此深信不疑，原因或许有两点：一是人工智能技术的需求牵引；二是人工智能的自我进化。对于前者，我们正在经历，而对于后者，也并非天马行空般地猜测。如美陆军发布的《2015—2040 机器人和自主系统战略》就制定了增强自主系统态势感知能力在内的一系列计划。

DARPA 的“自适应电子战行为学习”项目旨在通过开发新的机器学习算法和技术，将能够快速检测和鉴定新的无线电威胁、动态合成新的对策，并能基于对威胁的无线观测改变提供精确的战损评价，这对于战场环境变化过程中对策的制定将发挥重要作用。

（三）失控风险的控制

对于人类而言，我们习惯于将“人造物”的“失控”归结为事故或者是故障。如飞机失事及列车相撞等。而通常我们在排除这类故障时，会从飞机或火车的制造环节中寻找线索。但人工智能却会改变我们这一观念，其根源就在于人工智能是一种自主系统，其指导下的行为源于一种判断和概率，但并不能给出完全确定的结果，这也就在不经意间给依赖人工智能的系统带来失控的风险。

1. 恶意行为问责——“增强身份归属”

有人也许会产生这样的疑问，既然在现阶段人工智能还不太能理解价值追求，不能完成多元价值取舍，而只能按照设定的目标“自我发挥”。那么当设定的目标与价值追求不符时，人工智能是否会为完成目标而做出“极度偏执”的事情呢？答案是肯定的。早在2005年，在美国的一次自动驾驶试验中，一辆大众途锐以每小时32—40公里的速度匀速跑在一条沙漠公路上，车里坐着4位头戴防撞头盔的乘客。车里的计算机通过5个传感器感知外部环境，并控制方向盘。而当这辆汽车驶进一个洼地时，由于汽车向上倾斜，它的激光雷达扫描到了位于车辆上方的树枝，但自动驾驶系统并不清楚这是什么，因此出现了异常，车辆“偏执”地跌出道路而陷到荆棘之中。

DARPA的“增强身份归属”项目就旨在通过使恶意行为具有高保真度的可视性，对目前不透明的恶意行为进行透明化。该项目将开发相关技术和工具，以控制人工智能系统可能出现的“极度偏执”行为。

2. 数据污染控制——“可解释人工智能”

微软曾经推出了一款名为“Tay”的聊天机器人，但这款产品在上线不到一周就被迫下线了。原因就在于这款产品表达出一些与主流价值观不吻合的偏激观点。对此，美国人接受不了，而为了避免事态恶化，“Tay”很快被下线了。事后，微软主管研发副总裁彼得·李回应道：“我们对‘Tay’无意的攻击性以及伤人的话语深表歉意，‘Tay’的言行不代表我们就是这个样子，也不代表我们支持它所说的那些观点，并且有意把它设计成了那个样子。”实际上，“Tay”下线事件所反映的是数据污染的问题。在“数据—学习类算法—行为”的链条之下，数据本身显然会对最终的行为产生关键影响。然而，由于数据量极其庞大，许多时候我们无法控制什么数据会被输入给学习类算法，因此也就无法知道人工智能的准确行为。

DARPA 的“可解释人工智能”项目旨在创建具有解释基本原理、描述优势和劣势以及表达对未来表现认识能力的新型机器学习系统。该项目将与最先进的人机交互技术结合，以便将模型转换到最终用户可理解、实用的解释对话中，从而生成一套更新的方法，以解决人工智能系统可能出现的数据污染问题。

3. 系统安全运转——“洞察力”

如果我们一面让每种人工智能系统都处在一个无形的沙盒中，另一面则系统地检测这样一种人工智能系统所产出的各种数据和记录。一旦发现异常，就对其进行调整或关闭。在这里，我们可以认为沙盒是人为设置的人工智能边界，我们通过沙盒控制人工智能的发展。然而，或许人类在使用人工智能的那一天就已经决定了对特定机器或程序失去严密控制的能力。这就好比在 AlphaGo 与李世石的“人机大战”中，我们无法控制它每遇到一种情形是出好棋还是差棋。事实上，人工智能系统的安全运转需要的是一种社会化的权责控制系统。

DARPA 的“洞察力”项目旨在开发通过接收、索引及存储源于多种渠道的数据，并对这些数据进行分析，同时向分析师和数据提供商请求并共享相关信息。该项目采用开放标准化的即插即用架构，可以快速集成现有的和正在开发中的情报、监视和侦察（ISR）技术和来源，并及时做出决策的直观多用户界面，以强化情报分析师对战场实时感知作战的支持，从而有利于人工智能系统的安全运转。

三、DARPA 创新机制的独特之处

1958 年，ARPA 探索大型运载火箭“朱诺Ⅴ”的发展，后移交新

成立的美国航空航天局（NASA）；1959 年，ARPA 启动用于探测核爆炸的“船帆座”项目；1960 年，ARPA 与美国中央情报局联合资助的“日冕”侦察卫星项目成功返回了首批照片；1965 年，ARPA 资助威廉姆公司开发了 WR19 小型涡扇发动机，该发动机的改进型后来成为 AGM–86 空射导弹和 BGM–109“战斧”巡航导弹的动力装置；1969 年，由 ARPA 资助的全球第一个网络“ARPA 网”问世；1971 年，ARPA 启动了用于侦察的“小型遥控无人机”项目；1975 年，DARPA 启动了有人驾驶隐形飞机的研究；1977 年，DARPA 资助的验证机“海弗蓝”首飞成功，后发展成为 F–117 隐形战斗机；1982—1984 年，DARPA 开展了一个名为“铜溪谷”的秘密项目，后演进为“X–30”空天飞机项目；1997 年，DARPA 启动了微型无人机（MAV）项目；2001 年，DARPA 启动了“先进短距起飞和垂直着陆”项目；2007 年，DARPA 开启了为期三年的“射频应用宽禁带半导体”（WBGS–RF）计划；2008 年，DARPA 提出了融飞机的速度与航程、水面舰艇的游弋能力及潜艇的隐身能力于一体的“潜水飞机”概念。从 2008 年到 2018 年，近十年来 DARPA 更是抓紧布局了人工智能、大数据、云计算及高超声速飞行器技术、量子计算等战略前沿技术研发。

长期以来，正是在上述这些国防科技创新成绩单辉映下，人们对有关 DARPA 在促进军用或民用科技创新方面的计划，倍感好奇。与此同时，由于 DARPA 隶属于美国国防部的原因，这一机构又经常笼罩着一层神秘的面纱。

应该说，在现代国防科技发展史上，美国国防部 DARPA 机制的诞生，是一个成功的决策范例。在 DARPA 诞生后的 60 年时间里，它取得了举世瞩目的成就。由 DARPA 开发的军事技术，不仅帮助美国无可争议地占据了全球军事科技研发“执牛耳”的地位，而且，近年来由于美国在其发动的第一次海湾战争、科索沃战争、第二次海湾战争中对这些高科技武器装备的展示，更激发了全球范围内军事技术革命浪潮。对DARPA 的研究，不论从理论层面还是从现实层面来说，都是一个透视美国国防科技决策机制的窗口。

对于 DARPA 来说，创意就是一切。在这个聚集着最顶尖人才的机构，正如曾任 DARPA 局长的托尼·特瑟所言："我们可以雇用成千上万的人来执行想法，但是最重要的是先有想法。"潜能的最大发挥来源于机制的有效运行。总结起来，DARPA 的模式有如下一些特点：

其一，前瞻性。迈克尔·图什曼和查理斯·奥赖利曾提出，成功的创新领导者会创造出"双性"组织——也就是说，这种组织能够"高效地将今天的工作处理妥当，还能预见明天的非连续性"。拥有这种管理者的组织不仅在当前有能力胜出，甚至在它们应付未来的时候也能技高一筹。

DARPA 着眼于未来需求，强调出创意、出概念、出奇招，而不是对于现实问题的解决方案，"思想的闪光"是 DARPA 研究项目的起点，其主要责任是感知军方的未来潜在需求，而不是去验证军方提出的现实需求。因此，它对某些新技术的研究往往比其实际应用提前数十年。例如，DARPA 从 1969 年开始进行 ARPAnet 的研究，而 ARPAnet 后来逐步发展成为现在的国际互联网；从 1973 年开始，DARPA 开始进行无人机方面的研究，时至今日，无人机已经成为美军装备体系中不可或缺的关键角色。

从本质上讲，这种前瞻性的研究使用传统的科学研究方法，研究为制造某种未来产品可能的技术方案，其应用前景是强烈的。但是，它的收益既可用遥不可及来形容，又可用遥遥可期来概述，因此，它成功的背后必然得有许多专业人才的前赴后继的持续努力。

其二，独立性。科研机构的某种独立运转，能够激发其新思想的产生，并有利于与外界建立更加广泛的联系。虽然 DARPA 归属于国防部，但却独立于各军种，与美国海、陆、空军种都是客户关系，具有很强的独立性。它招聘富有远见的技术人员、顶级科学家和工程师，组成一系列小型科研机构，为那些旨在攻克具体技术难关的大学、公共部门和科技企业构建起科学共同体，并在研究经费使用方面赋予他们非常高的自主支配权，支持有可能实现的想法。一位项目官员要决定是否资助某个项目，通常只需要说服两个人：所在技术办公室的主管和 DARPA 局长。

独立性使 DARPA 摆脱了行政指派的传统方式，这就能够充分发挥它的预见性，并激发科学家的探索精神，促进他们之间的交流和合作，从而在一些重大的、前瞻的科技领域取得突破性进展。

其三，敏锐性。DARPA 的运营，看上去似乎捉摸不定：资金支持决策不需经专家评审，项目管理人员凭个人意念即可自主决断，唯一遵从的原则就是 DARPA 始终不渝的使命——支持富于想象和创造性、高风险且符合美国防务利益的研究。

对于 DARPA 来说，相较于公平性，它更关注的是敏锐性（agile）。它招聘的很多项目主管需要具备很高的素质，他们必须拥有项目投资的丰富经验，对于科研项目的长期应用远景有很敏锐的嗅觉，他们到处寻找潜在的好项目和好人才。DARPA 鼓励其工作人员削减没有取得进展的团体的经费，并将资源重新分配给更有希望实现技术突破的团体；而且，出于提高决策效率等方面的考虑，其项目资助过程可以不采用同行评议方式。

美国卡内基梅隆大学（Carnegie Mellon University）工程与公共政策系助理教授 Erica R.H.Fuchs 在《成功地克隆 DARPA 模式》中指出，DARPA 模式最重要的成功因素是其独特的项目官制度。在科研工作中，科研工作者的素质决定了计划实施的进度和水平，而敏锐性又实实在在地构成了落实与执行科研计划的基础。

其四，效益性和效率性。效益性和效率性是每一个科研机构都必须纳入考量的维度。研制的产品能否推进相关领域技术的发展？它的研究能否在尽可能低的成本下发挥最大优势？在这个方面，DARPA 似乎有其独到之处。

DARPA 将资金提供给大学的研究人员、刚刚起步和在业内稳步立足的公司，以及工业集团等机构，由于其在诸多项目上获得的技术成果只有向军种和工业部门转移才能最终形成产品，进而形成美军的作战能力，可见它的最终目标是为了推动应用技术的进展，任务便自然地延伸到帮助企业把其产品商业化阶段，因此该机构提供给公司的资助远远超过资助经费。

同时，DARPA 通过科学计量学指标的数据挖掘分析，若发现有两位科学家同时在攻克同一问题，但采取的技术路线不同，就会对他们分别给予资助，从而防止两人今后潜在的重复研究，而两人也省去了繁复的经费申请过程，双方各得其所。若最后两人中只有一人拿到了 DARPA 的资助，双方都必须在 DARPA 组织的研讨会上与大家分享研究思路与工作进展。通过这种方式，DARPA 培育出一个研究者社区，推动了社区成员间的协调合作，提高了整体的科研效率。

其五，风险宽容性。发展与风险往往难解难分，因而，对两者的取舍常常让人为难。埃丝特·戴森（Esther Dyson）曾告诫《哈佛商业评论》的读者：“你必须乐于面对风险，乐于进行试验，辩证地看待失败之处。我的信条是：‘即便犯错误也必须是新错误。’犯错误没什么羞耻。只要从中吸取教训不再犯同样的错误就好。我学到的东西，都是我从错误中获得的。”

在创新领域，决策者必须认识到风险与回报之间的密切关系。对于 DARPA 来说，它强调所进行的是“高风险、高回报”研究，因此它容忍失败，实行开放式学习，形成了一种风险承担的文化。它强调管理风险，而不是逃避风险。因此，它在组织、管理和人事政策方面鼓励个人责任和首创精神，并在项目界定上具有高度的灵活性。DARPA 高层的一个重要决策就是筛选出那些勇于承担风险、创新思想驱动的项目主管。

但是，“高风险”并不等价于“高代价”。DARPA 允许项目失败，但其严格的项目评审机制在一定程度上又降低了高昂的代价。这种模式与赌牌的一种技巧十分相似。一个精明的牌手知道如果他纠缠着一手死局的牌，就别指望最终能赢，于是他停止下注，放弃该局，等着重新发牌。如果牌势很好，他将继续下去，提高赌注。每当他摸到新牌，他总会判断是否值得继续这一局。而他的原则是一旦发现牌局必输无疑，就尽可能最快、最低代价地从中脱身。同理，DARPA 在一个项目或试验刚刚显示出“行不通”时就终止它，这种迅速“收手”的做法在一定程度上能够降低其失败的代价。

其六，广泛联系性。一个顿悟的火花是渺小的，但是，通过与外界的广泛联系，就可以由小聚大，最终产生突破性的创新。莫尔斯想到了点和虚线的创意，并将它们用于传送四位数字码，但是，只有在和韦尔合作的过程中，他才想到了根据点和线的区别来传送字母。

为提高决策水平，推动技术创新和转化，DARPA 与外界有着广泛的联系，定期与国防部的文职官员和领导人会面，了解需要研究的问题；定期对军事基地、司令部、训练中心和其他军事机构进行参访、调研，收集情况；广泛征求高级军事领导人的意见，了解他们最关心且难以解决的问题；研究最新的军事行动战例，找出限制美军能力的薄弱环节和问题；与军内外涉及国家安全的诸多部门共同研讨相关专业领域的技术发展问题，探索以创新性方法解决所面临挑战的可行性。

智能化升级：无人机与有人机协同作战

第一次世界大战的1914年，无人机诞生。当时，英国的卡德尔和皮切尔两位将军向英国军事航空学会提议研制一种无线电操纵的小型无人机，飞临敌阵地上空投弹。该设想被采纳后命名为"AT计划"。1927年，英国终于研制出了"喉"式单翼无人机，并在海军"海堡"号军舰上成功试飞。美国的无人机研究最早是在1915年，当时的斯佩里公司和德尔科公司曾研制出一架总重只有272千克、由一台30千瓦活塞式发动机作为动力的小型无人机。如今，无人机系统（Unmanned Aircraft System，UAS）作为一种典型的无人作战力量，如今已逐渐渗透到战争各个环节，作战效能日益凸显，证明了其巨大的军事价值，从而引发各军事强国都在积极发展适应本国需求的无人机。

一、扫描全球军用无人机

（一）美国

20世纪80年代初，以色列在贝卡谷地巧妙地采用无人机协同作战的成功战例，促使美军对无人机产生了浓厚兴趣，并加大了研发力度。作为现今无人系统的第一强国，美军的无人机发展起步早，在研制、生产、装备及使用等各方面都居领先地位，目前美军投入使用的无人机种类很多，且大都经过实战检验。其中，长航时的无人机包括RQ–4“全球鹰”、RQ–7“影子”、RQ–3“暗星”，以及同以色列合作研发的RQ–2“先锋”等；微型无人机主要包括“微星”“黑寡妇”等；无人作战飞机主要包括MQ–1“捕食者”无人侦察/攻击机、X–45C以及美海军最新的X–47B无人作战飞机。值得一提的是，2013年11月20日，首次由两架X–47B在同一艘航母上进行了试验。2014年4月10日，X–47B首次夜航试验。两次试验都引发了全球防务界广泛关注，也进一步表明在环境恶劣的载体上操作大型无人机进行作战的可行性。

不难发现，美军已经形成了各个层面、梯次搭配的无人机作战体系，涵盖战略、战役及战术级，以及中继通信、电子对抗及攻击等各个任务层面。2010年，五角大楼首次采购的无人机多于有人机。2011年，美国空军培训的无人机操作员数量，在历史上首次超过培训的战斗机飞行员和轰炸机飞行员数量总和。随着近几场局部战争中无人机的实战检验，以及军方对先进军用无人机需求的提升，由美军近期发布的无人机发展路线图来看，其正在描绘一个全球性无人作战的宏伟蓝图。

按照美国五角大楼2005年8月4日签署发布的《2005—2030美国无人机系统发展路线图》，当年对无人机的投资就达到20亿美元，而整个20世纪90年代才只有30亿美元。2016年，美国空军和海军分别发布了《小型无人机系统飞行计划：2016—2036》《海军无人系统路线图》两大规划。按照路线图的规划，美军不仅要在未来二十年内开发出比“MQ–1捕食者”和“MQ–9死神”更小的新型多任务无人机作为空军ISR的基石，以起到更好的监视侦察作用，还要开发出囊括空中无人机、地面无人机器人、无人潜艇及潜航器等无人系统的联合作战技术体系，以谋求全域作战力量优势。此外，一度曾在科幻电影中体现的无人集群作战能力，也纳入了美军方的技术发展规划之中。美国陆军的无人机发展则另辟蹊径，偏向于微型无人机的应用。前期发布的《美国陆军无人机系统路线图（2010—2035）》已到中期阶段，即 2016—2025 年。在此阶段，美国陆军要把最新的多用途无人机系统集成到陆军的整体作战行动之中。美国空军的愿景文件《美国空军无人机系统飞行计划体系(2009—2017)》提出，到 2047 年，包括重型运输在内的每一项任务都将实现无人化。美国海军也投入巨资开发多种类型的无人机系统，包括：广域海洋监视（BAMS）无人机、无人战斗机验证机（UCAS–D）、垂直起降战术无人机（VTUAS）、小型战术无人机（STUAS）和航母搭载的非隐身无人机等。

综观美军于 2000 年以后发布的所有无人机发展路线图，尤其是 2007 年第四版无人机发展路线图发布之后的规划，不难发现，五角大楼对无人机的战略规划有了更为清晰的思路，对互用性和相关标准也提出了更高要求。

其一，执行情报、监视、侦察（ISR）任务的无人机。“全球鹰”侦察无人机拥有 1.8 万米的飞行高度以及 42 小时的超长航时，令其他国家的无人机望尘莫及，这种战略战役无人机可在跑道起降，是典型的情报、监视及侦察（ISR）军用无人机。当然，这样的作战能力过分依赖于“全球鹰”超大的体型以及超过 7 吨的机载燃料，如何让小体型的新型无人机也拥有更长的续航时间，依然是美军亟须解决的难题。目前，美国硅谷的 UAVOS 公司正在研制一种主动控制弯曲机翼的太阳能无人机，以实现最小阻力和最长航时，目前研制的天燕座 –30 的翼展已可达 10.5 米，而重量只有 15 千克，飞行高度可达 15200 米。

此外，在近年来的反恐战争中，察打一体的无人机发挥了重要作用，更加受到军方青睐，如 MQ–1“捕食者”/MQ–9“死神”。标志性作战案例是在 2011 年 11 月 15 日阿富汗境内对“塔利班”武装的攻击，当时 MQ–1“捕食者”无人机发射了“海尔法”导弹命中目标，这次作战行动之所以在战争史上有标志性意义，原因就在于它通常被认为是完全意义上无人机直接对地攻击作战。当然，这种察打一体的无人机距离专用无人作战飞机（UCAV）还有一定距离，美国的 X–47B 和“鬼怪鳐鱼”、俄罗斯的“鳐鱼”及欧洲的“神经元”和英国的“雷神”都是此种类型。

其二，舰载无人机的应用。舰载无人机在美国海军的大力推进下，逐渐成为无人机的发展趋势之一。2016 年 2 月，美国海军成立了“海上加速能力办公室”。3 月，“舰载无人空中加油系统”最先进入计划，并协助完成了 X–47b 无人机的航母起降，而脱胎于 X–45 的“鬼怪鳐鱼”“海上复仇者”等战斗无人机的方案也已基本成熟。

其三，微型无人机的研发。美国陆军对在战场上具有极高灵活性和生存能力的微型无人机也关注很久。微型无人机作为士兵可携带的战场侦察装备，如何被用来执行侦察跟踪、通信中继及目标识别等多任务，是美国陆军在无人机领域的一个关切点。由美国航空环境公司为美国陆军研发的超小型无人机系统就是对这种关切的响应，这种名为“狙击手”的超小型四旋翼无人机质量仅为 130 克，不仅能够单兵携带，而且可以在昼夜及强风环境下飞行，能对周围 1 公里范围进行侦察，最大飞行速度为 35.42 公里每小时。

此外，近年来美军还加大了高超声速无人机的研发力度。2016 年 3 月，洛克希德 · 马丁公司宣称已经更新了其大力发展的 SR–72 高超声速无人机的概念方案，相关研制推进到新的阶段。“SR–72 由洛克希德·马丁公司‘臭鼬’工作队设计，利用涡轮基组合循环发动机加速到马赫数 1.5 至 2.0，然后动力转换为超然冲压发动机，推进飞行器速度达到马赫数 6。”①

（二）以色列

以色列的无人机起步较早，其无人机发展战略聚焦于局部战争中的实战应用，在战术无人机和长航时无人机领域具有特色和优势。在 20 世纪六七十年代引进美国“石鸡”军用无人机后，以色列通过仿制和改进，逐步发展起自己的无人机体系。尤其在以叙贝卡谷地空战中，“侦察兵”和“猛犬”无人机发挥了重要作用，战后以色列对于无人机的研制更加不遗余力。

如今，以色列已经研制了三代无人机。第一代为“侦察兵”无人机；第二代为“先锋”无人机；第三代为“猎人”无人机、“云雀”无人机以及“苍鹭”无人机。以色列的军用无人机被用于侦察、干扰、反辐射、诱饵及通信等多个领域。如在第五次中东战争中，以色列就使用“猛犬”无人机充当假目标诱饵，通过欺骗、迷惑或诱导敌方雷达开机，从而为己方侦察、定位和反辐射创造条件。1994 年研制的大型高空长航时“苍鹭”无人机，可用于实时监视、电子侦察和干扰、通信中继和海上巡逻等任务，其最大续航时间达 52 小时，该机装有大型监视雷达，可同时跟踪 32 个目标，并根据任务需要换装不同设备。

目前以色列正在研制的第四代无人机，重点在于提高无人机的攻防能力。此外，为发挥“哈比”攻击机的作战效能，以色列在该无人机上加装了先进传感器，使其成为多用途无人攻击机。这种“哈比”攻击

---

① 中国航空工业发展研究中心：《空战领域科技发展报告》，国防工业出版社 2017 年版，第 32 页。

机可在敌防区上空做较长时间的游弋飞行，一旦搜索、识别并瞄准敌方的雷达站等目标，就可以向目标俯冲并引爆自身战斗部进行反辐射攻击。由于以色列国内有多家防务公司可以自行研制大型、中型、小型及微型无人机，产品种类齐全、功能多样、性能先进，因而其在近期、中期和远期规划中都有强烈的领先意识。以色列目前虽然尚未研发无人战斗机（UCAV）这样的大型无人作战平台，但仍将继续在机载传感器和数据链研发上聚集力量，特别是通过研发一系列先进的电子战（EW）系统，以满足以色列国防军的各种作战需求。

此外，以色列的货运无人机也比较先进，如“飞象”货运无人机在技术性能上比美国卡曼航空公司研制的 K–MAX 货运无人机还要先进。我们知道，美军的 K–MAX 货运无人机曾于 2011 年 12 月 17 日在阿富汗完成世界首次无人机货运任务，该机自重 2.5 吨，可携带 3.5 吨重货物可持续飞行 400 千米以上。

（三）欧洲各国

作为无人机的先行者，自英国人于 1917 年研制出世界上第一架无人机后，欧洲一些主要国家对于无人作战的兴趣便从未停歇过，法国达索飞机制造公司早已展示了多国合作的“神经元”无人作战验证机的全尺寸样机，该机是由法国、意大利和瑞典联手开发的，被称为“战场上最快的无人机”。该无人机除了能完成侦察、监视、通信中继和电子干扰等任务外，还能像有人攻击机那样实施对地攻击，控制敌方防空系统，攻击固定或移动的敌方目标，支援地面作战，还可以执行近距离空中支援。据参研厂商透露，“神经元”项目的目标之一就是研制一种可与美“联合无人空战系统”竞争的利器。

2016 年 9 月，欧洲联合军备合作组织（OCCAR）正式向空客防务与空间公司、达索航空公司和莱奥纳多公司发布了为期两年的“欧洲通用无人机项目”，参与国包括法国、德国、意大利及西班牙。主要任务是武装情报、监视、目标获取和侦察（ISTAR）。同年，丹麦成为欧洲第一个将无人机发展战略提升到国家层面的国家，其政府在国家战略中提出了六大宏伟目标，其中就包括：加强无人机技术的研发；建立具有国际吸引力的无人机技术试验设施；推动无人机在公共部门的应用；加强有关无人机研发和使用方面的教育活动；国家参与无人机技术国际标准化进程；丹麦无人机研发活动和无人机工业系统的国家化。此外，该战略规划还提出了 23 项倡议以推动目标的达成。

总体而言，欧洲各国从本国的军事技术实力和经济等多方面考虑，在无人机研发上，大多倾向于多国联合的方式，认为只有加强相互合作，才能保持在航空技术领域的领先地位。

二、无人机智能升级路在何方？

无人机本身就是一个智能化语境中的词汇，倘若再谈无人机的智能化升级，这是不是一种语义重复？换而言之，智能化无人机是不是一个伪概念？

无人机的自主性是个分级的概念。早在 2005 年，美国五角大楼和联邦航空管理局在发布的无人驾驶飞机系统路线图中首次引入了无人机系统（Unmanned Aircraft System，UAS）这一概念，同时制定了 UAS 自主能力的十个等级，从最初的遥控引导到最高级的完全自主，列出了一个自主能力的谱系。在《2005—2030 美国无人机系统发展路线图》的规划中，2025 年至 2030 年，无人机的能力预测是，将采用有 1000 个谱带的高光谱成像设备，并在机载计算机中装备与人脑的处理速度和记忆容量相当的处理器。

在以往美军参与的局部战争中，无人机发挥了重要作用，作战优势十分突出。比如，在情报、监视和侦察（ISR）方面，美军无人机在阿富汗战争中飞行了大约1300架次，在无人机支持下，共摧毁了700个目标。后在伊拉克战争中投入的无人机数量是阿富汗战争中的3倍，除“捕食者”“全球鹰”之外，还首次使用了“龙眼”“阴影”等新型无人机，用于组成中低空战场感知网。尽管如此，在这些战争中也暴露了无人机的一些弱点，涉及对目标的敌我精准识别、独立排除突发故障、与无人机操作员的高效交流等。为此，美军启动了一批诸如“自主智能网络和系统”一样的智能化项目，通过材料、装备及指控系统的智能升级，整体提升无人机的智能化水平。

三、人机智能：无人机与有人机协同作战

近年来，美国陆军正在探索利用AH–64D“阿帕奇”Block Ⅱ和OH–58D“基奥瓦勇士”直升机对其部分型号的无人机进行控制，以便展开无人机与有人机协同编队作战。美国空军研究室2015年也开启了“忠诚僚机”项目，探索F–16武装无人机与F–35战斗机的协同作战。法国也在探索将“阵风”战斗机改装成无人机的控制机，构建无人机/有人机混编战队。这种“混搭”的作战指导思想背后，是如何最大限度开发有人作战平台与无人作战平台协同作战潜力的问题，是战争从平台对抗向体系对抗演进的要求。

无人机和有人机各有优缺点，一般来说，无人机更能执行枯燥、污染及危险的任务。如在1999年，在历时34天的科索沃战争中，B–2轰炸机机组人员通常需要从密苏里州飞往塞尔维亚实施轰炸，往返航程

30个小时。由于人类飞行时间的生理极限是40小时，因此，尽管机组人员由平时的2人增加到3人，但仍无法有效根本解决飞行员的疲劳难题。当然，从近年来局部战争中暴露出的一些问题来看，无人机的缺点有时在战争中也是致命的，如缺少标准化的通信频率和频段；缺少标准化传感器；缺少适合传感器和平台共用的标准化数据格式；缺少通用指挥系统等。此外，在训练、后勤保障、空域协同及作战概念理解等方面也存在一些协同问题。

针对美军阿富汗战争和伊拉克战争中暴露出来的问题，五角大楼采取了一系列措施增强无人机与有人机的协同作战。主要表现在三个方面：其一，技术整合。在为无人机制定统一的技术标准基础上，努力实现无人和有人驾驶航空技术的通用化，如DARPA与国防信息系统局曾委托有关科技公司研制的无人机和有人机共用的数据链。其二，战术整合。如美国将“影子”“火力侦察兵”无人机与“阿帕奇”以及新型无人机混合编队使用，通过在战术层面的大量扎实细致的工作，使有人机和无人机的混合编队作战有章可循。此外，有时无人机作战也需要有人机适时进行威慑干预。一个典型的案例是，2013年3月，一架伊朗F–4“鬼怪”（Phantoms）战斗机试图拦截一架在阿拉伯湾巡航的MQ–1“捕食者”无人机。伊朗飞行员很快就改变了主意，因为他们发现一架F–22“猛禽”战斗机突然出现在他们的编队中，并且F–22战机飞行员通过无线电警告他们“应当回家”。其三，力量整合。一方面是人员整合，即通过制定统一的飞行器或传感器操作人员资格标准，经过专门的培训学习、作战训练及实际飞行，让专业化的人员更加熟练地操控无人机，形成有人机与无人机协同作战能力。另一方面是平台整合，即将无人机平台与有人机平台纳入统一的作战行动中。早在2003年，美国陆军就对无人机和RAH–66“科曼奇”未来陆军侦察直升机的能力进行了比较试验。结果是，无人机只能有效完成：67% 的战场侦察任务，50% 的军队警戒任务，25% 的作战摧毁任务。显然，无人机应与陆航武装直升机配合使用，才能更好地完成作战任务。

在未来，无人机要真正形成作战能力，除了实现与有人机的有效协同之外，还要增强与其他作战力量的无缝连接与有机融合。比如，2016 年 11 月，俄罗斯“军工联合体”网站就公布了一种名为“斯瓦罗格”的新型头盔。这种头盔将成为俄军首款虚拟现实（VR）头盔。单兵穿戴这种头盔，不仅能够观察来自无人机摄像机的战场画面，还能通过摇头和转动眼球来控制无人机。① 此外，2016 年 5 月，在西班牙英德拉（Indra）公司的领导下，两架无人机首次与一架从西班牙机场起飞的有人飞机实现了协同飞行测试，试验取得成功。测试分两个阶段开展。“第一阶段用一架 E300‘观察者’固定翼无人机与 MSA 飞机共同进行一系列飞行，无人机自动采取机动措施。无人机操作员在地面监督无人机的运行，并通过‘自动相关监视—广播’系统提供的数据提升对空中态势的掌控。整个过程是在空管系统监视下进行的，且有一名空管人员向无人机提供间隔控制指令。第二阶段无人直升机利用卫星导航数据执行了仪表进近和着陆。”②

---

① 中国航空工业发展研究中心：《空战领域科技发展报告》，国防工业出版社 2017 年版，第 35 页。

② 中国航空工业发展研究中心：《空战领域科技发展报告》，国防工业出版社 2017 年版，第 37 页。

类脑芯片：人类智慧的“终极复制”

2017年，美国空军研究实验室（AFRL）宣布将与美国IBM公司合作研发一个全新类脑超级计算机系统，该系统基于由64个IBM的“真北”（TrueNorth）类脑芯片组成的芯片阵列。“真北”类脑芯片是基于人脑启发而研制的，可以实时高效地将不同来源的图像、视频、音频和文字等数据转换为符号，因而在模式识别处理和集成传感处理上比由传统芯片构成的系统更高效。伴随着人工智能研发热度的持续升温，类脑芯片日益受到国际学术界、产业界及军方关注。如欧盟支持的高通公司研究的“认知计算平台”，可以融入到其量产的Snapdragon处理器芯片中，并以协同处理的方式提升系统的认知计算性能。美国DARPA自2008年起就开始资助IBM公司研制面向智能处理的脉冲神经网络芯片；IBM公司在2014年曾发布名为“TrueNorth”的第二代类脑芯片，其神经元数量多达100万个，每秒可执行460亿次突触运算。

那么，类脑芯片由何而来？其优势何在？类脑芯片与人工智能是怎样的关联？

一、类脑智能高调来袭

人类曾尝试像鸟类般飞翔，于是制造了飞机，尽管飞机与鸟类差异巨大，但其背后的原理是一致的——利用空气浮力实现飞翔。从这个角度来看，我们确实可以说飞机是人对鸟的复制。而若将这种“复制”的理念运用到人工智能领域，或许我们可以说：“人工智能就是欲望和激情消退后人类对自己的终极复制。”作为当前人工智能领域的热点之一，类脑智能与人类智能在信息处理机制与认知行为决策等方面有相似性，其最终目标是通过借鉴脑神经网络结构和信息处理机制，使机器以类脑的方式运行，达到或超越人类的智能水平。

当然，类脑智能并非近几年才被提出的一个流行词。早在 1950 年，艾伦·图灵（A.M.Turing）就在其论文《计算机器与智能》（Computing Machinery and Intelligence）中阐述了一种非定义式的研究方法，提到了类脑智能相关问题。到了 20 世纪 80 年代，多层神经网络和反向传播算法的出现，使人们重燃起类脑智能的火花；1998 年，Yann LeCun 和 Yoshua Bengio 发表的有关手写识别神经网络和反向传播优化的论文《Gradient-based learning applied to document recognition》，标志着新一代类脑智能——卷积神经网络时代的到来；2016 年，AlphaGo 击败韩国围棋九段职业选手李世石，再次将类脑智能推向前台。与此同时，类脑智能的“战绩”仍在“不断被刷新”，2016 年 12 月，牛津大学与谷歌公司等联合研发的自动唇读系统“LipNet”对 BBC 电视节目嘉宾进行唇语解读，准确率达到 46.8%（唇语专家准确率为 12.4%左右）；2017 年 5 月，AlphaGo 战胜当时围棋世界排名第一的柯洁；后来，麻省理工（MIT）的工程师设计的由硅锗制成的人造突触小芯片，能够在模拟仿真过程中识别手写样本，准确率达到95%。

如今，随着人工智能领域技术的不断突破，各国加大了有关类脑智能的研发力度，且在研究方向上各有侧重。欧盟“人脑计划”重点开展人脑模拟、神经形态计算、神经机器人等领域的研究，有核心项目和合作项目两类，核心项目由欧盟委员会资助，合作项目则吸引成员国机构、非政府组织参与，其“BRAIN计划”针对构建大脑结构图、神经回路操作工具开发等七大领域进行研发布局；美国主导类脑智能的基础与应用研究，知名大学、私营机构和工业企业等根据自身优势开展跨学科、跨部门、跨领域合作；日本类脑智能研究以国际电器通信基础技术研究所、国家级技术研究所和各大学相互协作的模式来开展跨学科研发，其“脑科学战略研究项目”重点开展脑—机接口、类脑计算机研发和神经信息相关的科研攻关，按照科研路线图，该项目旨在15年内开发出各层次脑功能的超大规模模拟技术，并开展神经科学与数学、物理等基础科学的前沿交叉研究。

二、芯片再定义

类脑智能是人工智能研发的终极方向之一，无论是语音交互还是图像识别，抑或无人驾驶等，人工智能研发者无疑希望通过“复制”的方式让机器成为近似于人的存在或者创造出能够承载人类智慧的“超人”，这就需要给机器一个类似于人类大脑的容器——类脑芯片。其采用人脑神经元结构设计芯片来提升计算能力，以完全拟人化为目标，模拟人脑神经突触传递的结构。相较于传统的芯片而言，其特点主要表现在：运行效率高、架构设计精、学习能力强。

运行效率高。传统计算机主要是基于冯·诺依曼结构，它将程序和处理该程序的数据用同样的方式分别存储在两个区域，一个称为指令集，一个称为数据集。计算机每次进行运算时需要在 CPU 和内存这两个区域往复调用，而随着深度学习算法的出现，对芯片计算力的要求不断提高，这种计算方式的瓶颈就显现出来：当 CPU 需要依托大量数据执行一些简单指令时，数据流量将严重降低整体效率。而类脑芯片通过对大脑进行物理和生理解构，能够模拟神经元和神经突触功能，将数以亿计的光电器件按照人脑结构进行集成，并对整体任务进行优化分工，即每个神经元只负责一部分计算，这就从根本上提高了芯片的运行效率。

架构设计精。人脑最不可取代的便是其“随机应变”的处理能力，而人脑之所以具备这样的综合处理能力，就在于它拥有庞大的神经结构及上千亿神经元，且几乎所有的生物意识行为都源于此。传统芯片的存储器是以数据存储单元为核心的，相较之下，类脑芯片的机构则是一种拟人化的设计，其元件以模拟的方式进行工作，通过交换梯度信号或权重信号来激活，这类似神经元依靠流过突触的离子种类和数量来激活，它不仅能够模拟人脑功能进行感知、思考和行动，且还允许开发者为类脑芯片设计应用程序。

学习能力强。毫无疑问，传统芯片在处理大规模数据信息时有着天然的优势，但碰上“不确定性”思考时，则往往会表现得“不知所措”。从学习能力的角度分析，类脑芯片在仿脑计算方面逐渐显现的优势或许可被看成是该领域的一个研究标杆。仿脑算法目前的模型是 LIF 模型，通过简化神经元描述方程（HH 方程）得来，HH 方程是当前针对大脑行为描述最精准的方程。可以说，仿脑计算不但要从结构上模仿大脑，而且还要从神经元和突触的模型上模仿大脑，而这也可被视为深度学习的发展趋势。

三、窥探临界后的世界

我们之所以强调某项技术的临界点，根源在于其一旦到来就会对社会产生颠覆性作用，从根本上重构人与人、人与社会的关系。如果类脑智能的临界点确实存在，那我们就需要回到人工智能的终极理想来思考：未来到底会怎样？类脑智能可给人类带来一个怎样的世界？无疑，类脑芯片的工作方式正在不断接近人脑，这也是人工智能未来的突破点。如近年发展起来的脉冲神经网络（SNN），其神经元以电脉冲的形式对信息进行编码，就能够很好地编码时间信息，更接近真实神经元对信息的编码方式，也因此被认为是接近仿生机制的神经网络模型。

与此同时，嵌入类脑芯片的智能机器人将具有广泛应用价值。此种类脑智能机器人是融合了视觉、听觉、思考和执行等能力的综合智能系统，能以类脑的工作方式运行。其发展优势在于它既是对人的力量的强化，又是对人的智能的强化。然而，经历了长期的发展过程，人们形成共识的是：机器通常在动力、速度等方面具有一定优势，但在情感、感知等方面却存在欠缺。类脑智能机器人则是让这两个分支合流，从而实现人—机在真正意义上的互补融合。如在类脑机器人的研究过程中，为使类脑机器人具备针对复杂环境下物体的鲁棒识别能力，并有很好的泛化能力，而将人类的联想记忆机制、注意力调控机制、泛化学习与记忆机制引入到模型当中。2015 年，瑞士洛桑理工学院就开发了一个有关神经系统仿真的类脑智能机器人，该机器人建立了数字化的老鼠大脑计算模型和虚拟老鼠身体模型，并将这两个模型结合起来模拟大脑和身体互动的神经机制，目前在模型中模拟出的小白鼠大脑神经元活动高达

3.1 万个。

不妨设想，在不远的未来，当类脑芯片能够像人脑那样自然地思考，而与类脑智能机器人相互协作成为常态，到那时，我们就可以发出这样的感叹：“强人工智能”时代终于到来！

生物交叉技术导演未来“贵族”战争

“运筹帷幄、决胜千里”是古人给予军事指挥官的赞誉之词。在信息技术高度发达的今天，不但指挥官能够于千里之外发号施令，甚至军营中的普通一兵，未来似乎也可以远离血雨腥风的战场，安身于舒适的环境，遥控着前线的生死搏杀。高技术的保护使人变得越来越金贵，但有一个问题始终不能绕过：战争的最终目标仍在于人。

然而，就在 2012 年年初，美国国防高级研究计划局（DARPA）正式披露了他们正在实施一项名为“阿凡达”的科研项目，该项目旨在打造一支像科幻电影《阿凡达》中那样用人脑远程控制的“生物机器人军团”。其最终目标是使人远离危险的战场，将未来战争变为机器人“代理士兵”之间的较量。该机构表示，他们已经“在远程视觉呈现、远程操控方面取得了关键性进展”。

一、“人”从物理空间的退隐

就某种角度而言，一部人类战争史，就是一部人类个体逐渐远离战场前线的历史。先是指挥官从“前线”退居“后方”，再是远程攻击武器拉长了士兵之间的距离，到后来“非接触式战争”的提出，背后无不隐藏着一个简单而深刻的战争哲理：消灭敌人，保存自己。战争中的攻与防、动与静、信与诈，以及对更高速度、更强能力、更多信息的追求，都是为了在时间上抢占先机，在空间上拉长距离。概括起来，战争形态的发展所呈现出的，是人类个体从物理空间的“退隐”过程。

自然中心战时代，人与人之间是面对面的较量，即使如弓弩、投石车这样的远程武器，攻击对象也是视距范围内的目标。长矛、刀剑、盾牌、铠甲，是这一时期的代表性装备。机器中心战时代，大炮、飞机和导弹所攻击的目标，已不是攻方的肉眼可见，“非接触式战争”也不再稀奇。当年历时 78 天的科索沃战争，北约未动一兵一卒的地面部队，仅靠飞机和导弹，就打赢了这场攻方“零伤亡”的战争。

直到此时，消灭“有生力量”仍是战争的主题。虽然防护技术的发展已经使物理战的作战对象“发生偏转”，为了打击“人体”，不得不打击“物体”，但“人体”毕竟是战争双方攻击的最终目标。21 世纪“网络中心战”的提出，宣告了一个新时代的到来，也意味着一种新的战争形态即将登上历史舞台。它的战场，远远超越了物理空间，也大大跨越了信息空间，甚至绕过人的肉体，深入人类的认知空间，直指每个人的大脑。未来战争，将贯通物理、信息和认知三大维度，成为一种抽象意义上的“立体战争”。

然而，一个根本的道理却不应被忽视：人的精神、人的思维，广而延至人类的认知空间，终要以物质为载体，以人的大脑、人的肉身为载体。因此，人体作为最宝贵的承载思维和智慧的系统，仍然被重重的坚固堡垒保护着。“阿凡达”战士的诞生，表面看来似乎是一种新式作战部队的问世。若考虑到人脑的远程控制，那么它只不过是一种更新的、更聪明的“铠甲”而已。剥开这层“铠甲”，我们也许会发现，在新的战场上，肉体的远离并非意味着“人”的安全；在新的“立体空间”中，人与人的距离似乎更近了。为此，我们可能还要付出许多意料之外的代价。

二、“贵族化”的代价

物理空间上的远离，加之硬件上的层层防护，把人变成了技术堡垒中的“贵族”。士兵的“贵族化”过程，不仅伴随着外在技术装备的升级，还伴随着士兵生理能力的增强，乃至精神力量的提升。乔纳森·莫雷诺在《思想大战：脑科技与21世纪的军事》一书中，全面介绍和分析了美军围绕提高士兵综合素质，以大脑为主要对象，开展的一系列跨学科研究项目。诸如通过药物令士兵保持超过24小时的清醒状态，用高营养药丸提高士兵代谢能力，以生物化学手段或电子技术把士兵变得更“聪明”，直至改造人的神经系统，消除士兵的恐惧感和焦虑情绪。如此高成本打造出来的“贵族士兵”，势必成为未来战场上的“精英战士”。

但是，莫雷诺一针见血地指出：“人是战争史上最久远的装备，也是最脆弱的节点。”从某种意义上说，上述一系列提升人体机能的手段，不仅没有“加固”这一节点，反而使之更加脆弱。2003年1月，在阿富汗，两名美国飞行员的意外攻击造成了四名加拿大士兵的死亡和八人受伤。这场令人震惊的国际事故，将这两名飞行员送上了军事法庭，直到事故的原因被判明以后才获释放。原来，经被告代理人解释，为使士兵在30小时的任务中保持高度警惕状态，他们受命服用了一种苯异丙胺类药物作为中枢神经刺激剂。正是这种药物使他们忽视了自身安全问题，导致误判。进一步的研究表明，使用这类药物还会导致人的药物依赖。无怪乎军队内部有时会调侃他们是“吃了药的人”。此事发生后，美军开始考虑苯异丙胺的替代物。但无论如何，高技术导致人类异化这一整体进程不会变，其中当然包括士兵的异化。

“阿凡达”战士便是士兵身体异化的一个典型代表。曾几何时，美军还在考虑通过机械外骨骼增强士兵的体力，使他们成为战场上更强壮的战士，想必这一研究项目不会因为“阿凡达”项目的推进而下马。不过，从扩展人的体力，到“取代”人的体力，无疑是一种质的飞跃。它意味着人将不必为武器提供动力——如古代的刀剑或者动力的触发机制——如枪机和按钮，而只需要提供信息甚至仅仅是目标——就如一位英明的指挥官只需发布命令，具体如何实施，完全交给下属，就可以实施一场战争。对技术落后的国家来说，它不啻于一场噩梦：想象一下，以人的血肉之躯，如何对抗机器人部队的钢筋铁骨。花费巨大代价甚或牺牲多少生命，终于摧毁了一名“阿凡达”战士，它背后的操纵者，却毫发无损。对技术相当的国家来说，它更有可能蜕变成一场“战争游戏”：生命得到了保障，只要经济和资源允许，战争双方大可以来一次“硬碰硬”的对决，不必顾及后果。这会是“阿凡达”部队将要面临的未来吗?

三、“人”在认知空间的接近

为了实现人对机器的操控，人机之间需要建立一种联系。传统的联系方式无外乎机械手臂、键盘、鼠标乃至语音等等，《阿凡达》中冲锋沙场的巨型机器人，也是通过操纵者手臂的动作实现自身的动作。这显然不是美军对“阿凡达”部队的期望。他们需要更直接的手段：不是将“人体”，而是将“人脑”与机器直接相连，通过大脑的电活动向计算机输入信号，操纵机器。该项技术被命名为“脑—机接口”（Brain-Computer Interface，BCI）。

美国对脑—机接口技术的研究，远远早于“阿凡达”计划和《阿凡达》电影本身。20 世纪末，美国杜克大学的尼科尔利斯和麻省理工学院的斯林瓦桑就提出了“脑—机交互接口”（Brain-Machine Interfaces，BMIs）的概念，这种“新一代工具”允许个体通过随意的大脑行为和传动器及感知设备进行无缝交互。纽约大学医学院的里纳斯和马卡罗夫在当时就认为，人脑和计算机的接口将是未来 20 年内需要解决的中心问题之一。而关于脑机接口较早期的研究论文，可以上溯至 20 世纪 90 年代初。

当然，必须承认，美国军方对该技术的关注，是其在 21 世纪蓬勃发展的重要推动力之一。这项技术也是在 21 世纪初才为更多人所了解。从 2004 年开始，美国国防高级研究计划局（DARPA）就已投入巨资，在杜克大学神经工程中心等全美 6 个实验室中展开了“思维控制机器人”的相关研究。2006 年 6 月 8 日，在巴黎召开的一次国际展览会上，戴着 24 对电极帽的美国科学家布鲁纳，现场展示了如何用意念通过眼睛向笔记本电脑传达指令，在巨大的屏幕上一个字母一个字母写出信息“B-O-N-J-O-U-R”（法语“你好”）。2011 年 4 月，英国媒体报道，美国科学家制造出了能用思维控制的计算机，人只需在大脑中“说出”相关单词，就能让屏幕上的鼠标移动。该研究的领导者华盛顿大学医学院神经科学与技术创新中心主管埃里克·鲁塔德表示，这才仅仅是最低层次的“阅读思想”。

随着脑—机接口技术的发展，有学者认为，对它的反复使用甚至可能改变人脑自身，使大脑皮层出现一个代表机器人的专门区域，进而使机器人成为其使用者的一个外部肢体。也许等到那一天，我们才可以说，真正的“阿凡达”部队问世了。人与机器，将真正成为不可分割的“一体”。这和无数科幻作品中展示的各种人体改造技术，有着异曲同工之妙。

前景很“美好”？非也！真正的危机，隐藏在背后：脑—机接口的最终目标并不是简单地实现人体机能的扩展，因为，计算机并非单独的个体，“阿凡达”战士也并非深入敌群的“孤胆英雄”。未来的战场，对人来说，已非过去的物理空间，而是一个由网络构成的“立体空间”。在这个空间里，物理空间一维发生的是硬碰硬的战斗，信息空间一维发生的是围绕制信息权展开的争夺，而发生于认知空间一维的，“人”与“人”的直接较量，才是终极的对决。

在认知空间这一维里，人和人的距离不但没有疏远，反而更接近了。这种接近，有可能使网络上的“精神战士”陷入更危险的境地：敌人不必正面对抗你的“阿凡达”战士，而只要通过无所不在的网络袭击你的大脑，就能使你陷入瘫痪。从这一意义上讲，托马斯的《大脑没有防火墙》实在是振聋发聩的警钟！它所警示的，不单单是通过舆论、谎言或假象等感官刺激而开展的“心理战”，更是直指人类大脑“硬件”的“精神战”或“神经战”。那时，表面强大的“阿凡达”战士将变成中看不中用的“马其诺防线”，杀死城堡中的“贵族”，堡垒不攻自破。

相信深谙战略大道的美国不会不明白这一点。我们更愿意相信，这是美国一贯追求全面作战能力的外在表现。就如美军对其军官的要求，不仅仅是能够使用现代化装备，更应该能够在现代化装备遭到破坏的情况下，“用军事地图和红蓝铅笔”获取战争的胜利。须知，比起装备精良的“阿凡达”部队，其幕后“贵族”才是决胜的根本。

聚合科技（NBIC）与未来战争

近年来，伴随着纳米技术、生物技术、信息技术及认知科学的快速发展及其军事应用前景的日益显性化。聚合科技的概念开始引发人们的关注。

聚合科技，顾名思义，即由纳米技术（Nanotechnology）、生物技术（Biotechnology）、信息技术（Informational technology）及认知科学（Cognitive science）聚合而成，其缩写为 NBIC。

一、NBIC 冲击波

展望未来，聚合科技给人类社会带来的冲击将是全方位及革命性的。比如，类似人脑功能的、带电源的可穿戴式计算机将以最优化的方式为我们提供一切类型的、有价值的信息。神经形态工程学也许会使得信号加工过程中向物理设备传送思想及向来自人体的生物传感器输出信号成为可能。纳米技术将提供手段把药物送到大脑中需要药物的精确位置，从而把药物对神经系统的副作用降到最小。

再比如，目前，微电子学的现有技术正在特征尺寸方面逐渐逼近极限，进一步发展就需要变革微电子加工和设计方法来替代原有技术。此时，纳米技术将有望提供一类新的电子器件。因为，“纳米”一词的意思是十亿分之一，通常被用在纳米秒（十亿分之一秒）和纳米（十亿分之一米）上。作为介于1—400个原子之间的空间测量，除拥有其固有的更小特征尺寸优势之外，它还能充分利用量子效应威力，这种效应只有在纳米距离上才起作用。

而且，纳米世界还加深了我们对生物学的理解。由于所有的生物活动都是在分子层面发生的。因此，在纳米工具方面日益增长的能力将会扩展我们对生物的理解。最终，不仅信息革命（计算机和通信）将在我们处理纳米世界和生物学时为我们提供便利。而且，纳米、生物和信息相互聚合的协同效应，将引导我们去开发一些新知识。正如有些科学家所言，我们将同时经历“计算机 / 通信”革命和“纳米 / 生物 / 信息”革命。这两条技术进化的曲线将创造一个变革的新时代。

二、人的“武器化”与武器的“人化”

面对社会领域的NBIC冲击波，DARPA在前期资助的基础上，启动了一批聚合科技探索项目，包括代谢工程、外骨骼增强战士计划、脑机接口技术（BCI）、生物医学状况监测项目、增强现实性工程、持续性辅助计划（CAP）等，旨在为战士提供强大的生理和认知能力，以应对复杂战场的挑战。

（1）代谢工程。该工程寻求探索在细胞、组织和有机体方面控制人体代谢的技术基础，旨在使作战行动中处于压力状态的细胞和组织保持稳定和进行成功恢复，其特别关注的是血液及其相关产品。当该项目在未来研发成功时，将应用于战斗伤亡人员，通过对出血、休克和严重创伤的细胞进行基础治疗，能够从战场中挽救更多的肢体和生命。

（2）外骨骼增强战士计划。增强战士能力的目标，是提高士兵在战斗环境中的速度、力量和忍耐力。该项目将开发一些技术，例如可积极控制的外骨骼，使战士拥有更多火力，穿更多的防护服，以及携带更多军火和补给等。此外，由于对外骨骼而言十分重要的是驱动元件和符合生物力学的控制结构。因此，该项目正在探索将高能密度的化学或烃燃料（不同于其他能源储藏媒介，如电池或被压缩的空气）应用到能源转换和机械驱动中。

（3）脑机接口技术（BCI)。该项目旨在增强战士的信息处理能力。比如，当今战斗机上都装备了复杂的传感器、电子设备及火力系统，飞行员在作战环境下操纵战机、观察驾驶员座舱的仪表盘、了解所处的形势、处理传感器信息、躲避反空导弹、确认并摧毁目标及安全返航等，自然要面临超负荷的信息，这就需要相关技术辅助飞行员提高信息处理能力。而归属聚合科技的脑机接口技术就有助于实现此目的。

（4）生物医学状况监测项目。就像全球定位系统（GPS）定位地理坐标一样，作为全球定位系统的医学版，该项目旨在测量战士的生理状态。即利用传感器实时测量战士的重要体征（皮肤温度、心率和活动频率)、电解物、压力荷尔蒙、神经递质水平和生理活动状况。美军目前正在研发的子项目包括“陆上战士计划”“医护兵计划”等。当生物医学状况监测装置与无线电通信系统相结合时，有助于指挥官通过卫星系统中枢实现对士兵的分布式监测，以决定是否需要让部队休整。

（5）增强现实性工程。所谓增强现实性，就是要为战士增补战场信息。例如将信息投射到战士头盔的遮阳片上，或直接将信息投射在战士的视网膜上以放大战士的自然视觉。这些增补到战士自然视野中的附加信息，能够就狙击手或地雷的位置发出警告，显示隐藏的基础设施和公共设施，例如地铁、隧道等，从而有助于战士消除战场环境的不确定性。

（6）持续性辅助计划（CAP）。美军该计划的目标是探索新的药理知识和训练方法，以便使战士实现 96 小时甚至超过 168 小时无须睡眠，从而实现个体认知能力的拓展。因为，在美军看来，对抗睡眠不足和缓解精神与生理压力的能力将从根本上重新定义“行动节奏”的军事概念。

三、DOD 聚焦纳米技术

最初，美国国防部（DOD）主要关注的是纳米技术与信息技术的聚合，即 NI。具体而言，早在国家纳米技术计划（NHI）出台之前的 20 世纪 80 年代初，国防部启动的研究项目就开始触及纳米领域。到 1999 年，国防部正式认定纳米技术是具有战略价值的六大科技领域之一，其与信息技术的聚合将使传感器微型化，从而使各无人兵器更加轻便、灵敏，并有助于在战场探测放射性。

为此，在进行专业评估后，DOD 的投资重点为以下三个方面：纳米材料设计、纳米电子学 / 磁学 / 光电子学以及纳米生物设备。专家预测，纳米技术除影响 C^4ISR 作战指挥系统外，还有助于研发适合士兵的轻型保护装甲，开发应用纳米技术的便携式电源，制造由更轻便材料构成的隐蔽而牢固的战斗平台等。

具体而言，纳米技术对 DOD 的价值主要包括：（1）化学及生物战的防御。由于化学战和细菌战剂被实时地探测出来的概率极低，因此，纳米技术将引导开发用来监控战场环境的生物传感器。如此，纳米技术将大大地改善探测的敏感性和选择性，甚至当生化媒质只有几个分子的时候也会出现反应；(2) 战士的保护装甲。纳米技术将引导开发用于制造防弹装甲的极坚固且极轻便的材料；(3) 减轻战斗装备的重量。纳米技术将通过进一步使传感/信息系统小型化，以便减少士兵/水兵在战场必须携带的战斗装备的体积和重量。此外，通过开发纳米电子和应用纳米技术的便携式电源，将有助于增强美军的信息优势；(4) 高性能平台和武器。通过提供能够嵌入更大结构中的具有特殊性能的小型结构，纳米技术将引导制造出更隐蔽、更牢固及由更轻便材料构成的战斗平台。应用纳米技术制造的新材料不仅性能更高，而且更加可靠，生命周期成本也更低。例如，采用纳米结构的衣料不仅大大降低了摩擦而且更耐久。此外，被嵌入纳米黏土颗粒的聚合体模型防火性能更佳，该纳米合成物可以被用在军舰上；(5) 高性能的信息技术。纳米技术可以大大改善 DOD 信息系统的工作效率。由于当前的电子设备将在未来逐步逼近尺寸的界限，因此，信息技术的不断改进就要求与纳米技术进行聚合；(6) 能量和高能量材料。纳米颗粒和纳米高能量材料比传统炸药表现出了更强大的能量密度。此外，纳米粉状材料也已经展现出一定的潜力，可以有效地把储存的化学能转化为供电池和燃料电池使用的电能；(7) 无人驾驶车辆和小型人造卫星。纳米技术将引导应用于无人驾驶车辆和小型人造卫星的设备进一步小型化。此外，对无人战斗机（UCAVs）和无人水下航行器（UUVs）而言，由于导弹和引导的电子设备小型化，其也将航行得更快，战斗力更强。

四、用神经武器开战？

正是 NI 在军事应用上的潜在价值，其成为美军优先支持的项目之一，国防部长办公室、国防大学纳米技术研究计划（DURINT）、陆海空三军及 DARPA 都给予了持续资助。然后，近年来，伴随着生物技术及认知神经科学的飞速发展，生物技术、信息技术及认知科学的聚合价值，引起美军更大关注，因此，有关聚合科技的发展有从 NI 转向 BIC 的趋势。

具体而言，2006 年 9 月，美国国防部高级研究计划局公布了一份《生物学军事应用》的资金调拨计划书，其中，大多数项目与神经科学有关。2007 年 8 月，美军国防情报局委托美国科学院成立了一个技术预测与评估委员会，名为“未来 20 年神经科学军事与情报研究方法应急委员会”，该特别委员会希望了解脑科学研究的动向，以帮助美国情报部门预测到 2027 年时世界范围内神经科学的发展状况。2008 年 8 月，该委员会的评估报告提交给美国国防情报局，标题为《崛起的认知神经科学及相关技术》，报告系统分析了未来 20 年内认知神经科技发展趋势及军事应用前景。2009 年 5 月，在美国陆军资助下，美国科学院又发布了一份《神经科学未来军事应用前景评估》的报告。同年，美国陆军行为与社会科学研究所与陆军研究实验室合作成立了一个认知与神经工艺学技术协作联盟，不断加强聚合科技的研发力度。

BCI：从科幻走入现实的军事技术

2010年，科幻电影《阿凡达》在全球上映。影片中，受伤的退役军人杰克靠意念远程控制其替身在潘多拉星球作战。3DIMAX版的画面效果，想象瑰奇、气魄恢宏的《阿凡达》，在带给观众一场视觉盛宴的同时，也将尖端科技主导的战争以科幻的形式呈现在人们面前。如今，从美国国防部高级研究计划局（DARPA）的预算报告中，我们发现，原来影片中出现的用意念控制“战士”作战，已经不再只是幻想。

一、BCI是什么？

BCI技术又被称作直接神经接口技术，有单双通道之分，单通道BCI技术只能在同一时刻用电脑接受大脑指令或向大脑发送指令，而双通道BCI技术则能在大脑和电脑之间同时建立起信息交互链路。目前，世界各国研发机构公开的成果，主要集中在单通道BCI技术领域，该技术通过直接采集来自大脑的神经生物学信号，并将其转换为输出指令，而不依赖正常的外围神经中枢和肌肉组织输出通道来实现指令传送。

追溯历史，我们发现BCI技术并不久远。1973年，美国科学家维达尔首次产生了BCI技术的概念萌芽，时隔四年后的1977年，其将BCI技术初步定义为：一种能反映大脑功能内在机理微观信息的计算机系统技术。与此同时，维达尔还以视觉刺激产生的视觉诱发电位（VEP）作控制信号，建立了一个操作者通过控制光标成功穿越二维迷宫的BCI技术系统。1988年，科学家法威尔和杜切尔利用P300事件相关电位（ERPS）实现了用大脑直接控制虚拟打字机的操作。1999年，第一次BCI国际会议给出了BCI的明确定义，即“脑—机接口技术”是一种不依赖于通常由外围神经和肌肉组成的传输通路的通信系统技术。

BCI技术的内在原理是，当一个人的大脑在进行思维活动、产生意识（如动作意识）或受到外界刺激（如视觉、听觉等）时，伴随其神经系统运行的还有一系列电活动，这些脑电信号（EEG）可以通过特定的技术手段加以检测，然后再通过信号处理（特征提取、功能分类等），从中辨别出当事人的真实意图，并将其思维活动转换为指令信号，以实现对外部物理设备的有效控制。基于该原理，BCI技术系统像任何通信及控制系统一样，由输入（如使用者的EEG信号）、输出（如控制外部设备的指令）、信号处理和转换等功能环节组成。

BCI技术系统的关键技术包括大脑神经生物信号采集技术、大脑神经生物信号处理技术及人机高效交互技术。一般BCI技术常用的输入信号是来自头皮或脑表面记录的EEG，以及大脑内记录的神经元电活动。信号处理环节就是通过对源信号进行适当的处理分析，把连续的模拟信号转换成用某些特征参数（如幅值、自回归模型的系数等）表示的数字信号，然后将提取到的上述特征参数利用分类器进行功能分类，从而产生操作驱动指令，通过物理传输装置实现与外界的有效交流。

“科技制胜”是美国军事战略思维的重要特征之一，因此，不难理解，BCI 技术的相关突破早已进入美国军方的视野。

二、美军关注 BCI

美国国防部前副部长、军控和裁军署前主任弗莱德·查尔斯·伊克莱，在其名为《国家的自我毁灭》一书中，对 BCI 技术的军事应用前景给予了高度关注，他写道：“目前已有数百个试图将人脑同计算机相结合的独立研究计划。一开始，这些研究得到的资助很少，有些只是玩玩概念游戏而已。但近期对人脑与电脑相结合的研究项目——BCI 技术——得到了重视，在美国和欧洲的大学里，这类项目的数量成倍地增长。”他进一步指出：“我们必须对人脑研究的发展进程加以关注。神经科学对人脑的功能——即智力、意志、情感和神秘的‘意识’功能——日益加深理解。在一些无须进入人体的新探测技术的帮助下，科学研究人员可以观察人脑的思维功能。新的探测仪器包括功能磁场声波成像仪，穿头盖骨磁震荡仪以及阳电子释放体层摄影仪等。这些仪器已经能够提供人脑在从事特定活动时有价值的数据。近来，科学家已成功地使用纳米感应器和荧光成像仪来观察个别脑细胞的化学变化。”

与弗莱德·查尔斯·伊克莱的关注相呼应，目前，在美国 DARPA 的军事科研项目中，也提到“该项目旨在利用脑机接口技术探索扩展人类机能，利用获取的神经代码进行整合和控制入侵式设备和系统。项目跨越多学科迎战科技新挑战，它将要求集合各学科的人员来完成通过大脑活动进行人类互动并直接控制机器的目标”。

此外，美国国防部近年来还执行了以下一些相关项目：(1) 制造在视频信号中叠加视觉潜意识指令材料的设备。这种潜意识视频指令设备包括三个部分：基本视频信号的接收电路，该电路可以将信号转变成水平与垂直的同步探测电路；产生叠加至基本视频信号的潜意识视频信息的电路；将潜意识视频信息叠加至基本视频信号从而产生整体视频信号的电路；(2) 神经系统的潜意识声音操纵。与共振频率调谐的潜意识声音脉冲，能够激发人类的感觉共鸣。适当运用某种声音频率，并使其声音的密度控制在一定的潜意识范围内，则可产生相应的生理与心理感受；(3) 潜意识信息保护；(4) 无声潜意识交流系统。该系统运用超低、超高或近超声波等非声音载体，将希望传送的信息用调幅或是调频的方式调制，用声波或是振动的方式播送，特别是通过喇叭、耳机、压电设备等达到对方大脑，引导其产生预期行为；(5) 听觉系统。向人的头部发射特殊波形调制的 100 兆赫兹到 10000 兆赫兹的微波，在其头部产生声音。

除了上述研究项目外，美国 DARPA 还借助军地双方技术力量，研究超物理学、纳米技术、机器人、生物技术、无性繁殖及人体冷冻学等对人大脑的影响。值得我们关注的，包括以下研究项目：(1) 脑听器，该设备可以将声音转化为能够沿着皮肤传入大脑的电子脉冲；(2) 心灵及生理影响系统；(3) 无线电催眠发生器；(4)“MKULTRA”项目，该项目旨在研究控制动物大脑的关键技术及相应的脑定位，该报告称其“对几种动物行为进行远程控制的可行性已经得到验证”。

三、涂抹未来战神面孔

读脑术也一直是科幻作品关注的焦点。在别利亚耶夫的《大独裁者》里，主人公施奈德就发明了无线脑波控制装置，从最初的抢劫银行，到后来与世界各国军队较量，施奈德一次次打败敌人。1939 年，中国科幻作家顾均正也创作了同样题材的《和平之梦》。在小说中，一个深入美国的“极东国”间谍尝试用无线电干扰美国民众的政治态度。此外，在中国科幻作家王晓达的小说《波》中，战斗也是以电波使对方飞行员大脑产生幻觉的方式获胜。

从科技进步与战争演进的历史来看，曾经出现在科幻作家笔下的军事技术在日后皆引发了军事领域的变革，在一些人看来，留有科幻色彩的 BCI 技术距离走上战场还十分遥远。然而，从美国国防高级研究计划局对相关科技的资助来看，制脑权战争何尝不是未来军事变革的一个趋势?

对于 DARPA 正在努力攻关的军事科研项目，2007 年，美国军事学者乔纳森·莫雷诺出版了一部名为《思想大战：脑科技与 21 世纪的军事》的著作，该书全面介绍了美军旨在打造未来“精英战士”的计划与前景。

其中，美国空军正在积极研究如何利用脑电及肌体协同控制以提高战斗机飞行员的快速反应能力，其实施的 ACT（替代控制技术，Alternative Control Technology）计划中就包含了 BCI 技术的研究。此外，BCI 技术还能增强军事训练的实战性和对抗性，提高模拟训练的效果，尤其能较好地解决军事训练中的反馈和过程回放问题，给军事训练的评估和方案的制定提供依据。当然，大多数 BCI 技术系统仍然处于实验室研究阶段，距离真正走上战场还有诸多难题。但我们相信，随着计算机科学、神经生物学等学科的不断发展与交叉融合，BCI 技术必将日趋成熟。尤其是，根据军事技术先行发展的规律，该技术一旦取得重大突破，将会首先被运用于战争实践。

更何况，美国国防部高级研究计划局，作为一座架设在基础研究与军事应用之间的桥梁，其本身就是一个带有神秘色彩的特殊部门，其职能就是永远驻守在军事科技创新的前沿阵地，竭力张开想象的翅膀，将自己的触角伸向遥远的未来，通过原始概念创新，引领武器装备发展，以避免他国“技术突袭”，确保美国“技术优势”。

算法小时代，智能大时代

复杂与简单，是我们描摹世界时贴上的标签。

世界是什么？在物质、能量及信息这些基本范畴之外，主宰世界运行的更底层规律是什么？谁在让技术“攻城略地”般不断突破“不可能”的极限？

算法，人类智慧的产物，渗透在金融交易、科技创新及战争决策等各个层面，让社会有序运转，让信息涌现价值，让生活高效便捷。

作为一种“隐动力”与“暗力量”，算法倘若摆脱了有效的社会规约，也会野草般疯长，爆发出某种神秘莫测的力量，让人类对智能社会的未来涂抹上一层忧患色彩。

法兰西科学院院士瑟格·阿比特博等所著的《算法小时代：从数学到生活的历变》，尝试勾勒出一张俯瞰算法世界的地图，对话算法与人工智能共同定制的复杂时代。

其一，算法就是解决问题的进程，与符号有关，但并不依赖符号。在作者看来，算法思想并不神秘，而是人类解决问题的方法、进程及手段。尽管计算机科学家习惯于将“算法”等同于“符号算法”，但广义的算法概念其实与文字同样古老。“从人类历史初期，我们就一直在发明、使用和传播各种各样的‘算法’，用来烹饪食物、雕琢玉器、钓鱼、种植扁豆及小麦，等等。”① 的确，虽然计算机科学是20世纪的产物，但在人类发展早期，数学就与算法紧密耦合，在输入端接收数据构成算法参数，在输出端返回数据得到算法结果。比如，“大约公元前 300 年的欧几里得算法就可以计算两个整数的最大公约数。”②

数学也好，语言也罢，都涉及符号。算法与符号是否可以剥离呢？阿比特博在书中举了蚂蚁觅食的例子，认为蚂蚁在寻找食物时并不依赖语言，使用了很复杂的算法进行空间定位，以找到最短的觅食路径。“人与蚂蚁之间的区别在于，我们会尝试用语言表达、存储、传输、理解和改进算法。”③ 此处的问题或许没有作者阐述得这么简单，人类除了用语言来表达算法之外，在更多的情景下，借助的是非语言的直觉、联想、想象等非逻辑思维。而蚂蚁在进行空间定位时，或许也有其独特的信息交流机制，只不过这种信息交流尚未被人类完全破译，所以，蚂蚁觅食的案例，似乎并不能支持说蚂蚁的算法就与符号无关。算法与符号的关系，还需要更深刻的讨论。

其二，算法并非价值中立，与执行机器和行业机制密切关联。如果人类所从事的一切生产活动与战争活动背后都有算法的身影在闪烁，那么，一个更尖锐的问题就浮现了——算法是否价值中立？由于算法必须与执行机器、行业机制等产生关联，所以，有关算法价值中立与否的

---

① ［法］瑟格·阿比特博等：《算法小时代：从数学到生活的历变》，任轶译，人民邮电出版社 2017 年版，第 3 页。

② ［法］瑟格·阿比特博等：《算法小时代：从数学到生活的历变》，任轶译，人民邮电出版社 2017 年版，第 4 页。

③ ［法］瑟格·阿比特博等：《算法小时代：从数学到生活的历变》，任轶译，人民邮电出版社 2017 年版，第 10 页。

争议，就有了展开讨论的清晰切入点。

回溯历史，人类试图让机器代替自身来工作劳动，看似一小步，实则一大步，跨越了千年风雨。“第一台机器可以追溯到古代，比如亚历山大港的希罗发明的蒸汽机是对水进行操作的，并不用于做加法运算和乘法运算。而算法和机器则一直属于不同的文化领域：当美索不达米亚的书吏提出了第一个用于加法和乘法运算的算法时，这些计算是通过人工而不是机器来完成的。”① 的确，回顾人类计算发明史，从算法、计算图、计算尺、钟表、莱布尼茨的计算器，到 20 世纪恩尼格玛密码机（Enigma）、“炸弹”密码破译机（Bombe）、“巨人”计算机（Colossus）及电子数字积分计算机（ENIAC），人类终于制造出通用性的计算机器。当它因其通用性而被应用于各行各业之时，就自然引发了隐私保护、数字鸿沟、搜索偏向、网络犯罪及信息攻防等一系列社会价值问题。

其三，算法的进化决定着智能社会的未来，关键在自主演化。算法的进化是个不断坍缩的过程，同时也是不断膨胀的过程，通过分治最后形成类似“俄罗斯套娃”一样的算法堆，每一个大算法往往由其他一些已知的小算法构成，在运行过程中通过递归、迭代等逐渐逼近目标值。当然，在算法的这个进化过程之中，最为关键的问题是其能否自主演化。今天，一些社交媒体、购物网站上使用的“推荐算法”，也只是一种“低智”的学习算法，通过大数据统计相似性、关联度等来触摸规律。即使是名噪一时的人工智能程序 AlphaGo，其战胜人类围棋选手的深度学习算法，倘若不能自主演化，也不会引爆智能社会的实质性

---

① ［法］瑟格·阿比特博等：《算法小时代：从数学到生活的历变》，任铁译，人民邮电出版社 2017 年版，第 19 页。

变革。①

1921 年，在由卡雷尔·恰佩克编写的舞台剧《罗梭的万能工人》中，被称为“人造人”的机器人首次出现。如今，工业机器人、作战机器人及生活机器人等，已经开始大踏步走入我们的生活。在未来，这些机器人如何在智能社会大展手脚，还依赖于我们的算法不断进化，以及在计算、通信、仿真、数据分析、信息管理、信号处理及指挥控制等领域的不断优化。

算法，智能社会的神经网络。作为“看不见的手”，它拨动着社会运行的旋律，激发着科技创新的跃迁，让技术增加了一分狂野，让人类涌动着不羁冲动。然而，我们不得不说，算法并不是万能的，在“可计算性”或“可判定性”问题面前，它是王者，而在“不可计算性”或“不可判定性”问题面前，它又是病猫。此外，在人类与算法的互动之中，也有“界面迷雾”“数据迷雾”及“信任迷雾”等问题，对人机交互不断提出新的难题，考验着算法的适应性、灵活性及演化性。

最后，需要指出的是，在该书的阐述过程中，作者广泛运用了举例的方式展开，不时还迸发出一些思维的火花，虽然不成体系，但颇为灵动。现采撷几句，放在文末：

知识的算法形式，是计算机思维的精髓，能将知识变为实际行动。

在算法时代，我们仅需要比以前少得多的劳动，就能够提供同样的物品或服务……算法已经开始帮助人类，并且部分地取代了人类。

新的无竞争性商品，如算法和程序，预示着所有权时代的结束。

企业、动物、算法或表达算法的软件都能作为城市的一员……我们在城市中，与软件和算法“共同生活”，并且建立规则、和谐共存。

---

① David Gosset. *Artificial Intelligence and Global Geopolitics*. https：//www.huffingtonpost.com/david-gosset/artificial-intelligence-a_2_b_10710612.html.

备注：

《算法小时代：从数学到生活的历变》虽然短小，但却颇具启发性。最近重新审阅该文，对“数据、算法及智胜”又有些新的领悟。

其实，人类伊始，就进入了一个追求智慧，也不断产生智慧的时代。人类需要智慧，是因为不再满足于普通动物生存的达尔文法则，只有依靠智慧才能博弈未来。① 然而，人工智能的发展却似乎在挑战人类的这一专利。2017年12月，美国《华盛顿邮报》发文称：“根据美国军方的一份报告，未来战争将愈加依赖人工智能、大数据与云计算。”如今，随着人工智能在深度网络学习领域的阶段性进展，数据、算法及智能，都成了备受关注的热点词汇。

对未来战争而言，藏匿于人工智能背后隐秘而又公开的“秘密”——大数据，是揭开谜底的关键。是不是可以讲“大数据是人工智能技术的母体？”因为，无论是信息与知识、人工智能与超人工智能，都是以数据为母体存在的。由于数据是对客观世界的记录，当我们赋予数据背景时，它就成为信息；信息是知识的来源，当从信息中提炼出规律时，它就上升为知识；知识是智能的基础，当计算机、互联网及机器能够利用某种知识进行自动判别并采取行动为人类服务的时候，人工智能便应运而生。由此可见，“数据”始终是我们研究人工智能的一条主线，而随着大数据时代的到来，大数据已然成为人工智能技术的母体。正如谷歌首席科学家诺维格曾感叹说：“我们没有更好的算法，谷歌有的，只是更多的数据。”这从一定程度上揭示出大数据对于人工智能的基础性作用。

而且，从更广阔的背景来看，大数据是人类智能社会的联结。一部人类进化史，就是一部人类链接史。从血缘链接、地缘链接、网络链接，到未来的万物链接，随着人工智能技术的发展，未来的人类社会之所以是“智能社会”，关键就在于链接性的无限延伸。这种链接性与数据、信息及算法等高度关联。

---

① Rui Y. From Artificial Intelligence to Augmented Intelligence，IEEE Multimedia，2017，24（1）：4-5.

从无人驾驶汽车到智能学习平台，从机器学习到云计算，尽管我们还无法给未来世界一个精准定义，但种种迹象表明，这将是一个由数据驱动与算法定义的智能世界。后信息技术，尤其是大数据技术的发展，催生了人与外界信息的充分交汇，将使人类社会智能化跃迁到更高阶段。

最后，大数据也是军事“智能系统”的枢纽。从人类战争史演进来看，没有数据就没有情报，没有情报就没有决策，没有决策就没有指挥。倘若熟悉国防科技史的话，我们就知道，伴随19世纪电力革命，当有线电报电话、无线电报电话一诞生，立即就被军队所采用。1861年到1865年的美国南北战争是第一次大规模使用电报技术的战争。战争期间，联邦政府架设了24000公里的电报线路，发送了650万份电报。这个通信技术的进步，激发了战场传送数据量与信息量的大增长。然而，战争演进到今天，这个数据量与信息量与美国南北战争时期相比，又不在一个量级了。正是依托这样庞大的数据与信息，在高效处理与精准分析的基础上,才能产生指挥决策革命化变化。当然,战争变“快”、变“准”及变“透”的现实，也驱动着对垒双方应对战争的快反能力。以美军为例，有一组研究数据显示，在海湾战争中，空袭从发现目标到攻击目标，时间是3天；科索沃战争中，这一数字是2小时；阿富汗战争中，这一数字是19分钟；伊拉克战争中，这一数字进一步缩小为10分钟以内。作战节奏在加快，战场数据在增多，如何在分析、处理及应用数据方面取得优势，这是博伊德“OODA环”战略决策体系的精髓之一，也是我们思考未来智能化战争的切入点。

在未来，当大数据成为军事“智能系统”的枢纽之时，或许将开启一种新的作战样式——“数据智能战”。它通过掠夺、破坏和摧毁对方数据资源来建立己方的数据优势，达成作战决策及行动优势，并最终转化为战争优势。

作 战 篇

※ ※ ※

那些自认为什么都懂的人对于我们这些确实什么都懂的人来说是一种极大的烦恼。

——艾萨克·阿西莫夫

战争新范式

习近平主席面对新形势指出：“当前，世界新军事革命深入发展，武器装备远程精确化、智能化、隐身化、无人化趋势明显……”2017年7月8日，国务院也印发《新一代人工智能发展规划》，指出人工智能发展进入新阶段。

这是一个什么样的新阶段呢？倘若让我们来描摹这个新阶段，您脑海中会闪现出什么词汇呢？类脑智能？人机协同？无人机？算法革命？我想可能都不是。或许是——“阿尔法狗”！

“阿尔法狗”（AlphaGo）采用增强深度学习的方法，通过建立人工神经元网络，来理解概念、捕捉经验。具体而言，用策略网络、估值网络、快速走子及蒙特卡罗树搜索四种方法完成走子，战胜了人类。

在人工智能发展史上，这是怎样的革命呢？

1950年，艾伦·图灵出版《机器人与智能》一书，6年之后，美国科学家约翰·麦肯锡提出“人工智能”一词。此后，在人工智能的联结主义、行为主义和符号主义三条进路中，起伏发展，如今终于在联结主义的深度学习领域取得进展。

军事领域是对前沿科技最敏感的领域，自然引发美俄等国高度关注，美军的第三次“抵消战略”，以及俄罗斯总统普京的公开讲话，都把我们的目光牵引到人工智能的军事意蕴上来。

一、科技与战争：人工智能开启后人类时代

研究战争问题，需要了解时代进程。正如未来学家阿尔文·托夫勒所言：“人们生产的方式，就是军队作战的方式。”恩格斯则从反向断言：“军队的历史，非常明显地概括了市民社会的全部历史。”

今天，我们探讨人工智能与未来战争，仍然要站在时代进程的历史高度来透视，而不能仅仅从技术的层面来参悟。

（一）人工智能：奇点 or 泡沫？

有人讲，2017 年就是人工智能泡沫年。的确，在资本与符号共同营造的科技舆论中，警惕人工智能泡沫不无益处，但在军事领域，我们认为，理论探讨还不充分，相关核心问题还有待深究。

与泡沫相对立的是奇点理论。美国科学家雷·库兹韦尔预言：2045 年将是人工智能超越人类智慧的“奇点”。

1965 年，著名数学家赫伯特·西蒙就曾断言：“20 年内，机器将可以胜任人类可以做的任何事情。”今天看来，与奇点类似，这或许还只是一种预言。

2016 年，谷歌的 AlphaGo 战胜人类围棋冠军，世界一片惊呼。如前面所言，虽然深度学习使 AlphaGo 取得了“骄人战绩”，但它依赖大量高速计算机处理器和海量大数据，即人类提供的学习样本。如果人工智能的发展不能从根本上突破计算机发展、深度学习框架等方面的瓶

颈，就无法实现真正飞跃。

按照国防大学胡晓锋教授的深入研究，比如识别“猫”，把这只猫的形象转变成为“cat”这个符号，就不是一件简单的事情，需要非常复杂的识别理解过程。吴恩达领导谷歌的一个课题组GoogleX，用1.6万个CPU核跑了7天，才识别出来这只猫，可见这个计算量是非常大的。为什么呢？因为对概念的理解过程是非常复杂的。要想训练出认识猫的人工神经元网络，就可能需要用成千上万的数据来不断地刺激它，最后才能使得它对猫的各个特征，比如尾巴、颜色、形状等，都能有所反应。

然而，我们人类，随便在街上看到一只猫，尽管它有不同姿势、不同花色、不同大小，小孩子一眼都能识别出来。机器识别“猫”与小孩子识别“猫”的差异性，背后蕴含的是对智能理解的差异性。这一问题也是人工智能发展史上长期困扰科学家的基础性问题。

其实，科学界越来越认识到，深度学习在某种程度上，就是大数据+高性能计算+优质神经元算法的组合。

目前，无论是下象棋的“深蓝”、下围棋的AlphaGo等，都根本谈不上拥有真正的智能。曾撰写过《智能的本质》一书的斯加鲁菲曾说，智能的本质是要有“悟性”，能触类旁通而非简单的“识别”(模式匹配)。

因此，人工智能的未来，就是辅助人类的智能，不断提供新的“实用的”技术，而不会产生像人类一样的“智能”。毕竟，产生像人类一样的智能，不是一件简单的事。比如，有研究指出，“为了让机器可以像人这样的生物一样思考和感知，我们必须用简单的计算单元重建人脑的复杂性。智能必须从这些基本的计算单元的交互中涌现，必须来自这些无意识的代理，就像是从无意识的神经元中涌现出来一样。”[①] 但是，这里的关键问题是，“如果一切现代计算机都可以还原为它们运转的算法，那么人脑一定不是一种计算机。反之亦然，以算法为基础的计算机做不到人类大脑可以控制胜任的所有事情，总有一些会出差错。永远不会有真正的人工智能。心智的计算理论或者传统人工智能的理论基础因此都是错误的。”[②]

单纯的人工智能技术尚有大突破的空间，当它与生物交叉技术关联在一起，更会将人类带入一个新时代——后人类时代。

（二）后人类时代：人类进化之路的启示

伴随着人类认识自然、改造自然的进化之路，“人—技术—世界”的关系大致经历了三个阶段的演化：

(1) 人—技术—世界（延伸说）；

(2) 人—技术—（技术—世界）（投影说）；

(3)（人—技术）—技术—（技术—世界）（重构说）。

受凯瑟琳·海勒在《我们何以成为就人类？——文学、信息科学和控制论中的虚拟身体》启发，笔者深入研究后进一步凝练地认为，按照以往的认知，人类本质上是有自由意志的生物体，有内聚的认知，有肉体的具身，有独特的情感，等等。未来，人工智能和生物交叉技术联姻将会不断增强人类的智能。人将不再是纯粹的人，在后人类主义哲学看来，传统人类的本质面临着被解构的命运。人的认知不是内聚而是分散的，人的具身不是肉体而是信息的，人的情感不是独特而是通约的。

---

① ［英］乔治·扎卡达基斯：《人类的终极命运：从旧石器时代到人工智能的未来》，陈朝译，中信出版社 2017 年版，第 172 页。

② ［英］乔治·扎卡达基斯：《人类的终极命运：从旧石器时代到人工智能的未来》，陈朝译，中信出版社 2017 年版，第 199 页。

后人类本质上是一种异源、异质、异构的集合体或混合物，它没有先验的、独立的、自由的意志，也没有稳固的、有形的、有限的生命，而是作为一个“物质—信息”复合体，在不断与环境的互动中建构着自己的边界与生命。

人工智能与生物交叉技术融合后，催生的这种后人类，海勒曾提及，信息论科学家诺伯特·维纳曾畅想过，《星际迷航》《阿凡达》等科幻影片也曾眺望过。如今已开始逐步走入现实生活。如使用电子心脏起搏器、人造关节、植入角膜晶体和人造皮肤的人，以及隐喻意义上的“电子人”。甚至还有军事领域与“智能化驾驶舱”紧密连线的飞行员，与计算导航系统相连接的火炮手，以及与全球信息栅格连接的美军步兵，等等。

当我们展望这样的后人类时代时，我们原有的战争观就需要重塑了。

（三）自然观与战争观：从孤岛、钟表到大脑

追溯人类战争与科技文明同行的漫长历程，不难发现，在自然观与战争观之间似乎有一个隐隐的链条：“孤岛”隐喻与冷兵器战争、“钟表”隐喻与机械化战争、“大脑”隐喻与智能化战争。

冷兵器战争时代，军队内部、军队与军队之间，以及军队与后方之间是弱联系，可以用“孤岛”隐喻来表征。机械化战争时代，机械论是主导的自然观，牛顿时代的思想者普遍认为自然和钟表之间存在某种同一性。世界都像一架“时钟”，军事系统就更像“时钟”了，简单直接，因果明了。对此，18 世纪的英国军事历史学家和军事理论家亨利·劳埃德少将（1720—1783）曾一针见血地指出：“军队是实施各种军事行动的工具：军队与所有机器一样，是由各种元件构成，军队的战

斗力首先取决于各种元件，其次取决于这些元件的组装方式，各种元件构成的整体必须具有较强持久力、灵活机动性和普遍适应性，只有这样构造，整个机器才完美无缺。”

智能化战争时代，军队的运行体系可以用“大脑”隐喻来表征。军事系统经历了一个从“物质系统”“能量系统”“信息系统”向未来的“智能体”演进的过程。从旁观者的角度看，未来的军事系统更像“智能体的链接”或“大意识主体”，而从内部角度看，超越传统智能载体的“智能元”或浮动的智能，在系统中将占有压倒性甚至蔓延性地位。总之，未来的军事系统作为“智能体”，其自组织性、自演化性及“人在回路”特性将进一步凸显。

二、人工智能形塑未来战争：攻防—空间—伦理

恩格斯有句名言，“一旦技术上的进步可以用于军事目的并且已经用于军事目的，它们便立刻几乎强制地，而且往往是违反指挥官的意志而引起作战方式上的改变甚至变革”。

恩格斯关于作战方式出现违反指挥官意志变革的论述，主要指的是 18、19 世纪的一段时期。具体说，就是指的根源于火器进步而由美国革命所发明并由法国革命来完成的散兵战。当时由于火器技术进步，以往的密集队形作战只能提高对方的命中率，面对改进后的火器，士兵不顾指挥官的命令，纷纷作鸟兽散，因而出现了自下而上变革的散兵战。

人工智能对未来战争的影响，不是一蹴而就的，而是一个多波次影响的过程，在这一点上，英籍匈牙利人，科学哲学家拉卡托斯（I. Lakatos，1922—1974）的科学革命的思想颇有启发性。在拉卡托斯看

来，某一段时期的科学研究纲领由三部分组成：硬核、保护带和启发法。硬核是核心部分，是稳定的、不变的，如果硬核不存在了，整个纲领也就不存在了。在硬核周围存在保护带，保护带也称“辅助性假设”，通过不断地修改、补充辅助性假设来保护硬核，使硬核不受反驳。启发法分为正面启发法和反面启发法，是纲领中约定性的逻辑规则。通过正面启发法使纲领主动地找到自己能解决的难题，并形成辅助性假设来解释和消除“反常”，说明硬核和整个纲领解决问题的能力。通过反面启发法启示一些特设性的解释来转移对硬核的反驳，不惜一切代价保护硬核。如果一个研究纲领通过调整辅助性假设后能解释更多的经验内容，那它就是进化的，反之是退化的。

人工智能引发军事变革也是如此。面对智能化的技术浪潮，最先受到冲击的是武器装备，相当于拉卡托斯的正反启示法，随后受到冲击的是军事训练、人才培养、后勤保障及战争文化等，相当于拉卡托斯的保护带，最后是军事思想，相当于硬核。一旦硬核发生变革了，整个军事体系就被颠覆了，一场军事变革也就不可阻挡了。

整体而言，人工智能对未来战争的影响，主要体现在三个维度：逆转“攻易防难”态势、重构“全域作战”空间、引发“战争伦理”困境。

（一）逆转“攻易防难”态势

人类军事技术发展的历史表明，进攻性武器系统与防御性武器系统的发展并非并辔而行，而是存在某种不对称性，也即矛与盾在较量中呈现出各领风骚的局面，简称为攻防不对称律。在读研究生阶段时，笔者就和朱亚宗教授经常探讨这一问题，其专门写过相关论述文章，深入研究了军事技术史上的攻防不对称律问题，下面的相关内容主要是其原创思想。

1870 年，恩格斯鉴于巴黎防御工事在阻挡敌军进攻中的重大作用而评价说："如果有任何军事问题业已最后被眼下战争的经验所解决的话，那么这个问题便是：以坚强的工事来设防一个大国的首都是很胜算的。"

在坦克、飞机与导弹成为重要的作战武器以前，在要塞构筑坚固的防御工事可以造成易守难攻的局面，进而可以使战争的主动权转到防御方面，这是低技术条件下的攻防不对称性。

因此，恩格斯的评论在他那个时代显然是正确的。这也是克劳塞维茨一再强调"防御是一种比进攻更强的作战形式"的原因所在。其实，直到第一次世界大战，对防御的突破成功率都很低。

二战以后，特别是海湾战争以来，随着军事技术的不断发展，进攻一方拥有了更多攻击手段，军事史专家杜普伊所称的进攻性兵器的杀伤力理论指数（简称 TLIS）也呈指数级增长，进攻作战的地位骤然上升。且地利优势和阵地防护作用大大减弱，防御难度和成本大大增加。

在高技术条件下的战争中，建立有效的防御系统比建立同一水平的攻击系统具有更大的难度，需要投入更多的财力，因而也就更不容易成功。俄国学者加列耶夫以巡航导弹为例指出：进攻与防御之间存在着 8～14 倍的费效比剪刀差。

在海湾战争中，军事技术领域处于明显劣势地位的伊拉克军队主守，拥有最先进军事技术的多国部队主攻，战争以伊拉克的彻底失败而告终。

"飞毛腿"导弹与"爱国者"导弹显然不处于同一军事技术水平上，两者存在 20 余年的代差，但由于在现代立体战争中，防御的难度加大，致使较落后的进攻武器仍具有重大的威胁作用，而先进的防御手段并无理想的效果。因此，“飞毛腿”导弹虽然多数被拦截，但它始终给多国部队造成了军事上和心理上的压力，以至于多国部队不得不把“飞毛腿”导弹的发射架作为重点轰炸目标。

根据上面朱亚宗教授有关军事技术攻防不对称律的研究，我们要进一步思考的问题是，当人工智能充分发展后，未来的智能社会是更加脆弱了呢？还是更加稳健了？我们的初步判断是更加稳健了，从而使得“攻易防难”态势得以逆转，这一点从小卫星快速发射组网技术、无人机蜂群技术、智能化系统监测技术等可以窥见一斑。当然，这还只是一种猜想，相关结论还需要做进一步细化的深入研究。

（二）重构“全域作战”空间

今天，网络把世界连成一片，前沿生物科技也必将把人与物紧密连在一起。在未来的后人类时代，随着人与人、物与物、人与物互联互通，人类社会进入的是一个复杂巨系统的智能社会。有关这一点，我们在发表的相关研究论文中，已多次进行了详细阐释。到那个时代，物联网、智联网、大数据、云计算等将更加大有可为，人类社会的开放性、生长性必将催生物质、能量及信息等多系统圈层充分耦合，最终带来前所未有的复杂性。当然，这里要指出的是，这种复杂性是技术作用的结果，有内在的机理，而不是一种猜测。

从上面的剖析来看，那时人工智能与生物交叉技术充分融合，催生的后人类主要有四阶类型：

1 阶：仍然保留碳基生命形式，利用生物交叉技术与人工智能增强的人；

2 阶：全部或部分放弃碳基生命形式，仅保护人类大脑，将人类改造为“生物—机械—电子”复合体；

3 阶：利用生物交叉技术与人工智能增强人脑机能；

4 阶：将人类意识上载到电子空间（目前技术还相当遥远，在一些科幻电影中有所反映）。

战争就是做破坏功，在这样一种社会形态与人的存在状态大背景下，战争必将把战场拓展为全域作战空间。

（三）引发“战争伦理”困境

人工智能所引发的“战争伦理”困境，体现在无人化战争的权利伦理、行为伦理及责任伦理方面，更潜藏在人工智能所引发的后人类社会之和平与暴力考量。

对此，曾担任过法国教育部长的吕克·费希对有关后人类的未来，曾在《超人类革命：生物科技将如何改变我们的未来?》中，谈及了六大技术前景：基因组学、纳米技术、大数据、机器人技术、干细胞研究及人工智能。倘若在这组技术或别的相关技术催化下，人类真的走进了后人类社会，那将是一个更加战乱不已的社会，抑或会迎来一个告别了暴力的和平时代?

之前，曾和刘戟锋将军研究过一段时间战争伦理问题。按照导师的相关研究，作为一种常见的社会行为，战争深刻影响到人类的政治生活与经济生活，对其进行道德拷问的两种绝对对立的观点是纵容主义（战争主义）与和平主义。纵容主义也许来自远古人类对战争力量的崇拜；和平主义则来源于多种宗教的教义、现代哲学中的伦理推论以及政治运动的成果和战争政策失败的训诫。然而，无论是纵容主义还是和平主义，都离不开人的思维主体性、人的意识主体性。没有这种主体性，就没有所谓正义战争与否的断定，就更没有人类规约战争的标尺。如我们比较熟悉的沃尔泽的《正义战争与非正义战争》，依据的就是一种权利理论，奇尔德雷斯在其《正义战争理论》一书中依据的则是一种基本义务理论，其他的也有求助于托马斯主义的自然法则。不管如何，大家的基本支点还是人的生命的自主性，一旦这种支点不复存在了，人类社会是否会走向失控，就成为一个严肃的问题。

当然，今天的生物交叉技术或人工智能都还不足以让我们担忧，有关后人类战争的未来也还比较遥远，走上战场的机器人技术还不至于颠覆传统的战争规范，然而，一旦后人类时代的技术冲破了底线，一切就需要重新审视。

有关这一点，今天一些科学家已经发出了警告，如在 2015 年 7 月，比尔·盖茨、史蒂芬·霍金及埃隆·马斯克就联名呼吁：人类要警惕人工智能的威胁，人工智能武器化可能招致人类历史的终结。其中，比尔·盖茨说得还很幽默——“让人恐惧的不是人工智能，相反，是人们竟然没被它吓坏！”

三、聚焦科技是核心战斗力，应对智能化战争的对策思考

军事领域是对科技前沿最敏感的领域。据美国国防部常务副部长罗伯特·沃克牵头完成的报告《20YY：机器人时代的战争》显示，美军规划到 2035 年前初步建成智能化作战体系，对主要对手形成新的军事“代差”。至 2050 年前，美军的智能化作战体系将谋求发展到高级阶段。

大国竞逐，唯智者胜。我们需要从思想、战略及机制等多维度做好准备。

（一）破除迷思：消除对 AI 与未来战争的误解

作为一个桥梁，人工智能将在加快军事智能化体系的同时，在遥远的未来，也许会像一些科幻电影中描绘的那样，使后人类战争从科幻变成现实。目前，已经出现了一些趋势性端倪。也正是从这个意义上说，对人工智能与未来战争，还有一些误解或核心问题需要深入认真研究，如人工智能会取代人类作战？人工智能会迅速颠覆传统战争？人工智能是形塑未来战争的最重要变量？人工智能对战争的颠覆是全方位的？美军在人工智能领域已独占鳌头？等等。这些问题有机会我们后续会做深入研究。

目前，在军用无人机及大数据信息处理等方面，人工智能的应用有显著进展，有可能替代人类的部分工作。就未来而言，伴随着类脑芯片、人机交互技术、脑机接口技术等领域的突破，可能会带来真正的革命性进展。但是，这里我们又要注意到，其实人工智能技术不是一种单纯的传统技术，它事实上是一种“群技术”，有泛在性、赋能性及抵消性三个主要特征。这些区别于其他技术的特征，使它在某些方面的应用呈现出较好的前景，比如，在前面提及的小卫星快速发射组网技术、无人机蜂群技术及智能化系统监测技术等领域，有可能人工智能的应用可以升级、优化一些任务，但还谈不上替代人类。

近年来，以美军无人机为代表的智能武器系统获得了长足的发展，日渐成为战场上一支不可忽视的重要力量，这方面的应用算是较为成熟的。就在 2015 年 4 月 22 日，美军一架 X–47B 验证机从帕克图辛河海军航空站起飞，在切萨皮克湾上空与一架 K–707 加油机会合，成功地完成了自主空中加油（AAR），开创了无人驾驶飞机自主实现空中加油的新纪元。这表明美国国防部经过十多年的探索、研究和试验，在大幅延长无人机续航时间的关键技术领域取得较大进展，未来就有可能影响到美国海军的作战理念，改变未来侦察监视与远程打击的作战模式。

尽管如此，我们也不能唯美军马首是瞻，陷入被动锁定的陷阱，而要从规律上加强研究，厘清思路。党的十九大报告指出，要“加快军事智能化发展，提高基于网络信息体系的联合作战能力、全域作战能力，有效塑造态势、管控危机、遏制战争、打赢战争”。

那么，军事智能化到底是什么？军事智能化仅仅是军事和人工智能的结合吗？我们研究认为，军事智能化不仅仅是人工智能和军事的叠加，还包含着丰富的内涵。从静态而言，军事智能化是对由人、武器装备及作战方式构成的力量体系的整体运转描述，包括智能武器的大量嵌入作战体系。如美军为了增强导弹的自主识别能力，就给研制的导弹应用了“图像理解”等人工智能技术，并结合其他相关技术来提高导弹的目标识别精度。再比如，通过芯片级高精度惯性导航技术及其他多模复合制导技术，提升导弹的自主导航能力，从而使导弹具备一定的“智能”，在攻击过程中能够感知敌方电子干扰、自主规划路径、自主寻的、自主攻击。这些使武器装备智能化的探索，无疑是军事智能化的组成部分，但我们理解军事智能化，除了从智能化武器装备的广泛应用思考外，还要从人类社会演进及世界军事变革的高度来透视。军事智能化既有社会智能化的共性，又有鲜明的军事特色，这就是从武器平台、指控体系、作战终端等多方位、全领域进行升级、换代、重塑，以形成人机一体、智能主导、云脑作战的军事新体系。从动态而言，军事智能化是指从武器装备智能化向军事理论智能化、军队组织形态智能化及军事人员智能化不断演进的过程。

（二）未雨绸缪：加强对战略前沿技术的预见

未来，丝毫不会顾及人们的意愿，我们唯一能做的，就是竭尽所能地预知它的到来。

创新能力是一支军队的核心竞争力，也是生成和提高战斗力的加速器。在科技革命与军事革命的逻辑链条上，原点的迟钝与错失，直接影响着战争较量中对垒双方的不同命运。适者兴、违者衰，主动者赢、被动者败。面对人工智能领域的前沿进展，我们必须树立“高地意识”，认真研判方向，谋划发展路径，通过创新发展新一代人工智能科技，培植武器装备新的增长点，努力成为新竞赛规则的重要制定者、新竞赛领域的重要主导者、新竞赛范式的重要引领者，将未来战争的主动权牢牢掌握在自己手里。

在今天大国竞逐的世界舞台上，美国的军事优势是其战略运筹的重要支撑。而破解这种军事优势的密码，需要我们穿透其表面上炫目而变幻的新战略、新理论与新技术，真正平视这支军队，站在科技前沿高地，去探寻止戈之道、制胜之略及破击之策。纵览美军演进史，不难发现，“科技制胜”贯穿了其力量发展的全过程。正如美国海军军事学院托马斯·曼肯所说：“在近代史上，没有哪个国家像美国这样如此重视技术在规划和进行战争中的作用。”的确，自一战之后，这种强调“科技预见”的思维模式就已深深嵌入美军战略思维，成为今日我们透视其强大的一面镜子。

美军的这种“科技预见”从当年万尼瓦尔·布什提交的《科学：无止境的前沿》报告开始，到受苏联发射第一颗人造地球卫星“Sputnik–1”刺激而成立的国防高级研究计划局（DARPA）的前身ARPA，以及孕育信息化军事变革的美国国防部净评估办公室，已经有一整套科技预见机制，通过技术预警来维系国家安全。

对于人工智能与未来战争。美俄两国近年来也发布了一系列报告：2016 年 10 月，美国发布了《为人工智能的未来做好准备》和《国家人工智能研究与发展战略规划》两份报告。2017 年 7 月，应美国情报高级研究计划局（IARPA）的要求，哈佛大学肯尼迪政府学院贝尔弗科学与国家事务中心也发布了《人工智能与国家安全》的报告。该报告共有 3 项目标及 11 项具体建议。在俄罗斯方面，2014 年 2 月 15 日，梅德韦杰夫总理签署命令，宣布成立隶属于俄联邦国防部的机器人技术科研试验中心。2015 年 12 月 16 日，普京总统又签署总统令，宣布成立国家机器人技术发展中心。此外，普京总统还明确指出："人工智能不仅是俄罗斯的未来，这是全人类的未来。"更进一步，俄罗斯批准执行的《2025 年前发展军事科学综合体构想》中，强调人工智能系统不久将成为决胜未来战场的关键因素，应注重武器装备的智能化改造。

（三）理技融合：在科技与战争之间架设桥梁

美国空军少将布莱斯 · 戴尔曾直言不讳地说："现代战争已成为科技战，许多美军潜在对手并不了解美国在高科技作战方面以及卫星制导智能武器的威力。"尽管布莱斯 · 戴尔的言语未免透露着狂妄，但却折射出一个事实：在战争与科技紧密耦合的今天，指挥官如果没有科技头脑，就没有现代战争的入场券。

在传统的防务研究中，科技与战争研究之间存在断层线，欠缺基于科技的战争理论研究和理论牵引的科技发展研究，这种局面不利于打赢未来的智能化战争。

展望未来，人工智能的充分发展，必将引发战争形态的根本性变革，随着人机共生时代的到来，战争自然也会“变脸”。一支军队不能仅仅成为成熟科技的观望者、应用者、需求者，还应成为前沿科技的探索者、创造者、供给者。也正是基于此背景，我们才要切实探索建立一种协同创新机制，真正在科技与战争之间架设起会通的桥梁。

四、结　语

应该说，在科学探索向极宏观、极微观和极复杂三个维度的延展中，人类熟悉了浩瀚的宇宙，洞察了显微的世界，并在复杂性的认知领域不断披荆斩棘，将目光锁定在人脑，试图揭开这个最神秘莫测的智慧枢纽。由此可见，人工智能在今天走到了镁光灯下，从科技创新史的角度而言不无道理。毕竟，在人类的所有探索中，心智之谜最扣人心弦，大脑之诀最引人注目，在这个复杂性逼近极限的领域，任何细微的进展都让人心潮澎湃，都激发人们期许未来。

然而，我们又不得不说，人工智能领域的探索才刚刚起步，相关应用性研究与基础性研究还不对称。19 世纪美国物理学家罗兰曾说过一句刺耳的话：“假如我们停止科学的进步而只留意科学的应用，我们很快就会退化成中国人那样，多少代人以来他们都没有什么进步，因为他们没有追问过他们所做事情中的原理。……中国人已经远远落后于世界的进步，以至于我们现在只将这个所有民族中最古老、人口最多的民族当成野蛮人。”

任何一支军队、任何一个民族都不能与基础科学发展的趋势逆向而行。面对人工智能与未来战争的新时代，要赢得未来，我们不妨再重温下意大利军事天才杜黑的名言：“胜利总向那些预见战争特性变化的人微笑，而不会向那些等待变化发生后才去适应的人微笑。在战争样式迅速变化的时代，谁敢于先走新路，谁就能获得用新战争手段克服旧战争手段所带来的无可估量的利益。”

廓清智能化作战体系的迷雾

当前，世界主要军事强国虽尚未明确提出完备的、成熟的、体系的智能化战争理论，但相关思想认识已逐渐趋向一致，即认为军事智能化乃军事体系发展的大势所趋，智能化是信息化的高级阶段。其中，美国在“第三次抵消战略”中提出要将自动化深度分析、自动化辅助决策、人体机能增强、有人 / 无人协同等“人工智能和自主作战技术”作为“关键催化剂”，加速推进新一轮军事革命。那么，到底该如何理解智能化作战体系？

一、没有体系支撑就没有智能化作战

我们谈联合作战时加上的定语是“基于网络信息体系”，强调要有体系支撑。未来的智能化作战当然也属于联合作战，谈体系支撑肯定没问题，但却并不是我们的主要思考点。智能化作战的主角之一是各类具有高级认知智能的机器人，它们能认知战场环境，研判对手意图，感知动态行为，解析对抗态势，这些都需要在人工智能的基础理论与关键技术方面有重大突破。一旦在基础理论及关键技术方面有了实质性进展，智能化作战的体系对抗就真正有了根基，相比于信息化作战，它更加强调体系的支撑。

此外，未来智能化作战的交战对手也是基于体系支撑的人机混合战队。大规模智能集群弹药、战术级自主协同无人机群、联合战役分布式协同规划等不同规模、不同样式的集群，既需要从理论上剖析智能体的学习机理及演化规律，更需要从理论上深入研究群体智能的结构性与聚合机理、组织性与博弈机理、复杂性与涌动机理等。就智能体而言，其必须具有自学习、自适应能力，通常而言，经过演化与发展，会趋向越来越复杂的方向。这涉及智能个体，也涉及智能群体，涉及个体的能力就依赖学习，涉及群体的适应则依赖演化或进化。当然，需要指出的是，由于智能化作战体系从内在规律上讲具有动态性或不确定性，这与自然规律恰恰相反，生物群体规律是变化的，演化的智能体参与本身会由于“摄动”而引发规律的动态变化。因此，智能化作战体系的内在机理和运行规律不能完全以自然规律来诠释和推演。

二、战场可以让人走开，战争却永远不会让人走开

战场可以无人化，但战争永远不会无人化。无人化作战体系只是智能化作战体系的一种侧面的表征，也是其发展的一个初级阶段。如果说根据人机参与程度的不同，我们可以将智能化作战分为“人机协同”式和“机器自主”式两种类型。那么，不难看出，智能化作战体系与无人化作战体系在内涵上是有明晰的内在差异的。

应该说，“人机协同”式智能化作战，主要通过智能化武器装备与人的充分配合来完成特定的作战任务。比如日本军队探索的“云射击系

统”是由多架无人机和有人机混合编队，无人机飞行于前端，为后方有人机提供预警、掩护等支援功能，有人机与无人机之间可以实现信息共享，一旦发现敌方目标，系统会根据目标位置等相关参数，自动分配任务，由混合编队协同实施打击。俄罗斯陆军在2016年底进行了“排级分队带机器人实弹射击”演练，当时安排了5部“平台–M”作战机器人与士兵协同配合展开攻击行动。美军提出的“忠诚僚机”作战思想，就是让F–35战机飞行员对无人驾驶型F–16战机进行指挥与控制，而僚机则充当传感器、射手或诱饵，并以此设想为基础来迭代式不断探索未来空战和对地攻击新战术。

与“人机协同”式智能化作战不一样，“机器自主”式智能化作战，主要是开发智能化武器装备的自主性，一旦有了这种自主性，其就能领会指挥员的决策意图，自主完成相关作战任务。比如俄军正在研发的无人机群“任务智能分配系统”，就可以根据战场环境来合理分配“角色”，迅速制定并实施最优行动方案，且能自主完成“行动—评估—再行动”作战闭环。再如美军的“蜂群战术”，通过智能化组网大量低成本无人机蜂群，接替单个高成本多任务平台，依托多智能体的自主协同行动，就可以迅速适应复杂战场环境，在智能化作战行动中，遵循最佳战术来达成特定作战目标。

由此可见，假如我们不得不做些概括的话，初级智能化作战的内涵应该是：人机深度融合 + 作战体系智能 + 战争手段无人。在这里，人有时在回路中，有时在回路外，信息网络体系、大数据资源、智能化终端等实体性要素、渗透性要素、组合性要素等聚合在一起，就形成了智能化作战体系。在这个作战体系中，力量的聚能与释能机理与信息化作战体系不同，其分布式特征、栅格化特征及自主性特征明显，智能Agent的组网方式、演化方式及涌现方式都呈现出新规律。

三、智能化作战体系应向“人”学习

从智能化作战体系与信息化作战体系的对比中，我们发现有几方面问题需要重点研判：

其一，机器人在未来战争中是否能独立成为作战主角？现在看来，人机协同可能还是主要趋势，战争决策是技术问题，但更是权力问题，纵然机器人理论上可以全天候、无间隙地投入作战，但因牵涉作战体系的低容错性，机器人完全主导战争还十分遥远。

其二，真正的全域作战是否即将到来？智能化作战体系的底层根基是互联互通的进一步增强，从而也引发了作战区域的全域感知和透明感知。这种对战场的全域化、全时段扫描及智能化、精准化分析，能产生实战毁伤及战略威胁双重效应，在技术代差的作用下，将有可能进一步造成作战双方力量的非对称态势。

其三，智能化作战体系是否会催生全新战法？技术创新催生战法创新，在人工智能技术群撬动的未来智能化作战中，“人机一体、云脑控制”的协同作战模式、“混搭编组、群体智能”的集群作战模式、“智能主导、攻智为上”的认知作战模式等，将不断颠覆我们对智能化战争面貌的思维范式。

这种未来智能化作战图景，极易让我们想起信息化战争中的体系对抗。如在科索沃战争中，拥有 15 架先进米格 –29 战机的南联盟空军，与北约一交锋高下立判，3 天即被击落 5 架。因为现代战争早已不再是兵对兵、将对将、武器对武器、平台对平台的厮杀，对垒双方比拼的是体系。相较于南联盟空军，北约不但有太空的预警卫星，而且有空中的预警机，战机可谓“耳聪目明，头脑敏捷”，一切尽在掌控之中。

在未来智能化作战体系中，这个体系到底精髓何在？刘国治院士曾精辟地指出："我们现在的整个体系建设，应该向'人'学习。因为人是经过长时间进化而来的特别科学的一个系统，而我们希望能够把以后的武器装备体系、部队发展建设体系，以及作战指挥体系，建成跟'人'一样的科学有机整体。"的确，将智能化作战体系与进化到高级阶段的"人"相提并论，有助于我们深刻洞察战争的走向。

四、五大技术群支撑智能化作战

当前，世界主要军事强国都在加紧探索构建智能化作战体系。它涉及智能化武器装备、智能化情报侦察、智能化指挥控制及智能化后勤保障与智能化作战训练等诸多领域。让这个体系犹如"人"一样能自主适应、自主学习及自主演化，这应当是智能化作战体系演化的远景。如俄罗斯军方新型战略轰炸机"玻璃座舱"飞行员智能支持系统，在遇到突发情况及危险之时，可自动响应发出警报，并提供最佳解决方案。美军 F–35 战斗机的智能化处理系统，可实现自主分析处理战场数据，并与飞行员头盔显示器相连接，辅助飞行员做出最优决策。显然，这些案例都是在信息处理方面增强了平台或系统的智能化水平，从而能够以更快的速度、更好的流程、更优的效率处理情报、态势及指控信息，有力地辅助参战指挥员及平台操作员判断决策。

当然，要真正打造智能化作战体系，还需要有相应的技术支持，大致而言，可能涉及五个技术群。

其一，"智慧云"平台——数据分析与处理技术群。人工智能的一个突出优势就是依靠对海量数据分析与处理的自主学习能力。大到依托智能化作战的"云脑"进行战局研判和辅助决策，小到无人化装备的目标自主识别和机器自动控制，都离不开大数据、好的算法及高性能计算的支撑。可以说，人工智能从本质上来说就是一种基于数据、算法及计算的理性思维的技术化。涉及的相关技术有：大数据深度挖掘与深度学习、大知识引擎与大知识服务、智慧云端与智能终端的自主安全交互等技术。

我们注意到，如今许多国家都开始将大数据技术运用于战略情报分析处理。如俄罗斯国家防务指挥中心在研情报分析系统能够自动分类整理多源信息，辅助研判重大事件和热点问题。美军为获得精准的情报线索，对“伊斯兰国”每天在推特上发布的约 9 万条消息进行深度信息挖掘分析。日本军方在研的智能信息处理系统，尝试进行分层化数据支撑，按照不同级别响应，分别提供动向信息、趋势预测及应对策略。

其二，“智能大脑”中枢——智能决策与控制技术群。随着战争的复杂性升级，对战场信息的综合处理日益逼近指挥员及参谋人员决策与控制能力极限。因此，在“智慧云”对各类数据进行自动化分析处理的基础上，发展智能决策与控制技术群，能够帮助指挥员及参谋人员面向多任务进行智能决策、规划与自主控制，这是未来智能化作战的焦点之一。涉及的相关技术有：面向多任务的智能决策、规划与自主控制等技术。

其三，“物—智—脑”接口——智能泛在交互技术群。在未来智能化作战中，伴随着脑机接口技术的不断突破，物、智、脑的联系将变得更为紧密。今天我们已经可以通过一些植入性芯片，把人脑的部分控制能力外部化，以后也将可以把外界的信息通过特殊芯片输入人脑，从而实现“物—智—脑”的良性互动。智能泛在交互技术群即是确保物、智、脑之间的高效协同，从而发挥万物互联、智能泛在的涌现效应，实现战场全要素的高效集成。涉及的相关技术有：物联网、智联网、脑联网等技术。

其四，“智能战士”构造——人体增强生物交叉技术群。为更好地适应智能化作战环境需要，可以通过人体增强生物交叉技术群，打造作战能力“非凡”的“超级战士”，从而在整体上升级作战体系的效能。如通过军用外骨骼增强士兵力量、速度和耐力，通过仿生技术来优化士兵的天然能力。涉及的相关技术有：智能柔性可穿戴设备、智能附体、外骨骼与人体作战效能增强等技术。

其五，“群体智能”战场——集群作战体系技术群。“群体智能”是打造智能化作战体系的关键。比如身处“蜂群”之中的智能作战单元之间需要共享数据信息，感知作战态势及协同任务规划，并通过集群优势，致敌方防御体系陷入瘫痪。如美国海军研发的用于集群作战的“蝉”微型无人机，就设想未来在 25 分钟之内投放上万只“蝉”，覆盖 4800 平方公里的广域战场空间。涉及的相关技术有：基于群体智能的无人蜂群、无人狼群、无人鱼群等技术。

意大利诗人卢恰诺·德克雷申佐曾有一段名言：“我们都是只有一个翅膀的天使，只有相互拥抱才能飞翔。”这段话的本意尽管不是指向智能化作战的，但它却形象地折射出智能化作战体系的精髓，即无论是“智慧云”平台、“智能大脑”中枢，还是“物—智—脑”接口、“智能战士”构造，抑或“群体智能”战场，都不再是一个被“禁锢”于一方的孤立概念，而是渗透在动态演化的智能化作战体系之中，实现“情报侦察、指挥控制、联合打击、高效评估”闭环回路的人机协同作战想定。

制智权：一种崭新的制权理论？

近年来，全球多个智库发布的未来科技预测报告显示，人工智能科技领域正处在新技术成熟度曲线的上端或峰值，除却信息网络时代媒体营造的舆论泡沫，这些智库的前瞻预测至少折射出人们对未来科技走向的一种期许。

科技颠覆战争，科技重构未来。面对人工智能天空的风云变幻，战争领域也激荡着一股变革的洪流，人们开始思忖，在计算机与“阿帕网”撬动的信息化军事变革之后，智能化军事变革的大门是否已洞开？叩问未来战争的制权理论是否恰逢其时？在人类战争的陆权争锋、海权较量、空权对垒、天权竞逐，以及制信息权、制脑权闪亮登场之后，炫酷亮相的制智权，是否将重新涂抹战争的面孔？如果答案是肯定的，我们又该怎样未雨绸缪？

一、军事理论研究要眺望未来

如果说，智能化是信息化的高级阶段，那么，今天我们谈智能化战争的“制智权”是否还为时尚早？

军事理论研究要眺望未来，关注趋势，尤其是要留意技术地平线，就这一点而言，前瞻性地研判并剖析未来战争“制智权”的问题，不存在“为时尚早”与否的困惑，只存在“理性认知”与否的考量。有一次我受邀参加一场重要的科技研讨会，当我发言之后，一位首长很敏锐且幽默地问我，“海明，你是不是学哲学的？看你很喜欢提新概念。”其实，这位首长的确洞察力很强，在大学本科学计算机专业的时候，我接受的是系统的理工科知识，到国防科技大学攻读科技哲学硕士学位后，在刘戟锋将军指导及启发下，我慢慢学会了从哲学层面提出问题，也开始尝试用新的概念去分析问题。2013 年，我和曾华锋院长提出的“制脑权”思想，应该说，就是一种有益的尝试。

当时，基于人类战争从自然空间、技术空间向认知空间及社会空间不断拓展的大趋势，我们从哲学底层提出了有别于波普尔“三个世界”理论的“新三个世界”理论，即“天然的世界、符号的世界及意象的世界”，有了这个概念分层之后，我们进而提出了认知空间对抗的制胜规律，以及维护国家认知空间安全的系列对策，从而构建起一整套有关全球媒体时代战争法则与国家安全战略的理论，“制脑权”只是这套理论的内核及标签。当时，我们就感悟到，单个概念的原创并不重要，关键是一组概念的原创及使用，这样才能构建起一个逻辑自洽的理论体系，因为说到底，理论创新不是目的，不能为概念创新而创新，理论是为了指导实践，所以必须使用一组概念来构建一个简洁的、新颖的、科学的理论框架，这个框架要能较好地解释原有理论无法解释或解释的不好的经验、事实及现象。

我们讨论清楚了这个问题，其实就自然明白了有关未来战争“制智权”理论创新的问题。就像我刚才谈的，关键不在于提出一个概念，而在于提出一组概念，构建一个理论框架，为相关理论探讨提供研究纲领，为相关作战实践提供指导遵循，这是终极目的，而不能本末倒置。

二、科技：制权的拐杖

从制权理论演进的轨迹来看，制智权的提出应遵循什么规律？

在人类认识海洋之前漫长的农耕文明时期，正是印度河流域、尼罗河流域、黄河流域及幼发拉底河、底格里斯河流域，孕育了人类最古老的农业文明形态。与农业文明形态相伴随的自然是国与国之间的陆权争霸，通过战争来开拓或防御自己国家的地理边疆。“从孔雀王朝统一印度，波斯帝国对外征服扩张，马其顿帝国远征万里直达印度，阿拉伯人建立地跨亚非欧的大帝国，到奥斯曼帝国进军欧洲，一个个古老帝国兴衰更替，上演了一幕幕地缘政治征战博弈的悲壮史诗。”①

中世纪结束后，陆权的皇冠被海权夺走，而陆权的再次辉煌是在19世纪。“英国工业革命开始后大约半个世纪，铁路开始出现，但最初使用铁路的是畜力车。1825年，斯蒂芬逊（1781—1848）试验成功第一台商用蒸汽机车。同年，世界上第一条公共铁路在英国建成，铁路时代正式开始。”② 英国有限的地域无法展现铁路对于陆权的作用，因而，早期的铁路在英国仅是一种更便宜和更高效的交通工具，它对英国的政治乃至英国的国际地位并没有直接的影响。在铁路从英国扩散到欧洲大陆之后，铁路才逐渐显示出了惊人的力量。

在人类进入空天时代之前，陆地和海洋是主要的生存空间，海洋于人类的意义何在？这一直是人类追问的命题。就在英国打败西班牙无

① 张妍：《信息时代的地缘政治》，世界知识出版社2011年版，第56页。

② 金虎：《技术对国际政治的影响》，东北大学出版社2004年版，第55页。

敌舰队一举成为新一代海洋霸主的那一年，一个叫托马斯·霍布斯的著名政治学家诞生在了英国，多年之后，他把海洋和陆地比作为国家提供“营养”的“母亲的双乳”。他说：“物质的数量，被自然限制在一些商品的范围之内，对这些商品，上帝往往通过我们大家共同的母亲的双乳——海洋和陆地——无偿地赐予人类，或是以劳动为代价售予人类。”① 与托马斯·霍布斯认为海洋和陆地对人类的贡献对等一样，历史学家阿诺德·汤因比也把沙漠比作“无水的海洋”。他曾说道：“草原像‘未经耕种的海洋’一样，它虽然不能为定居的人类提供居住条件，但是，却比开垦了的土地能为旅行和运输提供更大的便利。”② 无独有偶，海权倡导者马汉从相反的方向看地理因素。马汉把海洋比作沙漠，以此来强调海洋的重要性。在谈到布匿战争时，马汉认为罗马人取胜的原因是他们“控制了海洋，而迦太基人从未危及过罗马人对海洋的控制”③。

作为政治集团对海域空间本身以及所属海洋资源的控制能力，制海权（Command of the Sea）这个概念直接起源于海上交通和贸易。由于生理上的原因，人类必须借助于技术手段——船舶和港口——才能在海上进行常规的移动。因此，制海权从一开始就受到技术的决定性制约。18 世纪 60 年代发端于英国，尔后波及整个世界的第一次技术革命，就是围绕蒸汽机的发明和应用而展开的。蒸汽技术在交通运输、冶金、机械等一系列工业部门的广泛应用，不仅使社会生产力以前所未有的速度和规模发展起来，而且，直接导致了以火炮、战舰为代表的武器装备的变革，进而从技术维度对国家安全带来了战略性影响。具体而言，在

---

① ［英］托马斯·霍布斯：《利维坦》，商务印书馆 1986 年版，第 191 页。

② ［美］阿诺斯·汤因比：《历史研究》（上），上海人民出版社 1997 年版，第 234 页。

③ ［美］A.T. 马汉：《海权对历史的影响》，安常容等译，解放军出版社 2006 年版，第 27 页。

1765 年至 1769 年间，英国人詹姆斯·瓦特完成了改进纽可门单冲程蒸汽机工作，人类从此进入了“蒸汽时代”。于是，自 18 世纪末到 19 世纪初，工业发达国家逐步形成了以蒸汽动力为核心的技术体系，实现了以自然机械动力代替人力的动力变革。蒸汽机的作用首先体现在蒸汽舰的诞生上，蒸汽成了海上动力源。

伴随着海上动力源的革命性变化，马汉认为，对具有战略意义的狭窄航道的控制，成为影响一个国家实力的至关重要的因素，其重要性甚至超过了地形、疆域、人口、民族性格和政治制度对国家的影响。这也就是说，海权对于世界历史具有决定性影响。

飞机的发明给战争带来了新变革。意大利的朱里奥·杜黑在 1921 年发表的《制空权》一书中，就认为飞机为进行战争提供了前所未有的可能性。“飞机可以用来打击那些迄今为止不受攻击和摧毁的目标，空中活动完全超越了陆路和海路活动的局限性，飞机在行动和方向上拥有完全的自由；它能在最短的时间内抄任何一条捷径，往来于罗盘上的任何两点，即进行直线飞行……凭借这一新式武器，战争的威力不再局限于地面大炮的最远射程，而可以直接达到交战国所在地方圆数百英里之内所有的陆地与海洋。”①

1957 年 10 月 4 日，苏联把第一颗人造地球卫星“伴侣 -1”号送入了太空，迈出了人类探索太空的第一步，外层空间的面纱从此被揭开，航天时代正式宣告到来。1982 年，美国前国防情报局局长格雷厄姆中将提出“高边疆”战略，开始考虑从外层空间对敌战略导弹实施拦截，随后，它成为美国“星球大战”计划的理论基石。而到海湾战争时，由美国航天司令部统一部署指挥，支援多国部队陆、海、空作战的各类军

---

① ［意］朱里奥·杜黑：《制空权》，曹毅风等译，解放军出版社 1994 年版，第 124 页。

用卫星就达到 50 多颗，这对多国部队最终赢得战争胜利功不可没。

信息化战争是体系与体系的对抗。作为“体系”概念运用于作战领域的产物，作战体系是一个庞大、复杂和多层次的综合系统，它是由相互关联的若干作战要素、作战单元，按照一定的结构综合集成，并按照相应机理运行的有机整体。在该作战体系中，制信息权成为对垒双方较量的焦点。拥有信息优势的一方，能够将各作战要素有机结合成为一个整体，实现情报侦察、战术机动、火力打击、警戒防卫和指挥控制等多要素深度融合、一体联动。通过要素聚合，信息作为构成战斗力的主导要素，能在整个军事组织体系内快速、顺畅、有序流动。而依靠强大的信息联通能力，还能实现不同类型作战力量在战术末端的融合，将信息力转换为体系作战能力。[①] 如在阿富汗战争、伊拉克战争期间，美军“斯特赖克”部队营以下模块，就是通过与外部火力单元之间的无缝链接来克敌制胜，“全球鹰”无人机提供侦察情报支援，空军固定翼飞机和陆航“阿帕奇”直升机提供近距离空中支援，特种作战部队提供特战支援，重装部队提供火力和防护支援，从而发挥体系作战优势，实现战斗力倍增。

从制陆权到制信息权，我们看到了科学技术的杠杆效应。正如恩格斯曾经说：“科学是一种在历史上起推动作用的、革命的力量。”纵览人类发展的浩荡世界史，不同民族和国家的相互竞争，在现代化进程的大舞台上，演绎了全球格局演化的惊心动魄，也彰显了科学技术的独特价值。无论是早年瑞士雇佣兵因引入长矛而获得的变革国际体系权力，抑或后来德国迅速将铁路用于战争动员而对世界和平大局的冲击，直至核武器的诞生，两大力量体系军备竞赛导致了东西方长达半个世纪的冷

① 王建伟：《全胜：信息网络时代的制胜之道》，长江文艺出版社 2017 年版，第 152 页。

战。冷战结束后，美国凭借对信息科技的抢先布局而获得的竞争优势，至今仍给其带来军事和经济的双重红利，使其在国际舞台上处于主导地位。

三、制智权的崛起

当前，新一轮科技革命、产业变革和军事变革加速演进，正在重塑世界竞争格局、改变国家力量对比，创新驱动成为许多国家谋求竞争优势的核心战略。我们既面临赶超跨越的难得历史机遇，也面临差距拉大的严峻挑战。唯有勇立世界科技创新潮头，才能赢得发展，赢得未来。

尤其是，我们注意到当前人工智能技术群正在孕育新的突破，在符号主义、连接主义及行为主义三大流派中，一旦在某一流派的认知上实现颠覆性进展，机器的智能水平就将迈上一个大台阶。在我国指挥与控制领域著名专家戴浩院士看来，人工智能的演进有四个层级：其一，计算智能。能存会算（计算机驱动）。其二，感知智能。能听会说，能看会写（数据驱动）。其三，认知智能。能理解，会思考（算法驱动）。其四，混合智能。人机融合式增强型智能，如穿戴式设备、人车共驾、外骨骼机器人、人机协同手术等，是人类智能（感知、推理、归纳、学习）和机器智能（搜索、计算、存储、优化）的优势互补、双向闭环互动。伴随着人工智能技术群的整体跃迁，人工智能的未来演进终将从低层次迈向高层次，从而引发战争制权理论的整体更迭。

梳理战争制权理论变迁史不难看出，一切都源于科技，一切都归于科技，一切都指向科技。因此，也只有从科技变革的角度，我们才能彻底搞清楚以“制智权”为核心的未来战争对抗形态问题，进而搞清楚军事智能化体系建设问题，以及延伸出的智能化作战能力生成问题。显然，这些问题的回答涉及作战理论、人才准备、力量建设、组织调整及训练革新等多方面工作，犹如科学哲学家拉卡托斯的“科学革命结构”模型一样，在内核处发生爆炸性变革之后，会长时段、全辐射、多波次影响到军事智能化体系的每一个末梢。

四、制智权：谁看清了你的面庞？

如果我们要给智能化战争的“制智权”内涵有个清晰的界定的话，勾勒出的大致图景会是哪般模样？不得不提醒注意的是，我们要警惕“过度概括”。如果你去看马汉当年写的有关海权的作品，你会有一种沉甸甸的厚实感，这种厚实感来源于马汉的历史底蕴，换而言之，海权论不是简单的理论抽象，而是有深厚的历史实践根基。马汉只是做了历史学派的战略研究。当然，这种研究也是很伟大的，因为不是每一个学者面对饱满的经验都能抽象出简洁的理论。现在我们谈“制智权”问题，恰恰难点也在于，现有的真正属于智能化战争实践的土壤还很贫瘠，从中提炼总结战争对抗模式就更加需要依赖逻辑推理。

犹记得戴浩院士在学会的一次会议上曾提及，创立控制论的维纳在其《控制论》（*cybernetics*）一书中曾展望了机器智能的三个演进阶段：用人类思维改造机器，即拟人化机器；用机械理论重塑人，把思维过程进行机械化改造，形成半机器人（cyborg 或赛博有机体、生控体系统或 cybergear）；人机融合，生成有生物组织却有多种人格特征的机器，超越人类的电子人、合成人。由于当前的人工智能发展尚未在人机融合层面真正突破，因此，倘若以现实世界中的“人”为参照的话，军事智能化体系尚处于幼儿期，两个作战体系围绕“制智权”的争夺，主要比拼的还是机器的智能化水平，未来可能才会逐渐演进到人机融合水平的对决，体系自主演化能力的对决、这有一个渐变的过程。

我们经过独立研究构想的也是类似轮廓。智能化战争的“制智权”争夺的焦点，从科技进步与战争变革的大尺度来看，可能会经历三个阶段的较量过程，即机器智能化水平对决、人机融合水平对决及体系自主演化能力对决。

当年，克劳塞维茨在谈到1806年普鲁士的惨败时，批评了普鲁士将领们使用腓特烈大帝的过时战术来对付拿破仑军队发动的新型战争。按澳大利亚国防学院院长米克·瑞安少将的介绍，曾担任DARPA项目经理兼丰田研究所首席执行官的吉尔·普拉特，通过将机器人能力的爆发式发展与地球生物爆发式出现的时期进行了比较，认为机器人的诸多基础技术，如计算能力、通信能力及数据存储能力，长期以来都呈指数级增长，技术推动与需求牵引正在合力催生“寒武纪爆发”式的新机器人能力。面向未来，以机器人技术为缩影的人工智能技术群必将彻底改变传统战争的面貌，随着数以万计的机器人走上战场，人机协同作战的规模及程度，或许将超出我们今天的想象。如何应对这种挑战，考验着我们的智慧，也考验着我们的眼光。

无人机“蜂群作战”来临：从“狼群”战术到“机海”战术

在自然界中，蜜蜂是典型的社会性群居动物，蜂群由蜂王、工蜂和雄峰组成，各部分通过明确分工、密切配合，有效完成筑巢、繁殖、采蜜及酿蜜等系列活动。借用这一名词，美国国防部于2002年的《2002—2027年无人机路线图》中首次提出“蜂群”作战概念，“全自主蜂群”被列为无人机的最高自主等级。随着对这一概念认识的不断深化，美国空军在2016年的《2016—2036年小型无人机系统飞机规划》中将“蜂群”作战的含义明确为“一群小型无人机为实现共同目标，通过机间接口自动组网，协同行动”。

无人机“蜂群”作战平台能有效发挥无人机的群体智能优势，契合美军新时期武器装备发展建设的大趋势，体现了人工智能技术在分布式作战领域的应用前景，对于提高武器系统作战效能、提升联合作战体系整体能力具有重要意义，标示着未来智能化战争的某种规律性演进趋向。

一、无人机“蜂群”作战优势

美国国防部从 2014 年年底开始推行第三次“抵消战略”，以确保美军在未来几十年内保持技术领先优势。由于国防预算有限，美军开始寻求一种经济高效的途径来优化军事系统，为了确保部队在强对抗战场环境中的优势地位，低成本高效能的武器装备便成为美军的理想选择。同时，由于人工智能技术在近年来有所突破，这就为升级武器装备、改变作战样式提供了技术支撑。无人机“蜂群”作战由此应运而生。总体来说，无人机“蜂群”作战平台具有以下优势：

其一，成本优势。2016 年 6 月，美国海军启动了“低成本无人机蜂群技术”（LOCUST）项目。该项目中采用的“郊狼”无人机单个成本仅 1.5 万美元。在复杂的武器系统中，“蜂群”作战技术通过小型无人机群配合载人战斗机等武器装备，形成小型作战单元展开行动，实施精确化打击。通过这样的作战方式，一方面，人力成本能得到控制。“蜂群”作战平台只需少量甚至单个指挥人员在后台进行控制，能大幅降低对人工操作员进行复杂培训的费用。美国国防高级研究计划局（DARPA）在 2016 年 3 月开始的“小精灵”项目中就已致力于实现单人控制无人机“蜂群”的探索。另一方面，无人机通过集群作战具备强适应性和强生存力，能够在战场上保持高持久力和对其他作战平台的强力支持，从而相对抵消其所耗费的有关费用。当敌方采用了昂贵的防空导弹系统时，小型无人机“蜂群”作战能够使敌方防空系统陷入“饱和”境地，从而显著增加其防御成本。在无人机“蜂群”获取其系统的位置、任务等信息并进行有效打击的情况下，即使“蜂群”遭到了部分损失，敌方也可谓得不偿失。

其二，系统优势。2017 年 1 月，美国《60 分钟时事》节目网络直播了美军最新无人机“蜂群”的作战演示，F/A–18F“超级大黄蜂”战斗机在飞行过程中突然播撒密密麻麻的黑色胶囊，瞬间一个个黑色胶囊迅速打开，一架架微型无人机如蜂群一般冲向目标。在镜头中，黑色的“蜂群”遮天蔽日，呈现出了覆盖式的作战形态，体现了强大了威慑战力。无人机“蜂群”是一个完整的无人机半自主作战系统，首先在数量上具备优势。无人机“蜂群”数量庞大、队形分散，当其锁定打击目标之时，敌方却难以明确作战对象，因此可以分散敌方作战力量，消耗敌方大量弹药。同时，无人机“蜂群”作战的系统优势能够保证“蜂群”作战的持久力和生存力，在具备足够作战单元的情况下，“蜂群”即使遭受部分攻击和摧毁，剩余的平台仍能继续战斗，从而在总体上保持较强的作战恢复能力。系统优势还体现在“蜂群”作战的机动性上。“蜂群”中的无人机通过信息交互共享进行协同作战，能够即时调整作战编队、进行自主态势分析，从而有效应对瞬息万变的战场环境，提高系统作战的稳定性和灵活性。

其三，任务优势。美国空军在《2016—2036 年小型无人机系统飞机规划》中明确指出，无人机“蜂群”作战系统利用信息共享、组网协同，担负着情报、监视、侦察、压制、心理战、区域搜索与攻击等多重任务。根据斯坦福大学和纽约大学 2012 年的相关研究报告，美军曾经使用 6 架无人机，让其在阿富汗村庄的恐怖分子藏匿点上空全天候飞行。实际上美军并没有明确的打击目标，但由于受到了无人机的空中威慑，恐怖分子不敢在该地区轻举妄动，他们的作战区域由此受到了极大限制。除了无人机本身的压制作用，“蜂群”作战还能够放大无人机的作战优势，大片无人机以铺天盖地之势扑向目标，有利于打击敌方的士气，形成有效威慑。在情报、侦察、区域搜索与攻击等任务方面，无人机系统能有效替代有人系统，执行高风险性任务，如深入敌方阵地，进入危险区域获取有效信息或进行攻击。此外，无人系统与有人作战平台能够相互协同，有利于增强有人平台的作战能力。比如，通过携带传感器和导弹，“忠诚僚机”无人机就有效提升了有人战斗机的作战能力。

二、“大蜂群”，黑科技

无人机“蜂群”作战利用的是武器系统各部分的集群智能，需要系统内部进行相互协同、内在兼容。为了具备以上作战优势，“蜂群”作战需要突破的关键技术主要包括信息交互共享技术、内部协同飞行技术和抗干扰技术。

其一，在无人机“蜂群”的信息交互共享方面，DARPA 在 2016 年 3 月启动的“小精灵”项目中进行了系统设计，提出各无人机之间要自组织网络，随时、不间断地交换信息，以形成高效的战场态势感知和交互能力，进行有效的飞行编队调整和优化控制。无人机“蜂群”需要对内部其他作战单元提供侦察和通信支持，从而根据实际需求完成近距离空中支援、补给等任务。

其二，无人机“蜂群”的内部协同飞行技术侧重于实现无人机自主编队和协同控制。无人机编队是无人机蜂群执行任务时的基本形式。在飞行过程中，编队需要完成结构拆分、重组及保持等多项行动，同时蜂群个体之间还要相互规避和协同感知，以保证蜂群的持久作战能力。自主编队飞行技术的难点在于，要加强无人机蜂群在应对突发态势时的自主任务评估能力，就需要设定变化的作战场景和战场环境，进行多次模拟和实验，以提高无人机“蜂群”作战系统的鲁棒性。

其三，无人机“蜂群”作战亟须突破抗干扰技术。“蜂群”高度依赖自组织网络各作战单元之间的信息交互与共享，而这也导致了其明显的弱点。当“蜂群”内部的通信受到干扰或被切断时，各作战单元将无法有效交互战场态势变化、快速发送任务请求或即时配合攻击行动，整个无人机编队将由此遭到严重打击。此外，无人机对电磁干扰敏感度高，电磁脉冲可以使无人机航电设备中的存储器失效，导致无人机瘫痪或坠机，而针对无人机的打击技术恰恰会利用这些弱点开发电磁脉冲武器等相关技术。因此，无人机抗干扰技术在高威胁、高强度战场环境中显得尤为重要。

三、无人机“蜂群”作战的未来

2014 年 11 月，时任美国国防部长签发“技术革新备忘录”，将机器人和自主系统排在首位，预判以自主性技术为代表的新兴技术群可以在未来 20 年内保持对主要潜在对手的军事优势。目前，美军已通过“小精灵”项目、“射频任务操作的融合协作单元”（COONCERTO）项目和 LOCUST 项目逐步推进有关无人机“蜂群”作战概念与技术的探索。通过这些努力，无人机“蜂群”作战将逐步从研发转为实战，从而逐步适应强对抗条件下的作战环境。未来，无人机“蜂群”作战平台将呈现以下趋势：

其一，无人机“蜂群”作战的自主性将进一步增强。无人机“蜂群”虽然需要与地面人工操作平台相配合才能投入作战，但要充分发挥其作战优势，必须增强“蜂群”的作战自主性，包括提升其自主编队、态势感知、突防攻击和环境自适应等能力。随着人工智能技术的发展，“蜂群”作战系统的自主性将进一步提升，“蜂群”对于人工操作系统的依赖将不断减少，在未来，单兵操控和管理“蜂群”、使其完成跟踪、攻击等作战任务将逐渐成为现实。

其二，无人机“蜂群”内部各作战单元承担的任务和具备的性能将更加通用化、多样化。无人机“蜂群”的独特优势是以低成本、高数量形成对敌方的威慑和打击，这就要求“蜂群”内部各作战单元可以灵活转化，相互适应、支持和补充，因此将“蜂群”各部分的功能通用化和模块化是降低无人机“蜂群”成本、进一步提升其作战效能的重要方式。

其三，无人机“蜂群”的信息交互和共享能力将进一步提高。无人机“蜂群”需要稳定的控制和数据交换系统。通过完善自组织网络，“蜂群”内部自动广播、接收和转发信息的传播能力要不断趋向“零延时”，以保证所有无人机能对作战集群内的其他无人机迅速做出反应，密切相互协同。

从某种角度而言，无人机“蜂群”作战概念与技术的发展蕴含着对一体化传统防空系统的挑战，体现了低成本机体、智能作战平台的潜在价值和广阔前景。随着战场环境的不断复杂化和人工智能技术的渐次突破，“蜂群”作战将逐步体现出其特殊价值，可能引发未来航空装备体系的波次变革。

军事智能化：体系、演化及科技解析

党的十九大报告明确提出“加快军事智能化发展”，从信息化到智能化，强军路线图清晰可辨。如何理解军事智能化？在社会上铺天盖地涌来的人工智能相关书籍中，军事维度的讨论尚属空白地带。

1991 年的海湾战争，美军让世界看到了信息化战争的威力，呼啸的精确制导炸弹、一体化指控系统及多军种联合作战，让世界惊呼：“战争变脸了！”如今，在前沿科技的催生下，智能化战争呼之欲出，那么，军事智能化与军事信息化之间是否有断代性差异？军事智能化的核心什么？

一、体系视角的军事智能化

军队战斗力由人、武器以及人与武器的结合方式三个基本要素构成。人和武器的结合主要表现为军队的作战方式，包括体制编制、军事训练等方面。恩格斯曾指出，“有组织的暴力首先是军队”。钱学森也曾说道：“战争是由许多部分构成的、不可分离的有机整体。在人类全部的社会实践活动中，没有比指导战争更强调全局观念、整体观念，更强调从全局出发，合理地使用全部力量，最终求得全局最终效果的了。”从古代的马其顿方阵、古罗马军团，到近现代的合同作战、空地一体战，再到当代的“空海一体战”、基于网络信息系统的联合作战等。与人类其他实践迥异，军事实践一开始就具有高度的组织性，强调整体对抗。然而，受科学技术发展水平的制约，在人类历史的不同阶段，有组织的战争对抗形态，从作战中介、对抗要害及信息交互等多个维度来看，都呈现出一种从低级到高级、从无序到有序、从简单到复杂的进化之路。大致而言，这种演进经历了从基于人力系统的单元对抗，到基于电讯系统的系统对抗，再到基于信息系统的体系对抗三个主要阶段。

今天我们对军事智能化的理解，依然需要从体系对抗的高度来把握。实际上，无论是通过物联网技术、广谱传感技术及其他信息技术将全维战场连成一体，实现了战场的全域适时感知，还是将人工智能、大数据、云计算等技术应用于指控系统，实现了人机一体决策，抑或将无人化作战力量与有人化作战力量混合编组，实现了人机协同作战，应该讲，从单一方面来讲，这都不能说是实现了“军事智能化”，更不要说单纯的武器装备智能化、军事训练智能化及后勤保障智能化等。

智能一定要从体系高度来理解。有关人脑如何产生智能，从控制论系统的角度来看，有研究认为，“如果大脑由处理信息的基本逻辑单元构成，那么智能就是从这些单元的连接中涌现出来的。大脑因此是一种控制论系统。正如迪昂关于意识的研究揭示的，大脑利用反馈循环让信息在神经元之间和神经群组之间流转。神经系统的感觉输入不断在神经层面整合。这种整合影响了大脑的内部状态，例如记忆和思想。在大脑指挥身体如何应对外部刺激时，智能就涌现出来。”[①] 在这里，“涌现”的思想很重要。实际上，一个军事体系的智能化也是复杂巨系统的一种涌现。当武器装备、作战人员、无人平台及各种保障力量等通过技术手段链接在一起的时候，就形成了一种以“作战”为终极牵引的自适应性复杂巨系统，在对抗中由于各种“活力”的作用就会涌现出所谓的“智能”。当然，如果我们进行抽象概括的话，不妨总结为全域战场适时感知、人机一体指挥控制及人机协同集群作战等。

二、演化视角的军事智能化

演化的视角，就是动态的、发展的视角。智能是生命世界中最令人惊叹、最具复杂性的现象。换而言之，对智能的解读只能是多维度的，而不是盲人摸象式的。毕竟，“人的高层次抽象思维、逻辑推理，与直觉、灵感，与无意识反应、神经元学习、分布式储存记忆、脑皮层区映射等，具有完全不同的内在规律、工作机理和存在方式。模拟脑功能的功能主义、符号主义，模拟智能行为的行为主义，模拟脑内部神经系统工作机理的生理学派、连接主义以及受自然演化启发的自然计算、自然主义等，形成了智能学的丰富内容。”[②]

也正是由于智能的复杂性，在人工智能演进史上，多次出现各种学术流派相互激烈批评的现象。“无论是从符号主义角度排斥连接主义（明斯基，1961 年、1968 年），还是‘（符号主义）人工智能死了，神经网络万岁’（1989 年）的口号，或者系统论（整体论）与还原论的相互

① ［英］乔治·扎卡达基斯：《人类的终极命运：从旧石器时代到人工智能的未来》，陈朝译，中信出版社 2017 年版，第 168 页。

② 冯天瑾：《智能学简史》，科学出版社 2007 年版，第 241 页。

指责（有漫长的历史）等，都具有片面性。”[①] 其实，倘若有一种研究能够跳出人工智能的符号主义、功能主义及行为主义单一进路，从一种更底层、更基础、更本源的层面来探究智能的生成机制，或许更有助于揭开智能的奥秘。

不管如何，我们回到智能的源头，会发现人工智能的研究是一个不断演化的过程。起初，人工智能科学家试图从逻辑上寻找突破，笃信只要人类发明的计算机功能越来越强大，人工智能的未来就一片光明，创造人工智能仅仅是计算机规模的问题罢了。“经历了从 20 世纪 50 年代到 70 年代的技术限制，研究者推断主要的问题是缺乏强大的计算机。然后，它们却对明显的问题视而不见，这个问题就是符号逻辑本身。不论亚里士多德、布尔、弗雷格还是维特根斯坦究竟说过什么、证明过什么，这个世界上太多的事物超越了逻辑，在日常生活和经历中更是如此。通用计算机并不能直接转化为通用智能。虽然早期的人工智能研究者拒绝承认，但是他们还是发现通用智能几乎不可能用计算机语言编码。”[②] 的确，大脑的运转有更加复杂的逻辑。就目前的科学研究来看，逻辑思维、非逻辑思维及情绪三者合力作用才构成一种认知能力，当然还有别的科学研究结论。这就给人一种深度的思考：“人类大脑中是否有一些意识过程是‘非逻辑’的？如皮茨和麦卡洛克的研究，神经元在显微镜级别上的表现正是布尔逻辑。但是神经元组成了小组和集群，有着错综复杂的自组织和更高水平的复杂度，大脑中一些有趣的因素是人工智能研究没法在计算机中重现的。也许通用智能和自我觉醒是图灵机无法模拟的功能。这种想法十分恼人，慢慢让很多人对人工智能失去了

① 冯天瑾：《智能学简史》，科学出版社 2007 年版，第 241 页。

② ［英］乔治·扎卡达基斯：《人类的终极命运：从旧石器时代到人工智能的未来》，陈朝译，中信出版社 2017 年版，第 245 页。

信心。”①

亦正因此，我们注意到，“1978 年，当人工智能进入了所谓‘冬天’，约翰·麦卡锡这个创造了‘人工智能’术语的计算机先驱不无悲哀地深思道：人类水平的人工智能，还需要 1.7 个爱因斯坦，2 个麦克斯韦，5 个法拉第，加上 0.3 个曼哈顿计划”②。

回溯人工智能演进史上的这些有趣的往事，我们就会发现，今天我们在谈论军事智能化时，其实是有一个时代局限或论证框架的。只有在一个坐标系中，才可以深入讨论相关问题，许多时候不能遗忘了这个坐标系，但更不能囿于这个坐标系。实际上，今天我们热议的 AlphaGo 是深度网络学习领域的一个重要进展，但距离实现完全的类脑模型构建还很远。在 DARPA 启动的多项类脑计算项目中，相关新闻热度不减，但突破性进展还有待时日。如 DARPA 资助的“神经系统知识表达”（SyNAPSE）项目就旨在研究大脑如何进行逻辑思维及知识表达，相关研究一旦取得突破，将会极大地提升机器对图像、视频、文本等对象的信息识别与分析水平。除了深度网络学习之外，目前在脑机接口技术（BCI）、云计算技术、大数据技术等领域，美军也在加大相关研发力度。未来的军事智能化仍将是一个不断演化的概念，伴随着人工智能技术群的突破，军事系统由信息化向智能化的更迭，必将与人类破译“智能”大致同步。

---

① ［英］乔治·扎卡达基斯：《人类的终极命运：从旧石器时代到人工智能的未来》，陈朝译，中信出版社 2017 年版，第 245 页。

② ［英］乔治·扎卡达基斯：《人类的终极命运：从旧石器时代到人工智能的未来》，陈朝译，中信出版社 2017 年版，第 290 页。

三、科技视角的军事智能化

军事智能化也好，智能化战争也罢，本身就是科技味很浓的概念，为什么我们还要专门谈科技的视角？

战争，作为人类社会最激烈、最残酷、最普遍的现象，由于事关利益集团的生死存亡，从一开始，就与科学技术结下了不解之缘。正是科学技术成果在军事领域的广泛应用，推动着作战手段的急剧更新，催化着作战思想的激烈绽放，影响着作战体制的深刻变革，引导着作战模式的火速演进。特别是，自 1543 年哥白尼那部划时代的不朽著作《天体运行论》出版以来，近代自然科学横空出世，大批科学泰斗如日中天，诸多科技领域捷报频传，兵器的发展一路高歌猛进，日渐左右着战争的每一根神经。此后，在科技进步与军事需求的双轮驱动下，人类的军事对抗，从自然中心战演进到了网络中心战，从单元对抗演进到了体系对抗，从制陆权演进到了制信息权。显然，在这种现代科学技术飞速发展并深刻影响军事领域的时代，一支军队对技术与战争规律的认知，已然成为一切军事活动的基本前提，自然也是我们认知未来智能化战争的切入点。

长久以来，我们东方的军事思想有很强的“谋略”色彩。具体表现是，思辨的味道浓，逻辑的味道淡；模糊的色彩浓，机理的解析淡；系统的描述浓，科技的原理淡。在《科技兴军的逻辑》一书的“当代战略研究的四种流派”中，我们已进行了深入剖析。应该说，这种状况是不利于前沿军事理论创新的。

在此，我们有必要提下克里克，在《惊人的假设》中，他曾说过这样一段“激愤”的话：“意识研究是一个科学问题……用实验方法可以探索这个问题。那种认为只有哲学家才能解决这个问题的观点是没有道理的。过去两千年来哲学家有着如此糟糕的记录，因此，他们最好谦虚些，而不要像他们常常表现的那样高高在上……我希望有更多的哲学家学习有关脑的知识，以便提出关于脑如何工作的论点，并在与科学证据相抵触时，能放弃自己钟爱的理论。否则他们只会受到嘲弄。”

尽管克里克在此对哲学家的批评听起来很刺耳，有些批评的论断也有过于武断嫌疑。但就针对意识、智能等具体的问题而言，的确需要更多地从科学的角度去探究黑箱。军事智能化的理解与推进，也离不开从科技维度的解析。只有抓住科技的牛鼻子，才能搞清楚算法、深度学习、云计算、类脑智能等这些概念的基本内涵，进而结合军事应用的具体场景，搞清楚这些概念对未来智能化战争意味着什么，能撬动战争的哪一个板块，引发军事变革的连锁反应。

无人系统能否引发新军事变革?

在漫长的人类战争史上，无数文学及影视作品都描摹过血雨腥风的战场，那种滴血的残酷无数次让人思忖，战争如何让女人走开？战争如何让男人走开？直至，战争如何让人类彻底走开？

一、军事大辩论

无人系统（UAS）就是以这样的形象进入人们视野的。作为现代战争崛起的新贵，无人战车、无人潜艇、无人飞机及空间机器人等兵器，在传感技术、数字通信技术、微电子技术及人工智能等前沿科技的孵化下，迅速从实验室走向陆海空天广域战场。从伊拉克到阿富汗，从巴勒斯坦到叙利亚，闪亮登场的无人兵器不断刷新世人的战争认知，让人遥想未来：无人系统是否将主宰未来战争的天空？

答案存有争议。

支持方认为，犹如军事史上任何一种新兴力量一样，无人系统将在未来颠覆传统战争，重构作战法则。如曾在奥巴马竞选总统时担任过其国防政策顾问的 P.W. 辛格在《机器人战争：21 世纪机器人技术革命与反思》中就认为："人类在战争史上 5000 年的垄断时期结束了……在战场上投入使用无人系统并不是简单地改变了我们的战斗方式，而是首次改变了在参与战斗的最基本的对象。"当然，辛格并不认为无人系统会很快颠覆战争的一切，而是有个渐进的过程。他从军事史的角度将无人系统与火、火药、蒸汽机及计算机等改变战争的技术进行了对比，认为技术影响战争更多的是连续性。"人类花了数千年时间才驯服火。火药进入战场的演化过程则经历了数百年。早在 18 世纪就已经开始了工业机械化，但其发展一直持续到今天。计算机技术发展迅猛，但其对战争的贡献却没有相应地沿着一条不可阻挡的态势发展卜去。"

而质疑方则认为，就目前无人系统的军事应用效能观之，没有任何迹象显示，无人系统未来在智能化战争中能独当一面。相反，无人系统只是一种装备或平台，人机协同才是战争的未来。到那时，各类机器人与陆地装甲战车、海上钢铁巨舰、空中各型战机及太空侦察卫星连为一体，通过多种数据链和网络信息技术，奏响一体化联合作战的交响曲。

二、"龟进式"革命或"突变式"革命？

在美国空军有人机和无人机高级飞行员 David F.John 撰写的《无人系统能否引发新军事变革》中，作者曾写道："单靠技术从来不会赢得战争。成吉思汗的马镫、荷南 · 科尔蒂斯的火枪以及美国的原子弹，都为其带来了决定性优势，但它们之所以能起到关键作用，只是因为适应了当时的具体条件和战略……无人系统不会从根本上改变战争的本质或性质。尝试使用无人系统代替人类智慧的决策者、战略家或操作员对这样的结论将大失所望。”

军事变革的发生，是一种“龟进式”革命抑或一种“突变式”革命？借鉴拉卡托斯科学革命的逻辑，一般认为，军事变革是连续性与跳跃性的统一，在技术成熟度尚不够的时候，某一单项技术或装备都不足以撬动整个作战体系，只能静候关联技术的“梯度突破”。如 David F.John 曾提及，早在 1898 年，Nicola Tesla 就制造了一艘无线电遥控艇，设想将其运用于军事领域，但无奈为时尚早。一战期间，参战军队所发明的遥控飞机和遥控鱼雷，也没有实战价值。二战期间，日本和德国都致力于无人系统的军事应用开发，日本在陆海空三个领域都试验了无人作战兵器，但囿于装备可靠性及精准性问题，都收效甚微，最后还是付诸神风突击机这样的有人兵器。德国虽然实际部署了数千辆号称“歌利亚”（GOliath）的无人战车，但也并未在实际战争中大放异彩，背后的原因仍是技术瓶颈，缓慢的机动速度、笨重的电缆链路及缺失的摄像设备等，无一不是对其走向战场最前沿的羁绊。

今非昔比，在震惊世界的“9・11”事件发生之后，我们在美军发动的复仇行动中频频看到无人机的身影。2001 年 10 月 7 日，美军首次在阿富汗上空派出武装“捕食者”无人机。2002 年 2 月 4 日，“捕食者”无人机在作战中发射了第一枚“地狱火”导弹。同年 12 月，美国空军将 AIM–92“毒刺”导弹挂装到“捕食者”无人机，投入伊拉克的军事作战行动。最具标志性的事件或许是，2011 年 5 月 1 日，在 RQ–170 提供情报、监视、侦查及数据中继下，美国海军海豹突击队最终在巴基斯坦阿伯塔巴德突袭击杀本・拉登，一解美国的心头之恨。

三、警惕机器的反叛

必须指出的是，如今的无人系统在作战中还不时有失误发生。2010年2月，由于“捕食者”机组提供了误导性通信，结果引导的空袭杀害了23名阿富汗平民。事故调查后，对美国空军遥控飞机飞行员以及涉及的几名美国陆军军官给予了行政处分。2011年4月6日，“捕食者”在执行空袭任务时，由于地面指挥官的判断失误，无人机就误击了一名海军陆战队队员和一名海军专家。这暴露出的问题是在人机协同方面处理信息还大有改进之处，而不是只要有无所不在的战场感知就万事大吉了。

当然，武器系统的失误问题也是由来已久，辛格在其作品中曾提到这样的往事：1988年7月3日，一艘位于阿拉伯湾内的“宙斯盾”巡洋舰探测到了一架不明飞行器。“文森斯号”军舰上的新型防空系统将一架民航班机错误地识别为一架伊朗的F–14战斗机。尽管存在相反的态势证据，机组人员还是相信了计算机，击落了班机，并杀死了所有290名乘客和机组人员。David F.John在《无人系统能否引发新军事变革》中提及《纽约时代》1960年12月8日报道了另一个案例：1960年，美国部署了一个雷达系统，用于探测苏联洲际弹道导弹发射，并触发一连串快速核武器反应。建成后不久，系统就发来了有来袭攻击的警报。原来是系统雷达捕捉到一个升到地平线以上的巨大物体：月亮。系统按照已经编好的程序进行工作——设计者竟然没有教会它如何对导弹和天体进行区分。一名机敏的指挥官迅速发现了这一错误，并结束了危机。

总之，无人系统能否引发军事变革的问题关键在于，无人系统究竟代表了一种渐进式演化？抑或一种突变性力量？这就涉及科学技术与军事变革的理论性问题了。

智能化军队的三大表征

前瞻性地预测未来是一项高度复杂的艺术。俄罗斯军事学者K. A. 季米利亚泽夫曾说：“力量和预见能力是神灵和先知赐予人类的礼物。人类从幼年时期就梦想得到这些礼物，并将其赋予人类的神话英雄。其实，这两件礼物是科学带给人类的……有人说，古代预言家也能言中某些事情，但古代预言家的预言与当今的科学预言相比，就显得相形见绌了。”①的确，在苏联，“20世纪五六十年代，军事预测的任务主要集中在揭示军备发展的前景。到了70年代，军事预测涵盖了军事政策、军事经济、军队建设、武装力量发展以及社会进程发展等多方面的内容。八九十年代，军事预测学成为军事科学中一个公认的领域。80年代后期，军事预测学总结出了150种预测方法，证明了那个时期所取得的成果”②。

同样，海湾战争持续仅38天的空袭以及4天短暂的地面作战行动，

---

① ［俄］沃罗比约夫：《军事未来学》，黄忠明等译，军事谊文出版社2002年版，第1页。

② ［俄］切列特尼琴科：《军事预测的理论与实践》，莫斯科总参军事科学出版社1989年版，第47页。

让我们见识了现代高科技对战争理论的颠覆性冲击，美军送给了许多国家一个惊叹号，但美军自己心里明白，对刚刚兴起的军事变革浪潮而言，这只不过是个逗号，不过是验证了半个世纪之前一个叫阿诺德的航空队军官的一点远见而已。当然，对于国防科技应用于军事后的效果如何，也是难以预料的，"朝鲜战争（1950—1953 年）中，由于喷气式飞机的首次使用，空战战术，乃至整个战争发生了'革命性'的转折。军事学术在战后姗姗来迟，得出了相关结论。60 年代，美军在越南战争中大量使用武装直升机和运输直升机之前，军事思想也未能洞察空中机动战役的萌芽。在 1973 年和 1982 年的两次中东战争中，作战双方使用反坦克导弹对付坦克，使用高精度武器对付小型移动目标，其实战效果同样出乎大多数人的意料"①。

此外，历史上也出现过不少政治人物和军事权威对军备发展前景做出错误预测的事例。例如，在第一次世界大战前夕，温斯顿·丘吉尔曾怀疑地评论坦克是"疯子的发明"。法国著名军事家福煦这样评价空军："飞机可能是很好的运动器材，但不适合军队，它在战争中派不上用场。"在评价 19 世纪、20 世纪之交的军事技术发展前景时，德国军事家施利芬就指出，"所有能想到的都已经做到了"。苏联国家领导人赫鲁晓夫在评价空军和海军在战争中的作用时所犯的错误更令人吃惊。②在 1960 年 1 月 14 日苏联最高苏维埃第一次会议上，他说："随着当今军事技术的发展，空军和海军已经失去了其意义。"③如今重温这些"名人"的判断，除了会心一笑，我们是否还有如下认识在脑中沉淀——预

① ［俄］沃罗比约夫：《军事未来学》，黄忠明等译，军事谊文出版社 2002 年版，第 2 页。

② ［俄］沃罗比约夫：《军事未来学》，黄忠明等译，军事谊文出版社 2002 年版，第 58 页。

③ ［俄］H. C. 赫鲁晓夫：《裁军——巩固和平和保障各国人民友谊之路》，转引自沃罗比约夫著《军事未来学》（黄忠明等译，军事谊文出版社 2002 年版）一书第 58 页。

见，真不是一件“美差”。

曾撰写《机器人战争：21世纪机器人技术革命与反思》的P.W.辛格在开篇“为什么写一本有关机器人和战争的书?”中也感慨：“确实，人们早已开始预见未来，但却总是完全而彻底地弄错。我最喜欢的一个例子发生在1903年10月9日，当时《纽约时报》预测说：‘那种真能够飞的飞行机器将会在一百万到一千万年内，通过数学家和机械学者联合的不懈努力而逐步成为现实’。当天，在俄亥俄州拥有一家自行车店的两名兄弟便开始组装他们的第一台飞机，而这台飞机在几个星期之后就可以飞行了。”①

尽管过去人们曾对应用控制论方法和数字仿真技术进行长期军事预测寄予厚望，但它们暂时还达不到预期的效果。这些方法无疑会促进预测手段的改进，但它们只是工具，并不会带来结构性的变化。类似军事模拟演习的计算机推演，对大范围军事预测的作用也是相当有限的。当然，现在有了大数据技术、人工智能技术及一些更先进的科学方法，预测相对来说更加有了“望远镜”，但仍然需要相当谨慎。

有关未来智能化战争走势的预测，涉及人工智能技术的发展。倘若我们回溯历史的话，从1956年达特茅斯会议开始，人工智能发展的第一阶段约在20世纪60年代到70年代中期，当时认为计算机具有智能与否关键看逻辑推理能力。1952年，A.Newell和H.Simon两位后来的图灵奖得主开发的“逻辑理论家”程序证明了罗素与怀特海《数学原理》中的38条定理，并在此11年后证明了全部的32条定理。20世纪70年代中后期及80年代，在E.A.Feigenbaum等推动下，一类叫“专家系统”的新人工智能崛起，“通过从专家那里获取的知识和基于这

① ［美］P. W. 辛格：《机器人战争：21世纪机器人技术革命与反思》，周亚楠等译，华中科技大学出版社2016年版，第8页。

些知识的逻辑规则，这种系统可以在某一特定领域回答问题和解决问题。最早的专家系统是 1965 年美国斯坦福大学爱德华·费根鲍姆发明的‘Dendral’系统。这一专家系统的知识库来自光谱测定法领域的专家。”① “专家系统通过基本的逻辑规则操作符号。心理过程则是生物的而不是符号的。然而，这种人工智能与自然智能的本体论差异在 20 世纪 80 年代是无关紧要的，人工智能已经改头换面。在当时，没有哪个严肃的人工智能研究者会打算在机器中建立人类心智。人工智能是好的，那是因为能有效解决真实世界的问题，例如获取大量的知识库，通过启发法检验逻辑假设并给出答案。不论如何，这种本体论差异因为计算机以摩尔定律变得越来越强大很快就被遗忘了，当计算机开始展示出强大的力量时，人类就将之视为‘真正的智能’。”②

20 世纪 80 年代末，“专家系统”的局限性不断暴露，日本的“第五代计算机”计划破产，人工智能进入寒冬。直到20世纪90年代中期，进入“学习期”的人工智能再度掀起浪潮。如今，伴随着深度网络学习技术的局部突破，在新媒体及资本力量的助推下，人工智能引发更大范围的关注，其对未来智能化战争的潜在意蕴也受到讨论。在此背景下，我们来尝试研判未来智能化军队，就有了一定的遵循。

一、云大脑

在未来，充分智能化的军事体系，将有一个“大脑”隐喻的中

---

① ［英］乔治·扎卡达基斯：《人类的终极命运：从旧石器时代到人工智能的未来》，陈朝译，中信出版社 2017 年版，第 247 页。

② ［英］乔治·扎卡达基斯：《人类的终极命运：从旧石器时代到人工智能的未来》，陈朝译，中信出版社 2017 年版，第 249 页。

心——“云大脑”。作为作战体系的中枢神经，云大脑按照分布式作战理念将各作战单元通过云大脑链接起来。它是作战对抗的核心，既是物理信息、生理信息及心理信息中心，也是军事指控中心，同时也是颠覆性军事技术研发中心、战争设计中心，等等。多中心的耦合赋予了该云大脑特殊的战略地位，其汇聚的信息本身成为对垒双方的攻防中心，如何渗透、污染及破坏敌方的数据源、数据链与数据网，从某种程度上成为赢得战争主动的关键。

一是形势研判。通过对大量信息的自动化处理，构建囊括政治、经济、外交、文化及军事等要素的复杂巨系统模型，提取关键性事件，进行语义分析，通过不断迭代形成趋势性变化曲线，从而预测未来发展态势，有效解决人工判断无法覆盖全域数据的局限性问题。

二是情报处理。可以采取普适的图像识别、语音识别处理、自然语言处理等基本方法，解决情报初步处理问题，不仅可辅助或替换更多的情报人员，还可以提高情报处理准确性和效率。此外，在此基础上，还可以通过构建军事领域知识图谱，采取人工介入策略，实现情报分析的智能生成，提高情报的使用效率。

三是目标识别。采用人工智能技术，通过对样本特征提取和大量学习训练，形成目标最优模板。当发现新目标时，通过比对分析，可快速给出判别结果，再辅以人工介入，就可以更快地确定目标。

四是筹划决策。采取人机高度混合的方式，构建伴随决策人群的“决策云”，实现快速决策，而人的决策结果作为“决策云”的样本输入，促进云的“智能”生长。“决策云”可以解决战场空间规划的规模化计算问题，也可以解决规划过程中人工无法全面覆盖的问题。通过这种良性循环机制的不断运行，“决策云”将在不断地学习中提供智能支持，任务规划将逐步实现快速、高效和精准。

五是行动控制。可通过人工智能随时分析战场变化，自动比对计划，随时告警异常，并在预定的计划方案中匹配合适的解决方案，为指挥人员快速决策提供支持。

二、平行战士

未来的智能化战争将是人机协同的战争。作战主体将主要是军用机器人和各类无人作战平台，在脑机接口技术及“物理—生理—心理”融合技术等大力运用下，打造出立体无人作战体系。同时，将人与机器深度融合为共生的有机整体，让机器的精准和人类的创造性完美结合，并利用机器的速度和力量让人类做出最佳判断，从而提升认知速度和精度。如在《变形金刚》电影中，特战队员与掠食者无人机的协同作战，就透露出智能化战争初级协同的作战情景，当更丰富、更智能的机器人走上战场之后，人机协同将开启全新的作战样式，到那时，没有大数据技术支撑的一方，将无法掌握战场的主动权，尤其是高度依赖数据安全的指控系统，将成为整个作战体系的阿喀琉斯之踵。

仿生机器人。“以大自然为师”，学习其他生物具有的独特“技能”，提升人类在自然界中的适应能力与探索能力，一直是人类所孜孜以求的目标。而仿生科技，如类人机器人、机器狗、机器昆虫、机器蛇、机器鸟等仿生机器人在军事领域的广泛应用，使得人们看到了仿生科技支撑智能化战争的可能性。如美军曾在阿富汗战场上试验了一款“大狗”机器人，帮助人类战士搬运补给品、实施伴随保障。根据战场试验效果，2013 年美国国防部对“大狗”机器人进行升级，使其负重提升到 200 公斤、奔跑时速达到每小时 12 公里，并具有良好的防弹和静音效果，升级版的“大狗”机器人已于 2015 年投入战场演练。

无人化军用平台。早在一战期间，西方国家就开始重视小型无人机、遥控无人车和无人艇的研发和应用。目前已有 70 多个国家在发展“无人化”系统平台，各种类型的无人机、无人车、无人船、无人艇、无人潜航器在军事领域受到越来越多的青睐。如美军制定了面向 2040 年的“无人化作战平台发展路线图”，已装备的无人机达 7000 多架；在伊拉克、阿富汗战场上投入使用的地面轮式（或履带式）机器人超过 12000 个。按照之前的一份规划，美军计划中将部署的地面机器人占地面兵力的三分之一，舰载型 X–47B 察打一体无人机占舰载机总量的三分之一。美军还将进一步加大无人化军用平台的部署数量，推进有人平台与无人平台之间的协同编组演训。

“体能—技能—智能”增强。时代催生科技，科技改变人类。作为大自然的杰作，人是智能化军事体系的隐喻。从为“延长手脚”而发展起来的材料对抗武器，到为“增强手脚”而发展起来的能量对抗武器，再到“扩展感官”而发展起来的信息对抗武器，如今，伴随着人工智能前沿科技的勃兴，通过“升级大脑”而打造智能对抗武器，已然成为一种技术趋势和作战图景。比如，外军正通过研发机械外骨骼来打造体力倍增的“机甲战士”；通过生物信息芯片的植入来提高人的记忆力与反应能力，使人类战士更好地适应未来高度信息化的作战环境——日益复杂的信息系统、不断激增的海量数据和长时间枯燥的人机环境；通过发展脑机接口技术，使作战人员更高效地操控相关装备、设备和系统。2011 年，俄罗斯提出“2045 计划”，加紧攻克“脑控”“仿脑”和“控脑”相关技术，拓展脑机接口技术的军事应用。2013 年，美国五角大楼提出“阿凡达”计划，努力打造“用思维远程控制”的类人机器人军团，谋求将人类战士真正从“台前”拉回“幕后”，升级军事体系的智能化水平，谋求实现战争的“零伤亡”。

三、开源作战

信息化战争是体系与体系的对抗。作为“体系”概念运用于作战领域的产物，作战体系是一个庞大、复杂和多层次的综合系统，它由相互关联的若干作战要素、作战单元，按照一定的结构综合集成，并按照相应机理运行的有机整体。在该作战体系中，一方面，不同作战要素和作战单元在力量强度方面存有差异，恰如“木桶理论”中有长板与短板之别一样。另一方面，不同作战要素和作战单元的权重也有区别，有的是整个作战体系的中枢神经，有的只是整个作战体系的局部节点。正是由于该作战体系结构具有非均衡性，从而为实施体系破击战提供了可能，比如通过切断敌方作战体系运行中的关键信息链，就可能达到瘫痪敌方整个作战体系的目的。

未来的智能化战争将是开源作战。所谓“开源”，就是开放资源，它来自于计算机软件领域的“开放源代码”。计算机发展早期，软件几乎都是开放的，任何人使用软件的同时都可以查看软件的源代码，或者根据自己的需要去修改它。程序员可以在开源社区中相互分享软件，共同提高知识水平。这是一种合作的开发过程和机制，提倡和鼓励所有人的参与以及成果共享。开源作战不同于以飞机、航母等为主要平台的体系作战，而是以人机一体、自由交互的智能机器人等为主要作战单元的集群作战。军事“智能系统”是一个开放的复杂系统，具有一定的自主性，各分布式组件之间通过相互协作、互相适应形成一个连贯紧密的有机整体，并根据作战环境、对象及任务的动态变化，适时集聚智能、实现协同作战。所有的智能机器人通过“云大脑”实现无缝链接，在作战任务来临时集群展开行动。

集群。自然界中，蜜蜂、蚂蚁、白蚁等单个个体并不强大，但它们通过简单的规则形成集群，就能够展现非常复杂的群体行为，整体实力却大大增强。比如，蚂蚁可以通过合作杀死非常大的猎物，并确定从食物源至巢穴的最佳路径。蜜蜂可以通过“投票”来共同决定筑巢地点的最佳位置。自然界中动物的集群行为是长期进化而来的，而智能机器人集群行为是设计出来的。大量没有协同能力的机器人并不是“集群”，它们只是数量大的群体而已。智能机器人集群具有无中心化和高度的自主性，能够针对战场上瞬息万变的情况，自主协同，配合行动，同步攻防。所有个体自然形成一个稳定的集群结构，一旦有任何一个个体因丧失功能脱离群体或因任何原因改变群体结构位置，新的集群结构排列会快速自动形成并保持稳定。没有一个个体处于中心控制的主导地位，一旦有任何一个个体消失或丧失功能，整个集群依然能够有序行动。

人工智能技术将推动未来战争进入集群作战时代，同信息化战争的体系对抗相比，其在规模、速度、协同和智能化方面将更胜一筹。大批量生产的低成本小尺寸智能机器人，一方面，可以形成数量优势，实现“区域全覆盖”，并以数量优势突破敌人的防御，实施“饱和”式攻击。另一方面，智能机器人集群具有较强的恢复能力，只要数量足够，个体的生存能力也就变得无关紧要。同时，智能化的“感知—决策—行动”模式可以快速处理大量信息，帮助作战人员掌控战况，缩短决策周期，提高军事行动的速度。正如约翰·阿奎拉和戴维·伦菲尔德在《蜂群与网络作战》中所描述的，集群作战将单兵格斗的高度分散性、机动作战的灵活性和体系作战的组织性及凝聚力结合在一起，实现各作战要素、作战单元协同的目的。实施“集群”作战，通过隐蔽、突然、难以侦测和对抗的智能机器人集群，对对方传统武器系统包括雷达、防空火力、各种作战与保障平台等构成致命威胁，将颠覆传统作战方式。

目前，美国海、空军正在着力打造这一作战方式。根据构想，为突破中国等“反介入/区域拒止”能力，美军计划在我国南海从空中、水面和水下三个维度，投入以无人机为主的“机器人集群”，实施立体打击。2017年1月10日，美国国防部公布了一段视频，3架F/A–18战斗机释放了103架“灰山鹑”（Perdix）小型无人机，这些无人机集群演示了集体决策、自修正和自适应编队飞行能力，它们根据任务要求一起协作控制、导航、聚集、解散。据美国国防部战略能力办公室主任威廉·罗珀尔称，“这些‘灰山鹑’小型无人机并不是经过预设程序的协调行动的个体，而是像自然界中类似鸟群的动物群体那样共享一个分布式大脑，相互协调行动”。“每一架无人机都可以和另一架通信联络，所以机群没有领袖，可以非常顺利地允许每一架无人机进入或离开这个群体。”由此可见，未来战争所面对的很可能不再是有血有肉的士兵，而是成群结队的智能机器人集群。

涌现。涌现是非线性复杂系统的典型特征，也就是指当系统各要素组合成体系时，发生突变并产生出新性质的过程。事物的涌现大都依赖于一定数量的群体的聚集。科学研究表明，任何事物随着成员数量的增加，它们之间的相互作用呈现出指数增长的趋势，聚集到一定程度就会产生整体的“涌现效应”，也就是量变到质变。实际上，匈奴人、蒙古人和其他游牧民族的大规模骑兵作战，都采用了集群攻击方式。他们在宽阔的地域分散开来，一旦发现敌人就集中优势兵力实施攻击。同样，第二次世界大战时，德国人对潜艇的运用也采用了“狼群”战术。集群作战是一个非线性的复杂系统对抗，并不是简单无序地集中兵力突袭，也不是所有武器系统均从同一方向对敌人发起攻击，而是在收到不同等级的作战指令后，各集群自主采取行动，并与其他集群保持协同，从而涌现出一种整体作战能力。自组织性是整个集群释放作战效能的关键，每个个体只需遵循一些简单的原则，这个集群就能完成令人难以置信的复杂作战任务。它们或如同“乌云蔽日”集中涌入战场，或化整为零分散自动搜寻目标，对大片区域实施有效监控。不需要地面人员的任何操控，它们就能够自行在战场上巡逻游弋，一旦集群中某个智能机器人发现目标，它们就会从四面八方对目标形成包围，确认哪些目标需要攻击，哪些目标已被摧毁而不再需要更多的火力支援，哪些未击中的目标尚需火力增援。所有这一切都由具有自主性的机器人集群自动完成。此外，智能机器人集群还可以对敌方展开“间歇性攻击”，攻击，疏散，再攻击，直到消灭敌人。

当集群达到一定数量规模的时候，指挥控制模式也将发生根本性变化。它不同于信息化战争中对各作战要素、作战单元实施的集中统一控制，而是对集群整体实施的多平台任务协同式控制。它通过指挥员操控一组平台，平台之间相互协调，以集群为单位完成作战任务。在瞬息万变的战场上，即使最详细的任务规划也会发生变化。因此，指挥员应先拟订一份详细作战计划，然后指挥集群去具体执行，各集群能够根据战场形势的变化进行调整。或者，指挥员只分配高级别的任务，各集群根据作战任务优先等级的清单，比如目标名单、每个目标不同的价值等级等，在自主采取行动的同时与其他集群保持协同，通过集中协同或分散协同的方式自动确定最佳解决方案。或者，指挥员可以仅仅改变集群的目标或参数设置来诱导集群自行调整其行为。如果控制集群的数量超过了个体的认知能力，指挥员可以把集群划分成更小的群体，或按照功能划分相关任务，以分解自己的任务。

美军进行了大型集群的多平台任务协同式指挥控制的演练。美国海军研究生院研究了由各 50 架无人机组成的两个集群对抗，哈佛大学建立了由 1000 个简易机器人组成的集群，通过相互协同进行简单的编队。2014 年夏天，美国海军演示了由 13 艘无人驾驶自控船组成的集群在一个人的控制下，护送 1 艘巨轮穿过模拟海峡的行动。当发现可疑船只时，指挥员向无人自控船集群分派了拦截和包抄的任务，集群成功自主处理可疑船只，展示了集群的指挥控制能力。据参加试验的美国海军研究人员称，单人同时指挥控制的船只数量可达 20—30 艘，由此，不仅节约了大量人力，也大大降低了风险。

反制。智能机器人集群颠覆了传统的作战方式。一是目标小、难发现。智能机器人大都由复合材料制造，其中许多还采用小型化甚至微型化设计，并应用隐身技术，从而使得传统雷达、声呐等侦察探测手段很难及时发现。比如，美国麻省理工学院在动物蜻蜓中嵌入了一种“光极”芯片，研制出一种比任何人造无人机更小、更轻且更具隐秘性的混合无人机系统，续航时间高达几个月；二是造价低、破坏大。机器人制造成本低，可以大批量生产，只要花费几百美元就可以在网上购买到可编程的、GPS 导航的全自主无人机，这些无人机可以组成一个能自主行动且抗干扰能力强的作战集群，携带炸药或者生物武器投入战场，具有巨大的破坏性；三是对抗难，代价高。现有武器装备不适宜于应对智能机器人集群，特别是缺乏应对小微型无人系统的有效手段，用价值 100 万美元的导弹去击落价值 1000 美元的无人机，防御的代价太大，甚至可以说是“大炮打蚊子”。

针对智能机器人集群，传统的作战方式难以奏效。因此，必须考虑如何以低成本、高效益的方式，来反制智能机器人集群的威胁。一是以集群对抗集群。只要对抗的集群比敌方的集群成本更低，而且拥有更好的算法、更好的协调性和更快的反应能力，就可以实现低成本反集群作战。二是以代码武器溯源攻击集群。智能机器人集群高度依赖“脑联网”来获取、传递和共享信息，因此，可以插入恶意代码突破敌方的

“防火墙”，对智能战的中枢神经系统“云大脑”进行溯源攻击，也可以通过电子欺骗向集群发送虚假数据，直接控制或瘫痪敌方集群；三是以新概念武器摧毁或瘫痪集群。只要集群依赖于通信手段来实现指挥控制和协调作用，就能够通过激光武器、电磁脉冲武器等实施攻击。这些武器并不只针对集群中的单个个体，可以覆盖更大的范围，因而是集群的“克星”。美国海军正在开发的激光武器和电磁轨道炮，就是一种低成本的反集群作战武器。

当人类战争推进到智能化战争时代，我们就需要新视野、新思维、新范式，超越牛顿机械论及奠基其上的物理战理论，运用整体观、联系观、演化观等来参悟未来的战争。

“未来战士”：变革作战指挥的神经节点

古往今来，如何穿越信息迷雾，感知战场动态，一直是作战指挥决策正确的基本前提。然而，伴随着军事技术的飞速发展，现代作战指挥正在发生着深刻的变革：就指挥手段而言，正在从手工指挥转向信息指挥；就指挥环境而言，正在从自然环境转向技术环境；就指挥决策而言，则正在从经验决策转向人机决策。

作为指挥链条上的信息终端与执行终端，应该说，单兵是作战指挥这一变迁的最直接、最敏锐及最真切的感受者。亦正因此，世界各国军队无不重视单兵作战系统的技术革新现状与未来发展趋势。近年来，无论是美军的“陆地勇士”装备，还是法军的“未来步兵”系统，抑或以色列国防军的“阿诺格”计划，都在紧锣密鼓地筹划打造新一代“未来战士”，相关动态颇值我们关注与深思。

一、人在回路

作战指挥是随着战争实践的演进而不断发展的。人类早期的战争实践可以称之为自然中心战，受自然条件严格制约，夏天打仗，冬天言和，战争只在自然空间展开，不染指技术空间、社会空间及认知空间。战士用最简单的兵器，依托最原始的体能，进行着最血腥的搏杀，胜利与失败，辉煌与落寞，一切与军事技术没有多大瓜葛，有的就是我国兵学圣典《孙子兵法》中所言之——“道、天、地、将、法”——战争五事。

自然，当时的作战指挥也是极其简单的，指挥员实施指挥需要掌握的情况可谓“一目了然”，除了根据敌方排兵布阵情况，适时将己方士兵排列成阵并发出“前进”口令外，别无他事。对此，世界著名战史学者小戴维·佐克在《简明战争史》中甚至都夸张地感叹道，“早期的人类战争，无须战斗指挥，因为战斗从一开始就无法指挥了”。

当人类战争从自然中心战时代演进到机器中心战时代之后，以近现代大工业为后盾，伴随着蒸汽机、内燃机、飞机、坦克等发明并广泛应用于军事，现代战争终于摆脱了自然条件的束缚，开始在诸多领域大规模运用机器的力量。与此同时，莫尔斯编码的有线电报、贝尔发明的有线电话、赫兹证明的电波通信，以及意大利的马可尼和俄国的波波夫研制的无线电报收发机，这些科技成果在军事领域的应用，推动着作战指挥迈向了崭新阶段。

时至 20 世纪，伴随着 1946 年全球首台计算机“ENIAC”的诞生及 1969 年世界首个网络“阿帕网”的问世，作为一种浪潮，信息化开始席卷并日渐主导军事领域的一切，战争逐渐进入信息对抗之网络中心战时代。在网络中心战的体系对抗中，从作战指挥的视角来看，恰如人的耳目、大脑及手足连接在一起，便构成一个“信息回路”一样，数字化战场的作战指挥也存在这样一个“信息回路”。在这一由传感器、指挥部及攻击端口联结而成的“信息回路”中，信息流动的载体不再是人的天然神经系统，而是一个互通、互联、互操作的信息网络，人与武器充分融合，处处蕴含着“人在回路”（human in the loop）的新思想，也时时启迪着人们，重新思考单兵作战系统的未来坐标。

可以讲，美军的“陆地勇士”装备、法军的“未来步兵”系统、以色列国防军的“阿诺格”计划，这些各国军队打造的新一代“未来战士”，都是上述这种思考的反馈与结晶，都旨在将传统的作战单兵，从功能简单的指令接受与执行者，转变为集信息感知、传递及处理为一体的“复合终端”“智能终端”，从而整体优化作战指挥网络的反应速度、应变能力及决策效率。对此，我们从近年来美军对智能手机、可穿戴式计算机的关注，即可窥见一斑。

二、把计算机穿在身上

1994 年，美国著名未来学家尼葛洛庞帝在《数字化生存》一书中，曾科学预见：“未来数字化服装的质料可能是有计算能力的灯芯绒、有记忆能力的平纹细纱布，人们不必再携带手提电脑，而是变为把电脑穿在身上。”如今，在军事领域，尼葛洛庞帝所畅想的这种“可穿戴式计算机”（Wearable Computer，WEC）正在逐渐走入现实。

有关报道称，美国一家公司已研制出一种模块化战术系统，这是一种新型轻便耐用的可穿戴式计算机系统，其部件可完全集成到战士的军装和通用设备中，为战场上的士兵提供 C4ISR 优化功能。当然，就可穿戴式计算机的定义而言，迄今为止，还没有一个十分准确的定义，通常认为其主要包括：计算机主体（主要部件固定在特制的背心或衣服的夹层中）、伴随式供电系统、无线语音处理器、头盔式液晶显示器、触摸式腕上无线键盘等。其样子就如同常见的 T 恤衫，电路被织进衣服里面，所有外接设备都可以合成到衣服上，实现“机”与“衣”融合在一体，比如显示器，就可以合成到防弹衣或头盔前面，当需要时可以像翻盖手机那样随意打开使用。

从功能上讲，可穿戴式计算机在具备普通计算机的所有功能基础之上，一般还具有通信、全语音操作和实时信息交换等功能，并可根据战场需要增加一些特殊功能。未来的可穿戴式计算机还将具备三维动画图像传输、数字地图、装备使用说明和危险告警等功能。所有这些功能都有助于在未来数字化战场上，增强单兵的信息感知、信息传递及信息处理能力，从而使作战指挥更加顺畅，人机协同更加紧密。

与可穿戴式计算机的军事应用相类似，近年来，伴随着信息通信技术、集成电路技术及计算机软件技术的飞速发展，作为便携式个人通信终端的智能手机，其功能也日益强大，用户越发广泛，自然引起了美军的关注。

早在 2011 年 7 月，美国陆军就在新墨西哥州及得克萨斯州的白沙与布利斯堡训练基地，完成了一个智能手机军事应用的相关测试项目，当时，陆军主管测试项目的军官迈克尔·麦卡锡宣称，第一批配备智能手机的官兵有望于当年下半年被派驻海外，后来由于测试结果不理想，美军没能按期实现目标，但相关探索仍在进行。这一点与可穿戴式计算机的军事应用相类似，就目前来看，可穿戴式计算机在战场环境与虚拟现实融合技术、信息过滤与加密技术等方面也还存在着不小的发展障碍，距离完全走向战场，恐怕还有较长的路要走，尽管如此，其背后体现的作战指挥理念变迁，却乃大势所趋，那就是“人机融合”“道器并重”。

三、人机融合

倘若非要用最简单的词汇来描摹波澜壮阔的人类战争史，首选“人”与“器”或许不会有多少异议。在作战指挥领域拓展开来，其实也就是军事谋略与军事技术，前者是人类智能的内放，后者则是人类智能的外延，没有不用谋的战争，也没有全靠谋的战争，谋略与技术恰似战神的双腿，作战指挥脱离了任何一方，都不会跨得太远。

古人云：“运筹帷幄之中，决胜千里之外”，“运用之妙，存乎一心”。有人说，这些古老的格言，犹如化石，早已作古，大可“置若罔闻”。也有人说，这些古老的格言好比传奇，永远年轻，全在重新解读。对此，我们不忙辩驳。事实上，在网络中心战之体系对抗的今天，对于作战指挥，任何过度夸大指挥官无所不知的举动，都是对当代科技兴军逻辑的无知挑衅，同样，任何盲目迷信高科技无所不能的思维，也是对马克思主义军事理论的无知背叛，这就是军事领域科学的辩证法、科学的认识论。它深刻地启迪着我们，在数字化战场的“信息回路”中，必须深刻洞察“人在回路”的体系思想，重新思考单兵系统的作战功能。

试想，在未来体系对抗的作战指挥中，假如我们的指挥官兼有工程师的技能与军事家的谋略，既深谙现代科技的精髓，又通晓未来战争的胜律，那么，面对瞬息万变的对抗、血腥弥漫的战场，我们又有什么理由不相信，他们就是杰出的“战场雕塑师”、优秀的“乐队指挥员”呢？海阔天空，调兵遣将，自由发挥，随意演奏。

无论将计算机穿在身上，还是将智能手机装到枪上，它们所揭示的本质都是相通的，那就是，驱散战场迷雾，变革作战指挥，实现协同作战。

人工智能改写战争制胜密码

2017年伊始，一个神秘的围棋账号“Master”激起了国际围棋界的一场“轩然大波”。自现身弈城、野狐等围棋对战平台以来，连连取得压倒性战绩，被斩落下马的职业棋手比比皆是，甚至不乏柯洁、朴廷桓、古力等世界顶尖名将。人工智能在围棋对战中“战无不胜”的关键在于“储存”了强大的学习能力、推理能力和决断能力。据统计，一个棋手一年只能下1000多盘棋，“阿尔法狗”一天就能下100万盘棋。“阿尔法狗”的“脑袋”里装了15万名职业棋手的棋谱、上百万名业余棋手的棋谱，并且自我对弈了3000万盘棋。人工智能在围棋领域的突破，似乎让人们洞察到其走上未来战场的一线曙光，主要表现在：突破生理机能、消除认知偏差、促进人机融合。

一、突破生理机能

远古时期，以部落为主体的“战争”发端，人体器官遂成为制服对手的最原始“武器”。随着人类社会生产实践经验的累积，人们逐渐意识到身边拾起的石块、木棍可以作为打击工具，从而弥补人的生理缺陷。由此，各种形态的石质、木质工具开始应用于军事实践活动，并成为最原始的武器。但人的生理机能终究是有限的，存有诸多不可逾越的瓶颈，在作战中承受的痛苦逼近生理极限时，就会出现诸如精神疲倦、情绪波动、判断失误等应急反应，从而影响继续参加战斗。

然而，面对瞬息万变的战争对垒，极端残酷的战场环境，无论是攻防对抗的战术行动，抑或军事谋略的制胜法则，皆需要“参战者”在任何时候都能摆脱个体生理因素的限制，这一点是任何传统的“战士”或“指挥官”无法做到的。相较而言，人工智能最大的优点就是，它既不会受时间所限，也不会被情感左右，这就能弥补战士或指挥者在生理上的缺陷。如在伊拉克战争中，美国研制的 REMUS 无人潜航器，就突破了传统战士的生理极限，降低了人员水下探测的风险，成功地执行了反水雷任务。

二、消除认知偏差

克劳塞维茨认为，战争是一个“充满不确定性的领域”，“人类任何活动都不像战争那样给偶然性这个不速之客留有这样广阔的天地”，“战争中一切行动都仿佛是在半明半暗的光线下进行的……这些由于光线微弱而不能完全看清的一切，必须靠才能去推测，或者靠幸运去解决”。面对战争的这种不确定性，有研究表明，人类做决策的满意点，是在一系列进化尝试和自然选择过程中形成的，即个体基于过去的数据和经验进行学习、推理、预测并做出选择。一旦环境改变，这种基于过去的经验型认知模式，就有可能出现认知偏差，进而造成行为偏差。

人工智能在军事领域的应用无疑将改变这一局面。当前，世界各国研制的无人机、无人舰艇、无人战车及作战机器人，其核心还是计算机编程，所有作战任务都通过计算机程序来固化，也就是说，是根据任务需要进行前期设定，尤其是攻击无人机，实施攻击还离不开远程遥控。不难设想，倘若未来作战系统应用了更成熟的人工智能，由于其具有类似于神经网络的学习进化功能，就可以通过深度学习形成足以超越对手的经验智慧，这将在很大程度上消除人在战争指挥中的认知偏差。

三、促进人机融合

虽然作战对抗的残酷性需要人工智能的介入，以弥补人的生理缺陷及认知偏差。然而，人始终是进行战争的主体，作为计算机科学重要分支的人工智能发展，必将会出现人类难以匹敌的谋略“外脑”，使军事谋略的主体由人向人与计算机结合一体的方向发展，即人工智能“参与决策”，而不是“进行决策”。换而言之，在未来的人机一体化作战系统中，作战决策的全过程将进入一个主观与客观相结合、定性与定量分析相统一、推测与实证相辅佐、艺术与科学相辉映的崭新阶段。

1997 年，在一场著名的人机国际象棋大赛中，一台 IBM 公司制造的“深蓝”计算机，以 6 局比赛 2 胜 1 负 3 平的成绩，战胜了世界冠军加里·卡斯帕罗夫。美国国防部高级研究计划局（DARPA）从中获得启发，2007 年起，其开始资助研制一套名为“深绿”的系统，希望该系统在作战行动中的表现能够与“深蓝”计算机在国际象棋比赛中所为相媲美。据给本书推荐的戴浩院士介绍，这个“深绿”系统由三部分构成：其一，智能化的人机接口，输入计划草图，输出决策草图；其二，分析引擎模块，模拟指挥官的决策计划，预判各种可能的结果；其三，决策总控模块，收集各种计划方案、更新战场当前态势、控制快速模拟、对未来作战方案选项排序，实现对未来可能态势的生成、评估和监视，并根据战场实际情况，不断调整方案计划。戴浩院士讲，DARPA启动的这个“深绿”项目并不成功，在2014年验收时仅保留了最成熟的人机接口部分，然而，一直游走在颠覆性技术探索前沿的DARPA非常明白，面对迷雾重重的战争，只有“人机融合”才能制胜未来，“深绿”尽管不成功，但人机融合的大方向却是正确的，通过不懈的探索，一定能锻造出充分释放人机混合智能的利器。

如今，“Master”的出现，再一次引发人们关注人工智能的军事应用前景，美国、欧盟、日本及俄罗斯等纷纷制订发展计划，谋划抢占新一轮军事变革制高点。美国2016年加紧相关部署，发布了《为人工智能的未来做好准备》和《国家人工智能研究与发展战略规划》两个战略文件。在五角大楼召开的空、天、网络一体化作战会议上，国防部长阿什顿·卡特指出，第三次“抵消战略”要充分利用人工智能和自主技术的进步，使美军重获作战优势并强化常规威慑。尤其值得关注的是，目前，DARPA已经与谷歌、IBM等公司达成合作，致力于将人工智能科技创新与军事应用领域嫁接。同时，在美军联合作战司令部设想的2025年作战计划中，机器人与传统士兵的协同作战将发挥重要作用。

总之，创新能力是一支军队的核心竞争力，也是生成和提高战斗力的加速器。前沿科技领域是创新的沃土，也是竞逐的高地。面对人工智能吹响的新号角，确立的新规则，开启的新时代，惟主动应战者胜，锐意创新者胜，敏捷行动者胜。

兵棋：推演智能化战争的利器

《孙子兵法·计篇》中写道："夫未战而庙算胜者，得算多也；未战而庙算不胜者，得算少也。""庙算"，即作战前的筹划准备，它蕴含着先秦时期我国军事家对军事决策实践活动的总结提炼，与兵棋推演的思想精髓遥相呼应。众所周知，现代意义上的兵棋推演起源于1811年的普鲁士，宫廷战争顾问冯·莱斯维茨（vonReisswitz）制成了模拟真实战场的立体游戏，名为Kriegsspiel，即"战争游戏"。1824年，其子约翰（Johann）创制兵棋受到普鲁士总参谋长冯·穆福林将军的赏识，开始向普鲁士全军推广。

鉴于兵棋推演中规则和计算等方面的复杂性，从20世纪中叶开始，西方一些军事强国开始尝试将手工兵棋转变为计算机兵棋系统并应用于军事辅助决策活动。1995年，世界上第一套计算机兵棋系统JTLS（战区联合作战计算机兵棋系统）在美国诞生。据公开报道，2014年，我军耗时7年建成了首个大型计算机兵棋推演系统，这套系统包含了军事运筹学、系统仿真学以及前沿信息技术等方法手段，综合对战事进行模拟和推演。

在人类战争史上，作为辅助战争决策的有效手段，兵棋推演在某些战例中发挥了关键作用。如在一战爆发前夕，德国的小毛奇将军利用兵棋推演发现位于侧翼的两支军队可能会在战役结束两天前陷入弹药不足困局，因此他组建了两支机械化弹药输送营。再比如在二战中，美国海军陆战队和海军在太平洋战场对日作战前，就进行了多次兵棋推演，从而为后续的军事行动提供了预案。海湾战争中，美军实施“沙漠风暴”行动前，第 15 空降军和第 7 军也进行了兵棋推演，推演结果所发现的问题、预知的困难及研判的进程，与后来实际军事行动高度匹配。这充分表明，如果兵棋推演系统有精准有效的信息、科学合理的模型，推演结果就会有极强的预见性。

今天，人类战争在人工智能、大数据等前沿科技的催化下，正在从信息化迈向智能化新时代。2017 年 5 月 27 日，世界排名第一的年轻围棋大师柯洁在与人工智能程序 AlphaGo 的对战中以比分 0∶3 惨败。媒体一片欢呼，人工智能似乎被证明在单向技能维度超越人类。其实，这一事件最值得深思的是，到底人工智能在未来何时能自主获得认知能力？一旦在这一领域取得突破，运用到兵棋领域，系统将能够在模拟对抗中学习规则、获取经验并优化策略，进而校正计划、快速评估并预估态势。

当战争已由体能较量、技能较量演进为智能较量时，作为一种辅助作战技术手段，人工智能被运用于未来战场乃大势所趋。未来战场是否还需要人类指挥官？拥有了在诸多维度都超越人类的人工智能系统，军事人员在未来战争中又将扮演怎样的角色？如何真正实现人机协同作战？拉直这些问号，考验着每一个军人睿智的头脑，也考验着每一项技术突破的边界。

智能认知与未来战争

战争，自然有其不可忽视的固有规则，顺之赢，逆之败。但战争又是“噬尾之蛇”，不断在吞噬着已有，创新着未有。谁墨守成规，谁丧失未来。因此，对未来战争的触摸，最好从根基上准备。应对信息化战争如此，探寻智能化战争更甚。

一、哲学与人工智能

先说第一个问题，哲学和人工智能。从复旦大学徐英谨教授撰写的《心智、语言和机器：维特根斯坦哲学和人工智能科学的对话》得知，1998 年，澳大利亚哲学家兼计算机科学家梵·戈尔德在《哲学心理学》杂志上发表了一篇文章，题目为《哲学在认知科学中的角色》，它对于理解哲学在人工智能科学中的角色，有启发意义，所讲的六点颇有趣味。

第一个是先驱，第二个是工程监理，第三个是牛虻，第四个是啦啦队员，第五个是禅僧，第六个是绘图员或文件管理员。

顺便说一句，徐英谨教授的《心智、语言和机器：维特根斯坦哲学和人工智能科学的对话》写得非常好，应该是国内目前看到的有关人工智能哲学最深刻的作品之一。下面，我谈谈其作品中提到的戈尔德的观点。

先说先驱。像霍布斯提出的“思维只不过就是高度复杂的加减运作”的想法，可能就和AI“物理符号假设”契合。比如休谟、康德等哲学家的心智理论，他们偶尔也喜欢在抽象层次上谈谈这些，也可以说是人工智能相关技术路径的先驱。可见，哲学家对人工智能科学做的贡献，第一个就是先驱。第二个是工程监理。我们不能漠视哲学家对科学的贡献，这里谈工程监理，指的就是哲学家对人工智能的反思与质疑，你的地基是否牢靠？你的前提是否成立？等等。这些人可能就比如像美国哲学家约翰·赛尔这样的。第三个是牛虻。这个是负责泼冷水的，比如像美国的哲学家德瑞福斯对符号人工智能路径的抨击。第四个是啦啦队员。这个就是给你鼓劲的，属于比较友好的。比如像美国的夫妻哲学家邱琪兰德夫妇对人工智能联结主义路径的长期支持。第五个是禅僧。这个就是思考一些宏大的问题，很多时候他既是哲学家又是科学家。第六个就是绘图员和文件管理员。这个是历史进路的，对人工智能演进史进行梳理。

可见哲学与人工智能之间的关联还是很强，不论科学家喜不喜欢，也不论科学家愿不愿意承认，其实他都受到某种哲学流派或进路的影响，并隐隐地支持某种哲学流派或进路。

二、机器智能超越人类智能

哲学家往往喜欢思考一些宏大的问题。在《剑桥五重奏：机器能思考吗?》这本书中，数学家约翰·卡斯蒂在科学小说中虚构了一个特别的晚宴。晚宴安排在1949年的春夏之交，地点在剑桥大学基督学院的一间房子——晚宴主人、小说家兼物理学家C. P. 斯诺以前在剑桥大学的住所。五位思想家围绕“机器能思考吗?”这一论题开展了对话，从机器与人脑的结构关系到机器对人类思维的模拟，从机器能否理解其自身的操作语义到为了模拟人类思维机器是否应该具备人类语言，以及机器如何学习语言，还有思维机器的社会性问题，如个性、认同性以及思维机器相关的文化形态和社会规范等等。

在《剑桥五重奏：机器能思考吗?》中，我们看到，最早提出计算机可以复制人类思维过程的人工智能之父阿兰·图灵认为：“人脑只是一个复杂的计算系统而已，技术的发展将使计算机器模拟人类的思维成为可能。”世界著名语言哲学家路德维格·维特根斯坦则认为：“人类思维活动是一个非常复杂的过程，人类思维和语言带有明显的社会性，它不能为除人之外的任何东西所理解。”量子物理学家欧文·薛定谔指出：“没有技术和逻辑上的理由可以怀疑思维机器的可能性。”在遗传学家霍尔丹看来：“生命现象里有些很特别的东西，恐怕不是机器所能模拟的。”

这场晚宴更像一场音乐会，卡斯蒂是导演，斯诺是指挥，图灵、维特根斯坦和薛定谔以及霍尔丹则为乐师。他们以口为器，以思想为谱，演奏了一曲关于生命、思维和机器主题的交响乐。卡斯蒂说：“曲终席散，绕梁余音中飘动着一曲清新跳跃的旋律：人工智能是一个既与哲学又与科学密切相关的非常复杂的问题。”

显然，有关机器智能与人类智能问题，争议很大。胡塞尔说：“智能研究是一个永无止境的任务。”黑格尔则指出：“人在本质上是一个能够‘思考自己’，即具有自我意识的精神实体，是一个能够摆脱物质必然性的束缚而拥有独立自决的自由的精神实体。”人工智能先驱明斯基也说：“仅是建构一个知识基础，就成为智能研究的重大问题……关于常识性知识的内容和结构，我们还知道得太少了。”英国物理学家、数学家罗杰·彭罗斯在1989年出版的《皇帝新脑》中认为，哥德尔的不完备性定理和图灵对于可判定性问题的不可解证明已经宣判了人工智能的末日。此外，彭罗斯还指出，为什么传统的计算机不能获得人类大脑拥有的直觉，这是因为它们遵从决定论。可见，上述争议其实涉及智能的本质是什么这样更深刻的问题，而恰恰在这样的问题上，我们目前还没有取得共识。

英国哲学家、历史学家、考古学家柯林伍德关于自然哲学，曾说过一句名言：“自然观是自然科学的逻辑基础。”现在，我们不妨从人类自然观的进化中，回顾下人类对自然、对世界的认识到底走过了怎样的轨迹。首先是在古希腊时期，前苏格拉底的自然哲学家们，无论是米利都学派、毕达哥拉斯学派，还是变化哲学家们以及原子论者，这些曾经的哲人、智商高的人，今天我们看到其提出的对自然和世界的认识，其实都是极其朴素的认识。比如，我们熟知的，如泰勒斯讲“万物皆水”，赫拉克利特说“世界是一团永恒的活火”。毕达哥拉斯学派讲“万物皆数”也是充满神秘性。根据恩培多克勒的说法，宇宙由气、水、土、火四种元素构成，万物产生于它们之间的相互作用。纵然是全才的自然哲学家亚里士多德，一个百科全书式的人物，“古代世界最博学的人”(恩格斯语)，其在当时对自然和世界的看法，也是极其粗陋的，这种思想认识典型的反映在其所提出的“四因说”，即世界是由“形式”“质料”“动力”“目的”四因的相互作用构成。不难看出，古希腊的自然观是一种朴素的唯物主义自然观。

中世纪的时候，人类自然观没有多大进展。虽然我们讲，理性

（希腊、罗马的古典文化）、信仰（基督教上帝的文化）、习俗（日耳曼人的原始文化）是中世纪三大要素，但总体而言，中世纪信奉神创论的自然观，认为“宇宙有限，上帝永恒，上帝和《圣经》是真理的源泉”。热衷讨论的问题是“针尖上能站多少个天使?”之类。在这种基督教神学自然观的影响下，人们往往把世界的存在和变化的依据归结为上帝的存在，科学只是教会的恭顺的婢女，它不得超越宗教信仰所规定的界限，没有独立性，也没有理性生长的空间。

近代西方科学的诞生是个伟大的变革。科学家拉普拉斯在19世纪初向拿破仑呈现他的《天体力学》时，拿破仑问：“在你的著作中怎么没有提及宇宙的创造者?”拉普拉斯回答说：“陛下！用不着那样的假设……”的确，近代科学已经开始成长了，这是一种“理论科学”形态，一种以实验为基础的“实验科学”，一种以分析为核心的“分析科学”，一种以数学为手段的“定量科学”。此时，出现了一些大科学家、大哲学家、大思想家。如大法官培根是英国经验主义代表人物，提倡获得知识的实验的、定性的和归纳的方法。大陆理性代表人物笛卡尔，他是法国数学家、自然科学家和哲学家，强调通过演绎法可得到可靠的科学知识，主张心物二元论。他使用普遍怀疑的手段论证了理性在认识中的作用，并创立了逻辑演绎方法。经过这些哲学家、科学家的努力，特别是伽利略、牛顿等人的科学研究不断催生，近代一种机械论自然观就产生了。按照这种机械论自然观，机械运动是唯一的运动规律，宇宙是一架大机器；宇宙像空架子，绝对静止，绝对空间；时间永远以等速流逝，与物体运动无关；分析、分解的方法是研究自然的主要方法；一切现象都可以用牛顿力学的“力”来解释。总之，这种机械论自然观包括机器论、决定论（原因与结果一一对应，只有必然性，没有偶然性）、还原论（整体等于部分之和）及备受推崇的归纳法。

通俗而言，在当时这种机械论自然观支持者看来，世界就像一架时钟，整个宇宙甚至包括人和动物在内，都是像机器一样运转，它们之间有相互作用，并且这种作用具有因果性，宏观现象可以归结到微观上的层次结构或者质点之间的相互作用。在这种机械论自然观的影响下，人们以机械力学说明一切，以物质原因解释自然现象，习惯于用机械力学来描述和探讨自然图景，用力学理论解释其他一切自然现象，用力学的机械运动模型类比其他复杂的物质运动，把力学中力的概念普遍推广到其他领域。如玻尔兹曼讲："如果你要问我，我们的世纪是钢铁世纪、蒸汽世纪，还是电气世纪，那么我会毫不犹豫地回答：我们的世纪是机械自然观的世纪。"牛顿自己也认为："我希望能用同样的推理方法从力学原理中推导出自然界的其余现象。因为有许多理由使我猜想，这些现象都是和某些力相联系着的。"

此外，笛卡尔写了《动物就是机器》，拉美特利写了《人是机器》，认为："人体是一架会自己发动自己的机器；一架永动机的活生生的模型。体温推动它，食物支持它。""人的一切活动都是机械运动，人类的心灵和精神活动完全归于机体的组织状况，不同体质的人，具有不同的精神和性格。"伏尔泰也指出："宇宙是一架巨大的机器，人必须服从机器的自然定律。上帝是这个机器的起因，之后世界按照它本身的规律存在和发展下去。""我们都是牛顿的学生；我感谢他独自发现和证明宇宙的真实体系。"拉普拉斯也激进地宣称："我们可以把宇宙现在的状态视为其过去的果以及未来的因。如果一个智者知道某一刻所有自然运动的力和所有自然构成的物件的位置，假如他也能够对这些数据进行分析，那宇宙里从最大的物体到最小的粒子的运动都会包含在一条简单公式中。对于智者来说没有事物会是含糊的，而未来只会像过去般出现在他面前。""世界的运行有着它自身的规律，原则上人们可以通过力学方程来描述和掌握，没有什么上帝可起任何作用。”

近代这种自然观影响很大。试想世界都像一架“时钟”，军事系统就更像“时钟”了，简单直接，因果明了。如18世纪的英国军事历史学家和军事理论家亨利·劳埃德少将（1720—1783）曾一针见血地指出：“军队是实施各种军事行动的工具：军队与所有机器一样，是由各种元件构成，军队的战斗力首先取决于各种元件，其次取决于这些元件的组装方式，各种元件构成的整体必须具有持久力、灵活机动性和普遍适应性，只有这样构造，整个机器才完美无缺。”受自然观支配的机械论战争，也像时钟装置一样，信奉秩序、规律及可预测性，强调作战单元要整体划一、步调协同、服从指令。情况正如阿萨尔·盖特在《军事思想史》中所言：“启蒙时期的军事思想家，对牛顿的科学思想产生了极大兴趣，更加渴望用极为准确和确定的方法来研究和指导战争。”事实上，自伽利略发现惯性定律、自由落体定律等之后，弹道学、筑城术和军事战术都获得了极大发展。按照机械论思想训练的军队可追溯到17世纪初期莫里斯亲王统率的荷兰军队，当然，腓特烈大帝统率的普鲁士军队更是这种模式的典范。具体而言，在16世纪90年代，莫里斯把装弹和发射过程分解为若干步骤，让士兵反复操练，以提高其在同一号令下的协同作战能力。

古斯塔夫斯·阿道弗斯借鉴并极大改进了荷兰的训练和作战方法。到腓特烈大帝时期，他把这种军事思想发挥到极致。对此，以色列军事历史学家范·克里菲尔德在《战争指挥》一书中评论说：“这位普鲁士国王是第一位现代指挥家，想时时刻刻都控制着军队，这种愿望只能通过把士兵变成没有头脑、没有生命的机器才能实现。”显然，腓特烈大帝这种军事思想就是将钟表等同于军队，正如钟表的每个齿轮都按照钟表匠预先设定的规则运转一样，军队也可通过反复操练锻造成一台“战争机器”，这显然是一台“精准、有序、规范、可预测”的机械化“战争机器”。军事学者哈拉尔德·克兰施米特对此评论说：“普鲁士军队各级指挥官严格执行上级指令，普通士兵完美地结合在一起，如同一台精心设计的机器中的各种元件。这台人工制造的机器，整体结构合理，各个元件相互配合，遵循大自然设定的规律保持着有序运转。”

当蒸汽机发明之后，战争进入了工业化战争时代。与世界观的变迁相适应，应对工业化时代的战争也需要在思想观念深处来一场“头脑变革”。1754 年至 1763 年间（主要冲突集中于 1756 年至 1763 年），欧洲爆发了“七年战争”。这场战争由欧洲列强之间的对抗所驱动，英国与法兰西和西班牙在贸易与殖民地上相互竞争。同时，普鲁士这个日益崛起的强国与奥地利正同时在神圣罗马帝国的体系内外争夺霸权。欧洲“七年战争”凸显了机械论战争思想的落后，部队作战指导理论的僵化、不灵活和固守成规，导致士兵虽身强体壮但战术素养极差。拿破仑军事才能的主要体现，就是对这种僵化落伍军事理论的突破与创新。拿破仑不像腓特烈大帝那样试图完全控制军队，恰恰相反，在作战方法方面，他以散兵、纵队战术代替了线式战术，赋予了各个军团部署的灵活性和自主性。他曾这样说，“战争全由偶然事件构成；主将虽应把握一般原则，但仍须密切注意以利用这些偶然事件；这正是天才的表征”。比拿破仑思考更彻底的是克劳塞维茨，尽管其在《战争论》一书中继承沿用了许多机械论色彩的词汇，如重心、摩擦力等，但他完全颠覆了机械论战争的理论体系，反对机械论者钟表式的线性叠加和组合观点，明确主张战争是两股活力的对撞，是相互的行为，要从整体而不是从它的各个部分来认识，要给予战争中的不确定性（战争迷雾）以足够的认识。

总而言之，从世界的“钟表”隐喻到“热力机”隐喻，从机械论战争到工业化战争，人类对战争的理解与认知，深受所处的时代局限和启迪，从强调战争的绝对秩序、绝对控制和绝对因果，到关注战争的不确定性、偶然性和随机性，人类的战争观发生了根本性、方向性和基础性变迁。当然，此时的战争还只是在陆地一维平面进行，其虽然表现出复杂性但仍极为有限。随着20世纪飞机、坦克、无线电、雷达、导弹等军事技术纷纷在战火中亮相，人类战争也正式从一维平面演进到陆海空天电等多维疆域，战争的复杂性呈几何量级增长，人类对战争的控制与对秩序的追求也必将达到新的层次。

当维纳推出控制论后，战争进入自动化战争时代。“信息就是信息，不是物质也不是能量，否认信息者在当今世界将无法生存。”这是创立控制论的维纳曾说过的一句名言。名言之所以是名言，就在于它非凡的洞见性。可以说，从人类认识世界的物质、能量跃迁到信息，这不是量的积累，而是质的飞跃。信息这个范畴预示着，人类在控制战争的方向上又迈开了革命性的一步。这种控制是一种对战场秩序的追求，也是一种对暴力破坏的规约，更是一种对杀伤极限的延展。也只有在这多重意义上，我们才能够标定维纳在科技史和战争史上的巨大价值和历史地位。

未来世界什么样？可能我们很难用简单的词语来描摹，但基本也可以看出一些端倪，如“互联网—物联网—脑联网”“人机一体、万物互联、普适计算”“人类时代—超人类时代—后人类时代”等。可以讲，从未来学家的预言到人们日常生活的体验，信息时代自提出以来迅速席卷人类社会各个领域，然而，我们需要追问的是，信息时代之后是什么时代？对此，我们的判断是，人类社会正在进入后人类时代。

了解这种人类社会演进的大未来，也有助于我们思考世界的本质。《增长的本质：秩序的进化，从原子到经济》一书作者塞萨尔·伊达尔戈提出了一个比较极端的观点，他认为宇宙的本质不是物质，也不是能量，就是信息。具体而言，在他看来："宇宙是由物质、能量和信息组成。在这个世界上，物质总量是守恒的，我们的世界与原始人的世界唯一的区别，仅仅在于原子量级的物质排列方式不同。物质和能量本身就是存在的，信息却不是，它的产生需要特定的方式。"信息的产生有三种机制，其中，第三种机制是"物质的计算能力。信息的延续需要固态物质，信息的激增，就需要物质的计算能力。物质不会计算，生命也就不会存在。细菌、植物还有人类都可以视为计算机，不断地处理信息。当然，人类代表了物质的分析计算能力的最高水平。当我们建设有秩序的社会时，我们其实就是在创造新的信息"。

三、人工智能发展面临的哲学困境

对于世界的本质及智能的本质，其实我们的认识还是有局限性的。我们的思维一定要打开，现代科学发展也就才几百年，我们对世界的认识还很有限。

关于世界，我们熟知的有个波普尔的"三个世界"理论，即物质的世界、精神的世界和知识的世界。其实，在波普尔"三个世界"理论之外，我们还可以有别的认识。比如，我们是否可以提出这样一个新的三个世界理论，即"现实的世界—符号的世界—意象的世界"？如果我们认为世界的本质是信息的话，现实的世界有很多信息，人类的科学探索、社科研究、神话传说等构建了一个符号世界，但每个人的有限生命只能接受有限信息，再各自构建一个意象世界，就像柏拉图讲的洞穴，只能从一个洞穴感知外面的世界，或者如李普曼所讲的，只能从拟态世界感知现实现实。按照新三个世界理论，我们每个人好像生活在这样一个现实的世界中，其实我们只是生活在自己所构建的有限的意象世界中，我们通过各种方式接触信息，但那都是有限的。

有关智能或智慧的本质，这个问题很难一时有重大突破。对于心智的研究，心理学也有很多研究，这种探究从原来的朴素的心理学研究到科学心理学、认知神经层面的研究，有一些进展，但目前仍然无法揭开心智的黑箱。① 我个人认为，智能的本质，如果我们认为世界的本质是信息的话，不知道能不能这样解读——智能就是信息处理的一种能力，复杂系统就是信息的增长无规律的系统？生物信息介入或者心理信息介入越高的系统就越复杂，这也就是人工系统为什么复杂的原因所在。因为，这个复杂系统，除了物理信息以外，还有心理信息进来了，就增加了复杂度。毕竟，这个心理信息中有事实、情感和理念这三类信息，它就很难去认知与量定，也很难去形式化。

目前从哲学层面来看，人工智能的实现还面临着意向性问题、框架问题、背景知识问题，以及语境问题和方法论的还原论问题，等等。在未来，如何进一步突破这样的瓶颈，是人工智能进一步发展的大问题，也是关键所在。不过，从科技发展的大历史来看，这些发展瓶颈一定会被突破，应该持一种乐观的态度。当然，对于人类自身的智能，我认为进展是比较缓慢的，这个缓慢的原因主要是与世界的信息总量有关系，如果世界的本质是信息的话，我们就会发现这个世界的信息总量是在不断地增长的。从古代到今天，信息量在增长。机器在某个单一维度上可能会超越人类，比如下棋、运动等。但总体来讲，我觉得由于机器无法处理心理信息，所以机器就是再学习，永远都不可能有自我的意识和情感，也永远都不会整体超越人类。未来社会一定是一

---

① Philip A. Schrodt. Artificial Intelligence and Formal Models of International Behavior. *American Sociological Association*，2016，19 (1)：71-85.

个人机共生的时代，是一个增强的时代，是一种超人类时代或后人类时代，对于这个时代，我们目前的了解还极其有限，还有赖于人工智能的充分发展。①

① Feldman R. Artificial Intelligence：The Importance of Trust & Distrust. *Social Science Electronic Publishing*，2018.

虚拟演兵：探寻战争的科学与艺术

从传统的沙盘推演、图上作业、实兵演习，到今天的计算机模拟、实验室推演，近年来，伴随着计算机仿真技术的快速发展，作为行之有效的战争预实践方式，虚拟演兵日益受到各国军方的青睐，以杜普伊为代表的军事作战模拟先驱们曾经孜孜以求的梦想，正在逐渐化为现实。从某种角度而言，这深刻地揭示出，在人类军事斗争进入智能较量的时代，战争正在从“黑箱艺术”大步流星地步入“科学技术”的殿堂。对此，近年来，美军对作战实验室的深度关切，也从另一个侧面给予了印证。

一、从兰彻斯特到杜普伊

作战模拟是指运用各种手段，对作战环境、作战过程及作战结局等进行推演的战争预实践活动，自有人类战争以来，无不受到各国兵家重视。中国古代曾有墨子与公输班推演攻守战法的经典案例。近代德国也曾创立了一整套严格的作战演练体制，如普鲁士总参谋部所开发的沙盘作业。然而，受限于特定的科技发展水平，在军事作战模拟探索之路上，人类长期徘徊不前，直至进入 20 世纪，才有了较大进展。

首先是在 1914 年，英国工程师兰彻斯特创立了著名的兰彻斯特方程，最先完成了地面战斗的数学模型，开始用科学的定量方法来研究作战过程。1916 年，他又提出了描述交战过程中双方兵力变化关系的微分方程。20 世纪 40 年代，美国人约翰逊则创立了蒙特卡洛（MC）方法，该方法以随机变量的抽样为主要手段，描述了作战的随机过程。二战之后，由于电子计算机的发明及不断改进，作战模拟技术进一步成为制订全面作战方案的重要工具。

从 20 世纪 50 年代末开始，美国退役上校杜普伊基于大量战史资料分析，与其同事一起，在美军历史评估研究室（HERO），为美国陆军战斗发展司令部（CDC），开展了一项题为《关于武器杀伤力之历史发展趋势》（HTRWL）的研究。最终，杜普伊得出了一个经验公式，并从中导出一个“理论杀伤力指数”（TLI）计量模型。然而，由于该模型的假设作战环境过于简单化，因此，无法实际用于作战模拟。

时至 1960 年 3 月，美国陆军少校斯图阿特在《军事评论》杂志上，发表了一篇题为《火力、机动性和疏散的相互关系》的论文，在斯图阿特相关研究的基础上，杜普伊后来建立了“应用杀伤力指数”（OLI）计量模型，最后又开发出了对军队战斗力进行评判的“定量评估模型”（QJM），从而为作战模拟奠定了坚实的数理科学基础。

在杜普伊看来，作为一种数学表达式，定量评估模型可以作为军事演习的依据。对于其潜在价值，美国陆军约翰 · R. 高尔文上将也曾评述道：“作战模拟在多大程度上适合于数学分析，又在多大程度上总是依赖于主观判断？计算机究竟能否帮我们解决作战模拟这一复杂问题？毫无疑问，杜普伊的研究在其概念设置和数学公式的细节上，可能会受到挑战，但他为让人们重新认识这一重要课题——战争到底是科学还是艺术？——而作出的探索，却值得充分肯定。”

的确，从某种角度而言，杜普伊等作战模拟先驱们的不懈探索，恰好深刻地揭示出，在人类军事斗争进入智能较量时代的今天，战争正在从“黑箱艺术”大步流星地步入“科学技术”的殿堂。

二、战争进入智能较量时代

人类战争正在从体能较量、技能较量步入智能较量时代。具体而言，在二战之后，一场新的技术革命在全球范围展开。这场革命的特点之一，就是用密集的最新科技知识代替人的部分脑力劳动。它在军事上引起的后果，就是将进一步从根本上改变军队的作战能力，未来军事系统的主要元素间将由功能互补走向智能互补，即成为一个既能发挥人的创造性，又能发挥机器系统高速度、大容量等特性，从而可以充分发挥人和机器各自特长的“综合人机智能系统”。从体能、技能较量到智能较量，是人类认识战争本质规律的一次飞跃。当然，这次飞跃是借助了科学技术的“翅膀”。

克劳塞维茨认为，战争是一个“充满不确定性的领域”。科学的发展，技术的进步，总是与这种概然性或偶然性成反比。当现代科技的光芒照亮了战争的每一个角落，这种概然性与偶然性的领域也就开始逐渐缩小，传统谋划决策中的“艺术”开始走向“科学”。时至今日，无论是作战决策的思维方法，还是组织控制的物质手段，无不在科技巨浪的推动下，开始由单纯的“精于权谋”向“器良技熟”转变，更加侧重于用数理科学——特别是各种新兴的科学方法和先进技术——去研究如何指导战争。如现代利用高度信息化的测量技术手段，已能构建出精确到厘米级的数字地球模型。在这个储藏着海量数据的"人造地球"上，不仅可以融合全球地理、气象、水文、电磁等自然信息，而且可以融合各国人口、建筑、交通乃至军事、经济、文化等各类社会信息。这就为运用科学实验方法研究战争提供了重要依托。

也正是基于这一大背景，我们才敢于断言，计算机仿真技术正在为探索军事世界的奥秘提供着"望远镜"和"显微镜"。比如，由于缺乏信息资源与手段，采用沙盘推演、实兵演习等传统方式进行战争研究，无法克服实物模拟、物理等效、经验参照的时空局限性，而目前运用作战仿真技术就能以较高的逼真度虚拟战场、虚拟军队及虚拟作战，从而在数字化的作战仿真环境中，直观展现风云变幻的全维战场。亦正因此，近年来，美国把军事建模与仿真技术列为战略性关键技术，加强技术开发与资源整合，打造先进的作战实验室，现已初步构建了由各类作战仿真系统组成的作战实验平台体系，其中有支持作战分析的 JWARS 系统，支持指挥推演的 JTLS 系统，以及支持作战训练的 JSIMS 系统等。这些系统普遍采用了先进的信息网络技术，可与 C^4ISR 系统互联，具有平时实验、战时实战的平战转化功能。

三、搏杀从作战实验室开启

发端于 18 世纪的工业革命，在确立了科学活动于社会生活中独特地位的同时，也将科学实验活动引入了军事领域。从此，西方各国便开始相继探索建立作战实验室。在模拟实验室中，进行科学与艺术的综合创造，并将所得出的知识及方法在军队中推广运用。进入 20 世纪后，各种作战实验室开始在军队不断发展壮大。如二战时的法西斯德国，在国力并不十分强大的基础上，率先建立了以作战实验室为支撑点的作战模拟推演系统，秘密进行战争准备，使闪击战理论与军事斗争准备达到了较好的结合。时隔 50 余年后，1992 年 5 月，美国陆军训练与条令司令部实施的“战斗实验室计划”，则标志着现代美军作战实验室建设工作的正式启动。很快，美国陆军便先后建立起包括“战斗指挥”在内的多个现代作战实验室。时隔不久，根据三军联合作战原则及作战方案，美国陆军又建立了“空中机动战斗实验室”“空间和导弹防御战斗实验室”等一系列作战实验室。可以讲，这些现代作战实验室的建立并投入使用，在美军军事转型过程中扮演着不可替代、不可或缺的角色。

首先，作战实验室是武器装备的试金石。如美国建立在内华达州内利斯空军基地附近的空军无人机（UAV）作战实验室，与附近的 MQ–1“捕食者”无人机使用单位密切合作，利用该地区各种试验场所及南部地区的宇航工业研发机构的技术优势，为美军试验新型无人机做出了重要贡献。其次，作战实验室是复合军事人才的孵化器，信息时代的战争更趋一体化，相应地，也对复合型军事人才提出了需求。鉴于现代军事人才还是主要由军事院校先期培养，然后才分到各军兵种岗位上，尽管也有跨部门的人员流动，但有限的交流依然难于培养出高度复合型的新型军事人才。而现代作战实验室的出现与不断成熟，从某种程度上将解决这个难题。因为，来自诸军兵种部队，拥有多学科专业背景的军事人才聚合到一起，必将产生“1+1>2”的系统效应，有助于培养知识广博、能力复合及思维创新的复合型军事人才。第三，作战实验室是创新军事理论的演练场。如就在美国陆军先后建立了多个作战实验室，对新型作战理论进行全面实验，从而为军事转型探路导航之后，美国空军、海军及陆战队也先后组建了多个作战实验室，以探索未来军事理论。

总之，充分运用计算机仿真技术而建立起来的作战实验室，在美军军事转型中扮演着重要角色。这也从另一个侧面印证出，现代战争的搏杀从实验室打响，已不再是传说。为此，我们需要密切关注全球虚拟演兵所指引的作战模拟发展动向，因为今天虚拟演兵场上的惊心动魄，不正是明天真实战场上的腥风血雨吗？

生物逆袭战：军事仿生技术颠覆战争格局

曾几何时，我们自恃为“大自然的主人”，习惯性地将生物作为一类食物或工具而熟视无睹，似乎从未认真思考过生物对人有何关乎生计之外的特别意义。殊不知，在人类文明走向繁荣的每一个脚印里，都镌刻着生物留给我们的启迪。如今，它们正以军事技术创新的方式“逆袭”而来，或将成为形塑未来战争的关键要素。

一、向生物学习战争的历史

在人类历史的最初阶段，抵御生物袭扰、捕食和饲养生物是原始人生存的基本技能，让人又爱又恨的生物给人类带来了无穷的烦恼。可以说，人类向生物学习的历史就是一部生产力发展的历史，而与生物的“相爱相杀”则是人类掌握战争技巧的启蒙一课。伴随着生物学、物理学及数学等学科的蓬勃发展，军事仿生学获得了在战争中施展拳脚的有力支撑，并跟随着战争实践的演进而不断发展。

（一）军事仿生技术的兴起

作为生物界的一分子，人与其他生物最显著的区别就在于能够创造并使用工具进行劳动，最初的劳动工具很大部分亦源于生物，如贝壳、兽角及兽骨。在此基础上，人们模仿动物的角、爪、牙齿和尾针等制造出了石锥、石刀及石针等更多生产工具，生产效率也得以逐步提高。在原始社会，借助这些工具的帮助，原始人应对猛兽，捕食猎物，在维持生存的基础上逐渐有了更多的食物，人与人之间的争夺就此展开——从前用于生产的工具直接变成了用于杀伤的武器，这是仿生手段用于战争的雏形。

伴随着人类生产能力的提高，从新石器时代晚期开始，武器从生产工具中逐渐脱离出来，成为具有专门用途的一类工具。这些经过实践检验改进而成的工具，在模仿生物方面形成了更加突出的鲜明特色。例如，在我国云南曾出土了大量的青铜兵器，被认为是世界上最早的“仿生兵器”，其中很多文物代表了冷兵器时代武器仿生制造的基本思想，如鸟头形铜啄、蛇头形铜矛及狼牙棒等等。这些兵器不仅在杀伤功能部分对动物的身体或器官形状进行了模仿，而且在手持部分还绘有鸟、蛇、蛙等相应纹饰，可谓“形神兼备”的仿生杰作。无独有偶，在同样悠久的古代埃及文明中，也有类似的武器出现。著名的克赫帕什镰形刀设计独特，不仅有强大的劈砍威力，而且弯曲部分还能设计成倒钩形，用来格挡武器和勾回对手的盾牌，十分好用。其名称“Khopesh”在古埃及语中也有“牛腿”之意，意指该刀的形制是照着牛腿的样子而设计的。

虽然古人们模仿动物设计武器的实践已经十分普遍，但由于缺乏科学理论的指导，大多数的改进都始于灵感、借助于经验，且严重受制于材料强度的限制，因而改进的过程也十分缓慢，犹如现代科学起源前夜的中世纪一样漫长。然而，人类并没有放弃这一艰辛的探索，在一些先驱者的带动下，做出了让人叹为观止的仿生壮举。

如果我们以时间顺序回顾一种武器装备的发展史，就可以清晰地看出仿生学在军事领域应用的演进及其对战斗力进步的持续贡献。

伴随着战争从陆地蔓延至海洋，战船成了海战必不可少的作战平台。对于这种模仿鱼类外形而制造出的交通工具，优化结构和增强动力一直是困扰造船者的两大难题，而用于作战需要的战船对此要求更高。为了优化战船的结构以满足撞击的需要，公元前 800 年，战船有了青铜铸造的船艏冲角，使战船的冲击进攻更具威胁的同时，也能保护自身结构的完整。在防守措施上，为了增强战船在破损后的生存能力，仿照鱼鳔的原理，中国宋代的战船已经普遍采用了水密舱壁技术，从而使船体的部分创伤不至于造成全船的倾覆，这充分体现了古代劳动人民的非凡智慧和卓越才能。到了 13 世纪时，秦世辅建造了自重约 60 吨的“铁壁铧嘴平面海鹘”战船。战船模仿甲壳类昆虫用铁板覆盖在舱壁上，成为装甲船的祖先。为了增强战船的动力，人们先是模仿鱼鳍造出了船桨协助风帆为船提供动力。公元前 700 年，腓尼基和希腊等国造出了两层桨的战船。后又出现三层桨战船在地中海各国海军中大肆流行。增加桨的数量和帆的面积一度成为增强战船动力的主要改进方式。到公元 600 年后，我国唐代的离皋发明了车船——增加了轮桨的桨帆船，成为后来机械明轮船的先驱。而轮子的雏形也来源于植物——4000 多年前，我们的祖先“见飞蓬转而知为车”，即见到随风旋转的飞蓬草而发明轮子，做成装有轮子的车。

漫长的中世纪见证了古代军事仿生技术的缓慢发展。在长达几个世纪的时间里，人类先是增加了战斗盔甲的厚度并使用了新的材料增强了人的生存能力；继而驯服了战马，发明了冲击力强大的骑兵群战术；而后又增加了矛的长度使步兵有了抵抗骑兵冲击的有力武器；进而，火药的发明和传播，使人类掌握了在狭小空间内集中释放能量的技术——火器应运而生，开始替代冷兵器，逐渐成为战场的主角。欧洲三十年战争见证了近半德意志人口的牺牲，但这些战争的代价并没有使人类在军事仿生学上有突飞猛进的发展。

反观古老的东方，同时期的我国古代劳动人民展开丰富的想象力，在大量劳动和战争实践的基础上，不断进行着军事仿生领域的探索。在该时期较有代表性的当属利用火药进行的一系列仿生实践，例如生活在约 14 世纪末的陶成道（官位为“万户”）希望利用火箭和风筝实现自己像鸟一样飞翔的梦想。但由于缺乏足够的前期理论研究，火箭推力、飞行器结构等各方面条件都不成熟，陶成道在实验时献出了宝贵的生命，他也因“万户飞天”的壮举而成为“世界航天第一人”。另如，明代劳动人民根据火药喷射时产生反作用力的原理，模仿乌鸦的形状和传说中“龙”的样子分别制造出“神火飞鸦”和“火龙出水”两种火器，在攻城和水战中达到了不俗的效果。

这些主要由工匠主导的军事仿生实践，在古代自然科学中独树一帜，为近代和现代自然科学提供了宝贵的经验，更直接为仿生学在军事领域的理论化发展和深入实践提供了一条独特的发展进路。

（二）军事仿生进入 2.0 时代

亘古以来，推动人类一切技术进步的总动力都离不开社会经济基础，军事仿生技术也是在此基础上发展起来的。经过长期的生产实践和科学积累，军事仿生终于迎来了它的 2.0 时代。

15 世纪中叶之后，在人类拓展市场和发展经济需求的推动下，大规模航海探险活动为人类呈现了一个崭新的地球，其中不乏大量闻所未闻的动物、植物等经验材料可供军事仿生借鉴。更为重要的是，伴随着天文学的发现而唤醒了近代自然科学，以伽利略、哥白尼等为代表的科学巨匠所倡导的注重观察、实验和理性思考的方法使仿生学及其军事应用第一次有了科学的理论指导。值得注意的是，文艺复兴时期所倡导的人文主义思想使人们更加关注自身。生理学、解剖学的初步发展使人类第一次理性地打开了自身世界这扇奇妙的大门，为仿生学实践从人体机能中汲取灵感提供了可能。

众所周知，对于任何一门具有长远意义和研究价值的学问而言，再多单打独斗、零零散散的发明创造都无法提供持续而深入的相关理论及研究成果，仿生学也是如此。

当仿生设计在建筑、机械、艺术甚至心理学等领域积累了大量零散实践案例的同时，军事仿生主要经历了两次世界大战和军事力量建设的考验，已在航空航天、侦察探测、结构力学、伪装防护、军事医学等方面进行了诸多卓有成效的尝试，成为仿生领域极具特色的一个专门方向。到 20 世纪 40 年代，人们开始明确意识到人造工具与生物之间存在着千丝万缕的联系，甚至有一些科学家明确指出生物和工程技术的自动调节系统在原理上是相通的，但学界公认的“仿生学”概念依然没有出现。20 世纪 40 年代后期，克劳德·艾尔伍德·香农展开了对信息论的研究，在此基础上人们发现了一切通信与控制系统所共有的特点；1949 年，维纳的《控制论》出版，从此把生物科学和工程技术从理论上联系起来，成为在原理上沟通生物系统与技术系统的桥梁，奠定了生物与机器在控制与通信上进行类比的科学理论基础。万事俱备，只欠东风。至此，仿生学在实践和理论上的准备都已较为成熟，学科化和体系化的蜕变呼之欲出。

1960 年，第一届仿生学研讨会在美国俄亥俄州召开。在这届大会上，“仿生学”正式成为一门独立的学科，其定义首先由斯蒂尔博士给出：“仿生学是模仿生物系统的原理以建造技术系统或者使人造技术系统具有生物系统特征或类似特征的科学。”简而言之，仿生学就是“模仿生物的科学”。

从此开始，仿生学不仅自身的发展有了逐渐明晰的内涵和外延，而且与其他学科的交叉互动也更加顺畅，军事仿生学也因此而有了更加坚实的学科平台，其 2.0 时代就此到来。

军事仿生技术是指模仿生物系统的原理和功能来创新军事技术，以达到提高武器装备性能、优化战略战术水平、增强管理指挥效能等目的的技术。按照具体用途的不同，军事仿生学的研究内容主要包括军事技术仿生、军事战略战术仿生、军事指挥控制仿生、军事后勤保障仿生等。作为仿生学研究的主要分支之一，军事仿生技术在提高战斗力方面具有极强的生命力。历史已经有力地证明，善用仿生技术的军队能够在战场上掌握更多先机，更易走向胜利。

（三）大放异彩的仿生武器装备

两次世界大战是人类有史以来规模最大、参战人数最多、使用武器最多的战争，也是人类战争手段的集中展示。其间，军事仿生技术在战争的各个阶段、战场的各个角落随处可见，在大放异彩的同时也增加了战争的残酷性，值得人们深刻反思。

在第一次世界大战期间，仿生学的初步应用就给战场力量对比带来了极大的改变。

早在 16 世纪，人类为了探索海底就已提出了“可以潜水的船只”的构想，开始了建造潜艇的探索。为了解决在水底自由浮沉的难题，人们毫不犹豫转向生物学习——水母、乌贼、鱼等生物都生长有鳔，可以通过调整鳔内空气的体积来灵活控制其在水下的沉浮。以此为灵感，美国独立战争时期的大卫·布什奈尔建造了“海龟”号潜艇，可以通过脚踏阀门和压力水泵控制水舱的注水和排水，达到控制沉浮的目的。“海龟”号也是史上最早用于军事目的的潜艇，进行了首次袭击军舰的尝试。

到第一次世界大战前夕，潜艇经过不断的改进已经基本解决了沉浮控制和动力的难题。仿照鱼类的外形也解决了艇体外形和主战武器的问题——流线型的潜艇配备了鱼雷，具备了远距离打击能力。第一次世界大战开始后，利用深水这个天然屏障，潜艇在舰队和港口神出鬼没完成了一次又一次的奇袭。其中，最为重视潜艇运用的德国率先将潜艇投入战斗，取得了一战中最为辉煌的潜艇战绩。据保守估算，在整个一战期间，德国潜艇攻击协约国和中立国船只的战损比高达 1∶34，德国用损失 178 艘潜艇的代价击沉了约 1800 万吨的商船和军舰，给严重依赖海运的英国造成了极大的损失，并牵制了协约国的防御力量。从此以后，潜艇运用和反潜斗争成为海战中不可忽视的重要课题。不得不说，这些战果背后，都有仿生技术的贡献。

到了第二次世界大战时，军事仿生技术吸取一战的经验教训，在更好的工业基础上继续发展，发挥了更加关键的作用。声呐就是其中的典型代表。水中探测一直是困扰军队的一大难题，但已有探测手段却无法胜任水中探测任务：光波和电磁波在水中的作用距离太短，难以实现有效的远程探测。经过反复研究，人们注意到了生物界的几位探测能手：蝙蝠可以在黑夜中快速地捕捉猎物，即使蒙上眼睛也无妨；海豚和鲸鱼可以在海里高速游泳，并发现几百米外的鱼群。经过观察，科学家发现他们都有一个共同的本领——利用超声波反射原理确定物体的位置。很快，英国海军的刘易斯·尼克森就于 1906 年发明了声呐，用于侦测潜艇。但此时的声呐仅能被动听取声音，探测能力还比较弱。1915 年，法国电气工程师和俄国电气工程师合作研发出了第一部用于侦测潜艇的主动式声呐，开启了后续声呐设备设计的先河。1923 年，主动式声呐已经装备了英国皇家海军的驱逐舰队，这距离发明最早的声呐仅仅过去了 17 年；到 1935 年，皇家海军舰队中半数以上的驱逐舰都装备了声呐，不得不感叹战争对军事仿生技术的巨大促进作用。

在军事技术的发展中，进攻和防御手段总是交替革新的。在第二次世界大战中，为了躲避舰载和机载雷达对潜艇的探测，纳粹海军研制出了潜艇的“通气管”装置，可以使潜艇的充电过程更为隐蔽，大大降低了被发现的概率。与此同时，刚刚投入实战不久的声呐性能还差强人意，英国几乎一度要重蹈一战时被德国潜艇宰制的覆辙。在战败的巨大恐惧中，声呐的改进脚步从未停歇。1939 年，英国在标准声呐装置上加装了一个距离显示器，它可以指示发射深水炸弹的最佳时机。在相同原理的指导下，声导鱼雷也应运而生，即将声呐听声定位的原件配备在鱼雷上，让鱼雷追寻声音来源发动攻击。同时，机载的浮标式声呐也投入使用，与雷达、磁感探测等手段相互配合，形成了应对潜艇进攻的立体侦查和防御网，最终成功挫败了纳粹德国的“狼群”战术。

二、军事仿生创新的基本方式

回顾漫长的军事仿生史，人类已经从生物身上汲取了太多智慧。历经无数次战争的胜利和失败，军事仿生本身已成为极具复杂性和综合性的一个研究领域，似乎让人眼花缭乱。但遵循技术本身发展的逻辑，我们总能找到技术演进的主要脉络。从模仿生物的不同灵感来源，我们可以看到军事仿生的几种基本方式，掌握其创新的主要途径。

（一）结构上模仿

毫无疑问，生物体的结构是人类认识生物最为直观的属性。结构决定功能，许多生物之所以能够在自然界生生不息就是取决于其特殊的内外结构，而军事仿生正是认识并利用了这些特殊的结构，达到了特定的军事目的。

在外形结构上模仿生物最为典型的例子当属飞机。飞机机翼的灵感主要来源于鸟类飞行时翅膀的状态。作为气体动力学创始人之一，英国科学家凯利经过细致观察和深入研究，模仿鸟翼设计了一种机翼曲线，奠定了现代机翼设计的基础。法国生理学家马雷所著的《动物的机器》一书，专门研究了鸟类飞行并对鸟类的翅膀负荷和体重的关系进行了专门研究。俄国科学家茹可夫斯基在前人基础上，提出了航空动力学理论，将模仿鸟类的成果进一步理论化。终于，在大功率轻便发动机的帮助之下，美国的莱特兄弟在 1903 年驾驶着第一架真正意义上的飞机，实现了人类飞天的千年梦想，而飞机也在日后的战争中成为不可或缺的主角之一。

作为优秀的“暗夜猎手”，猫头鹰的翅膀形状给梦想无声飞行的人类提供了关键的启示。当今唯一的隐身战略轰炸机 B–2 和美国现役的 F–22、F–35 隐形战机等，都模拟猫头鹰的翅膀而采用轻便且宽大的机翼，大量使用了锯齿状边缘结构的消声技术，从而平稳了高速飞行中产生的大量尾部湍流，极大降低了飞机的噪声，为增强音频隐身性能立下汗马功劳。

同样，伴随着生物学和解剖技术的进步，人们对生物内部结构的认识也逐渐深入，获得了更多军事仿生方面的启发。

作为大规模杀伤性武器的代表，化学武器极具威慑力，其灵感就来源于一种昆虫——气步甲，俗称“放屁虫”。化学武器的大规模使用始于第一次世界大战。在使用仿生技术之前，普通的化学毒剂装在炮弹内不仅腐蚀弹体，且预先制备难度大，性质极不稳定，对己方也十分危险。一筹莫展之时，科学家注意到生物界的“化学武器专家”——气步甲。在它的肚子里有两个腺体，一个生产对苯二酚，另一个生产过氧化氢。平时两种物质不接触，一旦遇到危险，气步甲就迅速将两个腺体里的物质混合到一起，在酶的作用下迅速生成100度的毒液喷射而出，吓退捕食者。受此结构启发，科学家研制出了先进的二元系化学武器。这种化学武器的体内不直接装填毒剂，而是将相对无毒和或低毒且稳定的药剂分别装填在弹体内隔墙的两边或两个容器内，在弹丸飞行过程中阻隔装置破裂或炸开，使两种药剂混合迅速发生化学反应产生毒剂，达到杀伤目的。二元化学武器易于生产、储存及运输，安全且不易失效，迅速从“伤敌一千自损八百”的“双刃剑”变成了“穷人的核武器”而被大规模扩散。虽然《禁止化学武器公约》在一定程度限制了化学武器的生产，但主要针对的还是一元化学武器，一些国家因此大力发展二元化学武器，成为悬在人类头上的一把达摩克利斯之剑。

长颈鹿是世界上最高的动物，其血压高达160—260毫米汞柱。在通常的理解中，在如此高的血压之下，当长颈鹿低头饮水时，大脑的位置会低于心脏，突然增高的脑部血压会使血管破裂带来危险。但长颈鹿靠着厚实而紧绷的皮肤将血管箍住平衡了过高的血压，毫不受其影响。依照此原理，科学家设计出了供战斗机驾驶员和航天员穿的“抗荷服”。这种服装可以根据驾驶员承受的局部过高血压而产生相应的反压力，提高了执行任务中的舒适性和安全性。

（二）材料上借鉴

材料科学的进步使人类借鉴生物体材料的功能成为可能。虽然人是赋予自然界全部意义的“万灵之首”，但生物的诸多特殊功能却是人体所不具备的。因此，人类在先进材料制造方面，大有向生物学习的空间。

以杀伤敌人为目的的战争给人们带来了肢体上的伤痛，不少人从战场归来，身陷残疾却终生无法复原。但是不少动物却没有这方面的烦恼，它们的身体残缺之后可以完美复原，如水螅、蚯蚓及蜥蜴等等。经过研究发现，这些生物之所以有这种“特异功能”，是因为它们的细胞受到伤害后会释放出一种刺激邻近细胞发生分裂的物质，从而使身体重新长出失去的部分。但成熟的人体却会在同样情况下分泌一种作用相反的“抑素”，抑制了同种组织的幼稚细胞发生分裂。据此原理，科学家通过化学刺激和物理刺激等方法试图使人也具备一定的再生能力并取得了成功。早在 1975 年，美国医生就已成功用这种方法帮助一些儿童恢复了意外切断的手指。如果能够将此技术大规模应用于战场救护，会使很多伤残军人重获失去的肢体，享受健全人的自由。

对于如何处理枪弹造成的贯穿伤等较大创口，仿生技术也有“高招”。沙塔蠕虫是一种生活在浅水中的小型生物，可以分泌一种黏性物质来粘贴沙砾和碎贝壳，为自己建造庇护所。这种黏性物质不仅黏度高、高度防水，而且能迅速凝固，是一种十分高效的黏合剂。受此启发，美国生物工程学家杰弗里·卡普试验了一种手术用液体胶水，在特制 LED 灯的照射下，涂抹在器官创口上的胶水即使在有血液的情况下也可以迅速凝固将创口封闭，甚至在心脏这种不停运动的器官上也同样奏效。这种胶水可用于弥合身体活动器官的孔洞创伤，免去了缝合带来的周围组织损伤，并大大降低了感染风险。该胶水已经成功帮助大鼠和狗黏合了心脏和口腔中的孔洞，并进行了初步的人体血管黏合试验，取得了良好效果。不难想象，一旦这种技术形成便携式的产品配备部队，就可大大节省战场救护时间，并减少战斗人员因中弹后瞬时失血过多带来的伤亡。

（三）运动方式上学习

直立行走的人类在运动能力上与很多动物存在差距，因此，动物的运动能力和运动方式一直是人类学习的对象。在军事领域也是如此。在生物个体运动方式、群体运动方式以及与环境的互动方式等方面，军事仿生都大有可为。

首先，在个体运动方式上，生物给了人类关键性的启发。例如，在莱特兄弟发明飞机之后，人类对飞行速度的要求逐步提高。但受制于螺旋桨飞机飞行高度的限制，飞机的最快速度局限在 650 公里 / 小时以内，飞行高度也从未超出 7600 米。从小受飞行员父亲熏陶的英国人惠特尔对改进飞机有着浓厚兴趣，立志将飞机的性能提升到一个新的高度。一次偶然的机会，他参观海洋博物馆时发现乌贼遇到危险时可以以极快的速度逃生，而推动它逃跑的正是尾部喷出的水。受此启发，惠特尔提出将涡轮发动机作为飞机的动力源，通过喷出气体的反作用力推动飞机前进，必将大大提高飞机的速度和飞行高度。几经失败和挫折，第一架喷气式飞机终于在 1941 年诞生并试飞成功，从此开启了飞机的超音速时代。在二战军事需求的推动下，英国与美国合作迅速生产出第一种喷气式战斗机——“流星”战斗机，并投入战场。虽然此种喷气式战斗机未能与德国的竞争对手在二战中相遇，但同样创造了战斗机截击 V–1 导弹的惊人战果，名垂战史。

其次，生物的群体运动方式也引发人类思考，撬开了新技术大门。随着控制论、管理学等学科研究的深入，科学家对动物的群体运动方式产生了越发浓厚的兴趣。在军事领域最为直接的应用当属对蜂群运动方式的考察。研究发现，蜜蜂在成群飞行时能够通过与同伴的简单交流而保持一定的队形朝向一个方向移动，并确保同伴之间互相不碰撞。但蜂群在整个复杂的飞行任务过程中却没有一个明确的指挥者。据此原理，军用无人机可以模仿蜂群的运动方式，运用智能控制系统打造出“无人机蜂群”。这种由多个无人机组成的机群不仅具备与蜂群相似的属性，而且具备难以防范、成本低廉、行动隐蔽等突出优势。一旦技术成熟，可以完成电子战、侦察搜索、防空制空、撞击、轰炸等多种任务，是未来战场上不可忽视的无人力量。

另外，生物与环境的互动方式也被人类发现，催生了改变战争的装备革新。第一次世界大战中，德军首次在阵地战中使用了毒气，毫无防备的英法联军损失惨重，5000 多名官兵中毒身亡。为了防御后续可能遭遇的毒气袭击，协约国科学家对毒气污染过的战场进行了考察，发现阵地上大量的野生动物也因毒气丧命，但野猪却奇迹般地存活了下来。通过研究野猪的习性，科学家发现野猪喜欢用鼻子拱地，当毒气来袭时，野猪将鼻子放入拱动过的泥土中，松软的泥土起到了过滤毒气的作用，使野猪逃过一劫。据此原理，科学家用能吸附有毒物质且透气好的木炭代替泥土装入猪鼻子形状的过滤盒中迅速制造出了首批防毒面具。防毒面具一经使用立刻打破了毒气带来的巨大恐惧。经过不断改进，防毒面具如今已成为步兵的基本装备之一，为作战人员保驾护航。

三、仿生学 3.0 时代的未来战争

如今，仿生学已经成为横跨物理学、数学、生物学、化学、管理学、信息科学、系统科学及社会学等诸多学科的交叉学科，在社会生产和人类生活的各个角落发挥着不可替代的作用。借助仿生学蓬勃发展的东风，军事仿生技术也在新的起点上开启了它的 3.0 时代。精细化、智能化、网络化及集成化的军事仿生技术正在颠覆现有战场格局，加快塑造未来战争的崭新面貌。

（一）深度开发的仿生资源

生物资源的开发深度是随着人类认识能力的提升而不断加深的。过去，人们认识生物的方式比较“直观”——仅能通过肉眼观察，对生物的模仿和借鉴就只能停留在外形、宏观结构层面；光学显微镜发明之后，生物的微观结构开始揭开其神秘面纱，细胞级别的认识与仿生也由此展开；待扫描隧道显微镜发明后，人类对物质的认识能力跃升到了单个原子级别，纳米技术的迅速兴起使仿生实践开启了新时代。模仿人类处理信息模式设计的电子计算机极大提高了人类的工作效率，开启了信息化时代的大幕，使大规模数据仿真和数据分析成为可能。在这个信息爆炸式增长的时代，如果说有什么因素限制了仿生技术向纵深发展的话，与其说是技术工具，不如说是人类的想象力。仿生技术已经在新起点上，有了众多让人耳目一新的深度发展并具备极大的军用潜力。

生物膜是仿生领域近年来新兴的研究方向。作为生物体的一个基本组织，生物膜经过亿万年的进化，具备了近乎完美的功能：具有自由扩散、物质运输、能量转换等多种特殊能力。在充分研究生物膜的物质

组成和结构特征后，科学家开发出了与其相似的仿生膜，已经在多个领域取得不俗成果。而仿生膜一旦广泛用于军事领域，特别是军事医学领域，将对军队的医学保障能力产生巨大变革。

军人在作战时难免会遭遇各种身体创伤，有时甚至一个很小的伤口就能带来极大的损伤，甚至因此而丧命。而在野外不良的卫生条件和紧急的战争环境中，如何高效地处理伤口一直是困扰军事医学专家的难题。仿生技术的出现使这一难题有了完美解决的可能。例如，美国科研人员研制出了一种外用硅基薄膜，它可以在皮肤表面形成一个可穿戴的高分子层，对下方的皮肤进行物理强化，同时提供一个透气的阻挡层。这是仿照很多生物膜所具有的生物活性，即对特定的分子具有识别和阻拦能力，对其他分子则具有高通过性。这种类似“第二层皮肤”的技术可以处理皮肤受损问题，也可以用于药物输送和敷贴伤口。一旦制备成类似“创可贴”的便携胶布就可以帮助军人快速处理皮肤上的小创口，提高生存能力。

生物资源深度开发的另一典型案例就是对生物算法的模拟。仿生算法是基于对生物行为和活动的研究，通过模拟自然界中生物依靠自身调节功能来优化生存状态的行为机制，对特定决策行为进行赋值，按照生物的行为规则进行迭代计算，输出最优化的结果。仿生算法的优势在于不仅提高了算法在异常情况下的可用性，而且大大减少了针对大规模问题的搜索次数和时间，在要求快速精准决策的军事领域具有天然的应用优势。近年来各类新兴的仿生算法层出不穷，如狼群算法、蝙蝠算法、萤火虫算法及猴群算法等等。目前，它们已可用于敌我目标识别、战略决策优化、火力分配模拟等决策辅助。相信随着大数据和仿真技术的发展，仿生算法可以为战场决策提供更有价值的参照，助力制胜未来智能化战争。

此外，仿生模式识别也是已投入应用的新兴仿生技术之一。该技术是模仿人类“认识”事物的过程，利用数学方法让机器“认识”不同事物从而加以区分的理论模型，是由我国王守觉院士在2002年首先提出的。经过十多年的研究，已经取得了不俗的成果，其中一些成果已经在民用领域进行了应用。在军事领域，仿生模式识别可以帮助军队寻找目标、在人群中辨认打击对象、识别网络攻击行为以及检测电路系统故障等。

（二）升级版的传统仿生技术军事应用

和平时期的军备，一方面限制了大规模杀伤性武器的发展，另一方面也使各国的目光投向更具前景的高技术军备，仿生手段正是高技术军备中最具发展潜力的方向之一。在新材料技术、新工艺手段和大工业基础的支撑下，传统军事仿生技术得到了升级版的改造，有些甚至能够带来颠覆性的变革。

在新材料技术方面，蜘蛛丝可能给防弹衣带来革命。面目可憎的蜘蛛是生物界的建筑能手，蛛丝的强度比同直径的钢丝高出4倍且具备超强的弹性和防水性，是制造防弹衣的理想材料。但由于蜘蛛喜欢独居的习性，批量生产蛛丝就成为几乎不可能完成的任务。2016年，美国“凯瑞格”生物工艺公司提出了一项大胆的想法：将蜘蛛的基因片段植入蚕的体内使其能够吐出类似蛛丝的生物材料，从而给批量生产蛛丝防弹衣提供原料。一旦成功，取代现有笨重防弹衣的将是轻薄柔软、强韧舒适的全身防弹衣，这必将大大降低战场的伤亡率，提高战士的战斗力。

在新工艺技术方面，DNA计算可能会撼动传统计算机在特定领域的统治地位。经过漫长的探索，人类终于发现决定生物体遗传性状的关键因素——DNA，从此对DNA的认识和应用也如火如荼地展开，DNA计算机就是一个热门研究方向。区别于传统计算机以逻辑电路的高低电平状态作为存储信息的基本形式，DNA计算机将信息以分子代码的形式存储在DNA上，用特定的酶对分子排列进行改变作为信息处理的工具。而反应前后分子不同的排列状态就是输入和输出结果。目前，这种看似复杂的运算方式虽然还不如传统计算机方便快捷，但已经在特定领域显现出了传统计算机不可替代的优势。早在1994年，就有美国科学家阿德勒曼利用DNA计算机成功求解了“汉密尔顿路径问题”（即在确定起点和终点的多个点之间寻找单次行走的最短路径）。这一看似简单的问题却没有一个现成公式可以套用，仅能通过穷举法相互比较方可求解。因此，如果交给传统计算机，就需要大量的计算时间。当年，阿德勒曼利用他的DNA计算机，仅花了一星期时间就求解出传统计算机几年才能算出的最短路径。不难预见，在对时效性要求极高的军事行动中，快速寻找最短路径必然能够带来作战行动决策的整体改观。虽然目前DNA计算机无法如传统计算机一般便捷操作，但在军事领域的应用趋势已经显现，或在不久的将来投入战场。

另外，随着生物技术的广泛传播和大工业基础的日臻完善，过去成本高昂的材料和技术越来越“接地气”。更加便捷的仿生技术一方面给低成本军事应用带来了机遇，另一方面也带来了新的非传统安全风险。骇人听闻的生物武器一度是国家和军队的专利，其制备、存储、运输等条件苛刻，需要专门的机构来操作实施，普通人难以涉足。但伴随着生物工程技术的普及，越来越多的人掌握了基因改造技术，廉价的基因编辑工具也变得越来越容易获取，使“生物骇客”这一角色悄然出现。这些掌握基因编译技术的专业人士，倘若被不法之徒胁迫利用合成出带有损害性基因的细菌等生物载体，一旦投入社会将造成无法预期的伤害。因此，对于这种仿生技术滥用的非传统威胁，我们也必须提高警惕。

（三）生物主导的未来战场

在现有战争形态框架中讨论下一场战争的作战样式是长久以来人类未雨绸缪的典型表现。站在信息化战争方兴未艾和智能化战争蓬勃发展的今天审视明天，生物技术已成为未来战争中不可忽视的重要角色。生物对未来战场的主导地位，在逻辑上是由战争手段的辩证发展决定的，在实践上是由已有的技术基础决定的。

纵观人类的反战史，充满着人类对毁灭自身武器的恐惧。从《特定常规武器公约》《禁止化学武器公约》，到《全面禁止核试验条约》以及《反弹道导弹条约》等，人类不断地将耗资巨费研发出来的利剑折断。在人工智能大踏步前进的今天，人类又通过协定将这只伸向战场的手臂束缚住，防止又一种可能导向人类毁灭的武器走向失控。2016 年，在第五届《特定常规武器公约》审查大会上，123 个成员国一致同意于今年正式讨论可自主选择并攻击目标的人工智能武器系统带来的挑战；在 2017 年国际人工智能联合会议上，人工智能领域的 116 名专家正式向联合国发表公开信，呼吁采取相关措施来制止围绕“智能武器”而展开的军备竞赛。这种看似矛盾的行为正是体现了战争自身的辩证法：战是为了不战。

然而，在生物学蓬勃发展的今天，军事仿生技术却几乎未受到任何限制，所有雄心勃勃的军事力量都在改进和开发军事仿生技术上不遗余力。当然，这与军事仿生技术尚未对现代战争直接造成颠覆性影响有关。但历史已经雄辩地证明，生物界是军事技术无穷无尽的灵感来源，在每一次系统性的军事革命中，甚至在每一个微小的军事技术进步中，生物都没有缺席。甚至可以毫不夸张地讲，生物界本身就是一个庞大的武器库，已有的武器装备都直接或间接地带有某些生物的影子。因此，只要战争存在，军事仿生手段就会一直存在并发展下去，它是无法被限制和禁绝的——离开仿生技术，参加作战的就只能是震颤着机翼的战机、丢掉护甲的坦克和非流线型的战舰，这是难以想象的。

前不久，美国医疗部队在俄采集人体 RNA 和滑膜液样本一事引发轰动，人们似乎已经看到了跃跃欲试的基因武器，对军事仿生技术的担忧一度甚嚣尘上，大有基因战争即将全面打响之意。虽然，真正的基因武器在短期内无法实现，但并不代表未来无法实现，人们的担忧并非偶然。电子计算机的发明使人类进入了信息时代，生物技术是在信息时代之后又一酝酿着颠覆性变革的技术领域。对于生物技术主导未来战场的潜在可能性，人类既满怀期待又心怀恐惧。但技术的发展总会遵循其自身的逻辑不断进化，军事仿生技术在未来的深度应用已经成为必然的趋势。我们只有预先谋划，才能引领新的变革。

同时，已经戴上枷锁的武器并未永远消失，而是会以民用技术的率先发展作为技术演进的主要进路。一旦军事上的迫切需求出现，不排除有亡命之徒打开潘多拉盒子的可能性，这是人类永远无法摆脱的“囚徒困境”。在这种情况下，潜力巨大的军事仿生技术作为连续性较好的一种军事技术发展思路，将会承担起发展战争的更多重任。不难预测，未来的战场将是生物技术和仿生技术扮演主角的战场，在诸多方面会引发变革。

首先，“脑控”技术可能带来作战方式革命。该技术通过模拟人脑在产生特定情绪时脑电波的形态，以类似无线电的方式向人体直接发射“有生命的信号”从而达到改变人的情绪和心理状态、影响其行动的目的。据报道，早在 2007 年美军在伊拉克战场就可能尝试过这种技术，曾使激战中的反美武装人员主动缴械投降。由于该项技术保密级别很高，尚无更多证据验证其真实有效性，但直接作用于人脑的打击方式已经足够引起人的高度重视。一旦大规模应用，部队在战争打响之前就可消解敌方作战人员的战斗意志，实现另一种意义上的“不战而屈人之兵”。

其次，人体增强技术可能引发战斗人员革命。人体增强技术是指将生物技术、信息技术与机械手段等相结合作用于人类的身体，以提升感知能力、记忆力、体能、生存能力等的技术。目前，已经投入试验和部分应用的单兵作战系统就是人体增强技术的集成化运用。美国最新公布的数字化单兵系统“塔罗斯”，可以让士兵在保持高效运动的情况下承受更多载荷，更加快速地获取战场信息支持，并具备更加轻便可靠的防护力。无独有偶，俄罗斯最新一代“战士 –3”系统也具备类似功能，其亮点在于信息化的头盔可以集防护、信息显示、信息控制等多种功能于一体，改善操作的便捷性。这些人体增强装备一方面模仿了昆虫的装甲结构，作为所有子系统的外部载体；另一方面用电子信息手段放大了人体原有的功能，如视力、听力、大脑的记忆功能等，可以说是仿生技术的集大成者。该技术给作战人员带来的变革十分直接，将在降低伤亡率的同时极大地提高单兵作战效能，是各国都在大力发展的军事仿生技术。

最后，生物能源可能引发战场的后勤保障革命。古往今来，战争中的后勤补给一直是困扰军队的一大难题，人们都希望获得持续的高效能源供应，降低补给成本。生物能源为这一夙愿提供了一种实现的可能。生物能源是指通过生物的生命活动，将生物质、水或其他无机物转化为沼气、氢气等可燃气体或乙醇、油脂类等可燃液体的可再生能源。2016 年 1 月，美军“大绿舰队”的两艘导弹巡洋舰正式服役，它们使用的混合能源有一部分是来自废弃牛肉和牛油所转化成的生物燃料。生物燃料的使用不仅降低了装备使用的成本，而且在消耗巨大的作战行动中也减少了对不可再生的化石能源的依赖，是一种可持续的能源供给模式。虽然目前尚未出现全部使用生物能源的装备，但随着生物能源效能的逐步提高和工艺改进，相信军队的能源革命指日可待。

此外，执行军事任务的动物大军、新一代生物医疗技术等仿生手段的应用，都可能在某些方面给未来战争带来或多或少的变化。而系统性的战场革命，必定是多种军事技术突破性进展的综合成果。因此，我们必须在多个领域同时实现跨越方可在新式战争中塑造未来。

目前，在人类的认知能力所及的范围内，已经命名了约 1000 万种生物，仍有约上千万种生物处在未被发现或缺乏深入研究的阶段。毫无疑问，如此庞大的生物界可以为我们提供源源不断的灵感和直接的实践参考，为军事技术创新发展带来新的机遇。因此，美国国防高级研究计划局（DARPA）前任局长阿拉提·普拉哈卡尔也坚定地指出："生物是自然界的终极创新者，任何致力于创新的机构，若是未能从这个极其复杂的网络中汲取灵感与解决方案，都将是十分愚蠢可笑的。"

“微战争”时代的“大较量”：得数据者得天下

近年来，伴随着互联网、物联网及人机通信等技术的日臻成熟，“大数据”已引起越来越多国家和军方的高度关注，“棱镜门”事件更给世界揭开了“数据战争”的冰山一角……美军对大数据的关切如何？大数据在战争中如何大显身手？大数据给军事领域又带来了怎样的挑战？

在倡议制定“大数据”战略时，美国总统科技顾问委员会在给国会的报告中曾称：联邦政府的每一个机构和部门，都需要制定一个应对“大数据”的战略。此后，奥巴马政府推出“大数据研究与开发计划”，提出“通过收集、处理庞大而复杂的数据信息，从中获得知识和洞见，提升能力，加快科学、工程领域的创新步伐，强化美国国土安全，转变教育和思维模式”。面对大数据蓬勃发展的态势，美国军方也敏锐地嗅到了该领域军事应用的前景，以国防部高级研究计划局（DARPA）为主导，美军启动了一系列有关大数据的研发项目，旨在赢得“微战争”时代较量的主动权。

一、美军介入国家大数据战略

“大数据”是指那些超过传统数据库系统处理能力的数据，数据量通常在10TB（1TB=1024GB）以上，是国际上继物联网、云计算等信息技术和服务模式出现之后的新概念。就本质而言，它是一种更好地理解数据、掌握数据、挖掘数据价值的思考方向。简而言之，从各种各样的数据中，快速获得有价值信息的能力，即为大数据技术。早在1980年，著名未来学家阿尔文·托夫勒便预见到了大数据时代的到来，他在《第三次浪潮》一书中，就将大数据热情地赞颂为“第三次浪潮的华彩乐章”。

如果说托夫勒在《第三次浪潮》中对“大数据”的赞颂为大数据时代的到来奏响了前奏，那么，美国政府对于大数据的支持则将大数据技术从商业行为上升到国家战略行为推向了高潮。2012年3月29日，奥巴马政府发布了《大数据研究与发展计划倡议》，宣布启动对大数据的研发计划，美国国家科学基金（NSF）、美国国家卫生研究院（NIH）、美国能源部（DOE）、美国国防部（DOD）、美国国防部高级研究计划局（DARPA）、美国地质勘探局（USGS）六个部门新投入超过2亿美金联合推动数据提取、存储、分析、发现等领域的技术创新与工具开发。同时，奥巴马政府号召面临挑战的行业、科研院所与非营利机构和政府携手，共同应对“大数据”的挑战。正如总统科学技术顾问委员会（PCAST）主席霍尔德伦在讲话中所表示的那样：“像美国历史上对超级计算机和互联网的投资一样，这个大数据发展研究计划将对美国的创新、科研、教育和国防产业产生深远的影响。”

无论是最新的《大数据研发倡议》，还是过去的《网络空间政策评估报告》《国家无线倡议》《联邦云计算战略》《网络空间国际战略》和《网络空间行动战略》等系列文件，美国的战略意图无疑是在以往占据的信息优势基础上，全面拉开与其他国家的信息化差距，掌握国家间战略竞争的信息霸权。从倡议中，美国认为，大数据技术的领先将确保美国在未来 20 年的技术优势，只有依托大数据，美国才能在新一轮信息技术竞争中保住霸主地位。

美国军方在前期介入国家大数据研发计划之后，后续又进一步细化了自己的攻关方向：一方面，美军在极力强调基础网络的弹性和可信性的同时，大规模削减分散于全球的数据中心，大力推进网络云计算项目。其目的是要在形成灵活、智能、自适应的物理网络的基础上，将网络空间工作的关注点调整到“改造网络化服务模式”上来，直接以企业化的作战应用服务支撑整个作战过程。另一方面，针对大数据所面临的带宽稀缺、适应性和安全性、存储等问题，美军与 IT 界在“云”计算环境与协作、非结构化数据的整合、超越数据仓库等方面进行了广泛的合作并已取得了一定的成效。例如，早在 2010 年，美国动态研究公司与美国陆军合作开发的构建基于“云”计算环境的智能系统“求雨者”（Rainmaker）就已部署到了阿富汗战场，2014 年，美国陆军支持的该研发项目又取得了新的进展。

在前沿技术研发方面，国防部高级研究计划局（DARPA）也不甘示弱，其在大数据领域计划每年投入 2500 万美元，着手研发大数据处理分析所必要的硬件与智能化分析软件，以解决非结构化数据的组织积累、数据库关联等问题。

二、大数据支撑体系作战

“大数据”之“大”，不仅体现在其“容量之大”，而且体现在其通过交换、整合与分析后所创造的“价值之大”。那么，如此海量的数据，我们该如何将其应用于战争？目前看来，大数据技术可以在以下领域体现其战争价值。

其一，情报获取能力。现代战争是“信息主导”的战争，信息获取能力的强弱对于战争的进程和胜负具有极为重要的影响，强化信息获取能力是提升体系作战能力的重要抓手。应用大数据技术，能够大幅提高指挥机关的情报获取能力，这主要体现在两个方面：一是大大提高情报信息处理效率。现代战争中战场情报信息数量极其庞大，并且大部分是非结构化数据，如采用常规方式处理这些海量信息，犹如“大海捞针”，不但高耗时，而且效率低。而利用大数据对情报信息进行处理，则理论耗时可达到秒级，处理速度呈指数级跃升；二是能够发现更多有价值的情报。在信息受侦察手段、战场环境等因素制约下，利用大数据技术能够对来自于多渠道的信息快速进行自动分类、整理、分析和反馈，能够从大量相关或看似不相关的、秘密的或公开的信息中挖掘分析出有关目标对象的高价值军事情报，从而有效化解情报、监视和侦察系统不足的困境。

其二，指挥决策能力。现代战争是基于网络信息体系的诸军兵种一体化联合战争，对指挥员指挥决策能力提出了更高要求，而联合战争的作战力量、作战环境、作战态势、武器装备等战场信息数量巨大且复杂多变，指挥员在决策过程中经常陷于“信息海洋”而导致信息迷茫，影响指挥决策。以往，解决这类问题主要是以学习试验、理论分析、计算模拟等方式为主，一定程度上存在信息利用率不高、组织开展难度大、耗时长等弊端。而以大数据为核心的辅助决策主要将各种传感器、仿真模拟、实践积累获得的大量数据处理转化成信息或知识，存储到非结构化数据库中，通过对海量信息科学管理和深入挖掘，发现隐含其中的关联关系或发展趋势，从而大大提高决策的科学性、针对性。在数据量足够大、面足够宽的情况下，决策者能够较为准确地把握诸如敌方指挥员的常规思维范式、后续作战行动、战场态势变化等复杂情况。

随着大数据的深入开发和应用，“从数据到决策”的强大决策支持以及智能化决策的逐步实现，所有军事问题都可获得相对精确可靠的决策支持，从而缩短指挥、决策和行动周期，提高快速反应能力，实现“侦”“攻”“防”一体化。

其三，网络安防能力。大数据颠覆了传统信息体系架构，从以数据仓库为中心转化为具有流动、连接和信息共享的数据池，通过大数据技术，可以实时检测军事计算机网络与网络间谍活动，提升军事信息网络的防御能力，大数据技术的研发也将促进军队信息安全技术和工具上一个新台阶，使军队信息安全监测更精细、更及时和更高效。

美军在这方面进行了卓有成效的探索，如美国国防部支持的“面向任务的弹性云”项目，就旨在开发检测、诊断和应对网络攻击的技术，解决云计算的安全挑战问题。而列入五角大楼预算的“加密数据的编程计算”项目，则针对那些在使用过程中保持加密状态的数据，开发实用的计算方法和编程语言，从而克服云计算环境中的信息安全挑战，由于无须在用户端解密数据，因此网络间谍的图谋就难以得逞。

三、谨防大数据“安全漏洞”

从美国中情局前职员爱德华·斯诺登曝光的美国“棱镜门”等一系列骇人听闻的事件中，我们必须认识到，大数据给我们带来无限正效应的同时，亦存在着资讯工具的“暗影效应”或“双刃剑效应”——大数据技术增加了保密难度，加大了信息泄露的风险。为此，应实行更严格的保密分级制度，注重内部细节和末端管理。诸如，对于军事使用的电子邮件和演示幻灯片等个人信息媒介，美国陆海空军兵种亦有规范的保密规定。

此外，从维护国家和军队信息安全的角度来看，还应多样化布置信息发布源头。倘若能从战略层面注重公开信息发布的真真假假、虚虚实实，使历史性的纵向比较和现实性的横向比较、信息源内部的自我比较和信息源之间的相互印证难成体系，这无疑将极大地增加外部势力窥探我国公开信息情报的难度。

如今，大数据已经成为智能化战争时代不可或缺又亟待开发的重要资源，开发和使用大数据能力，成为影响战争胜负的战略工程，世界各国军方都在加紧研究如何应对。为此，我们一定要强化前瞻意识和危机意识，切实认识到大数据技术研究应用的重要性和紧迫感，积极组织各方力量，对他国军方的大数据技术研发进展进行追踪研究，认真分析国内外大数据发展现状和趋势，明确大数据发展战略，制定我军大数据技术发展战略，最终在未来的“微战争”较量中立于不败之地。

外 军 篇

※ ※ ※

认为我们的潜在对手不会拥有像我们这样的能力，或者认为对手不能比我们更深远而深刻地嵌入创新的基因，这种认识是傲慢的。

——美军 Maven 项目牵头人杰克·沙纳汉中将

五角大楼眼中的智能化战争

面对人工智能扑面而来的科技浪潮，社会公众看到的是智能化应用的绚丽；科学共同体看到的是大势所趋的必然；军事战略研究者则参悟到战争进化的未来。那么，作为信息化军事科技的“领跑者”，美军眼中的智能化战争又是哪般模样呢？

2018 年 3 月 22 日，美国空军研究实验室（Air Force Research Laboratory，AFRL）发布了一段名为《空军 2030——召之即来》的短视频，将美军未来空中作战的智能化构想进行了推演想定。据美空军 2018 年 4 月 12 日发布的目标说明书（SOO）称，为应对自主技术领域的挑战，AFRL 成立了“自主技术能力第三小组”（ACT3），用以推动军用自主技术和机器学习技术的发展。ACT3 正积极推动一些技术走向成熟，这些技术将为空军所有的自主能力提供一种平台，而该项研究所催生的 AI 应用也将被引入作战系统。另外，美国国防创新委员会主席埃里克·施密特也请求国防部在人工智能领域开展更多布局，其特别强调“某些对手”最新的人工智能国家战略将“威胁”到美国的领先地位。

一、战争奇点来临?

美国科幻作家韦尔诺·文奇（Vernor Vinge）曾在其《技术奇点即将来临：后人类时代生存指南》一文中提出超级智能机器的理念，“30年内，我们就将获得创造超级智能的技术方法……之后不久，人类时代就将终结”。在这里，“奇点”（Singularity）指的是机器在智能方面超过人类的那个点，在将这个词用在人工智能之前，它通常用于理论物理，用以描述黑洞中央的重力中心，即在这个点上，物质自行坍塌。因此，今天我们虽然很难想象奇点到来时战争的形态，但无疑它将给军事领域带来深刻变革。

（一）战争经历三种对抗

如果从物理学的视角来看，技术的组成元素可以包含：材料、能源与信息；如果从人类军事斗争演进的视角来看，军事领域的对抗阶段也可标定为：材料对抗、能量对抗与信息对抗。从冷兵器时期的材料对抗，即从石器、青铜器、铁器到百炼钢的发明，到热兵器时期的能量对抗，即从黑火药、高爆炸药到原子弹的发明，再到信息时代的信息对抗，即从计算机的发明、通信技术的进步以及计算机与通信技术结合而形成的互联网，技术因素在武器装备领域的广泛渗透极大促进了武器装备的发展，使人类军事斗争进入新阶段。

材料对抗。科学技术在军事上的运用，主要表现为新材料的发明，而早期人类的军事对抗也主要是材料对抗。尽管远古人类也曾经历过徒手战争时期，但作为善于制造并使用工具的物种，这种简单的手脚搏斗显然会被超越。因此，在交战双方的较量中，材料对抗的优势极大地左右了战争的胜败。如棍棒长者优于短者、石头硬者优于软者、刀剑利者优于钝者等。

能量对抗。当材料对抗发展到钢制兵器阶段时，这种对抗模式实际上已经达到极限。随着人类对于能量转化思想认识的深化，以及钢质冷兵器在对抗上的“停滞不前”，人类开始探索新的战争对抗模式。公元10世纪，火药的发明及后来的火药枪、速射武器、高爆炸药的相继问世，为军事斗争注入了新活力，并向人们展现出一种全新的对抗视角——能量对抗。在不同时代，兵器的演变主要围绕能量运用的不同方式——传递、转化和控制而渐次展开。

信息对抗。信息的畅通传递是战争取胜的前提。如果将作战看作是一个狙击手对目标的射击，那么，信息的作用就相当于给每一颗子弹装上一双慧眼，使之能够发发致命。在伊拉克战争中，美军在大量使用精确制导武器和利用集束炸弹实施高强度攻击的同时，还将重约10吨的全天候精确制导重型空爆炸弹运往伊拉克。这种炸弹俗称“炸弹之母”，可携带1.8万磅常规炸药，引爆后在目标上空散布一层易燃薄雾，然后将其引燃，爆炸威力相当于一颗小型核弹，可对大规模地面部队、加固的地上掩体以及地下深藏目标实施打击。

（二）信息战遭遇技术瓶颈

随着信息对抗能力的不断提升，战场信息量呈现爆裂式增长。战争迷雾的源头从原来的“信息缺乏”转变为海量混杂信息造成的“信息淹没”，武器装备和关键技术迭代加速引发系列具体问题。例如尽管信息化武器装备依然有改进空间，但它们在米级精确打击、全球宽带联通及近实时摧毁的情况下，重大突破已越来越难。此外，以信息技术为支撑的军用动力、核心元器件、高端芯片、关键原材料、先进制造工艺、基础软件等领域也遭遇瓶颈，依托技术支撑的相应军事行动能力面临隐形制约。

战场指控难应对。信息化战争的指挥控制主要针对战场态势模型展开，面对数千 T 量级以上的数据量，10 毫秒量级以下的响应速度(人的反应速度为百毫秒量级)，将远超人工指控的能力极限。同样，传感节点与通信网络在战时一旦遭到大范围毁伤，作战指控还将面临信息缺失的挑战。采用传统战场指控的方法，将无法实时处理战场数以万计传感器所获得的海量信息并有效完成情报提取，按照时效要求重构战场态势。

信息传输超负荷。战场信息量的发展也基本遵守摩尔定律，以 1991 年的海湾战争和 2003 年的伊拉克战争为例，这两场战争前后相隔 12 年，且后者规模相对前者小许多，但美军战场传输信息量却增加 30 倍以上。大量传感器获得的海量信息，如果依旧按照不加自主甄别处理的方式直接传输，尤其是考虑到复杂电磁环境，其传输能力将会面临超负荷风险。

作战体系易瘫痪。面对物理信息攻击、网络病毒破坏及赛博空间作战等，网络安全性将会受到严峻挑战。1991 年的海湾战争和 2007 年的以色列空袭叙利亚作战，网络安全的攻击范围仅围绕战斗目标。2012 年美军通过“震网”对伊朗核设施的瘫痪式攻击，则突破了军事领域的限制。我们可以试想一下，如果 2017 年暴发的勒索病毒发生在战争期间，是否会导致整个作战体系的大面积瘫痪?

（三）美军布局人工智能

作为一支将“技术制胜”思想深刻嵌入军事战略思维的军队，美军十分重视把先进的科学技术应用到军事领域，使之成为战斗力生成的倍增器。对此，曾任美军参联会副主席的杰里·迈亚说："技术领先是美国武装力量的一个标志。"正因如此，当1957年苏联发射第一颗人造卫星之后，美国朝野极为震动，掀起了一场声势浩大的科技与教育"抢救运动"。美军也在经历阵痛之后成立了国防高级研究计划局（DARPA）的前身ARPA，大力开展国防科技创新。因此，在人工智能浪潮之下，美军技术筹军动向对未来智能化战争走势不凡路标意义。

就美军公开的信息源而言，DARPA于20世纪60年代初期，在MAC计划中研制电脑分时操作技术，启动最初的人工智能研究。到了20世纪70年代中期，DARPA已成为美国人工智能研究的主要资助方，并推动了人工智能技术的实际应用，如自动语音识别和图像处理。20世纪70年代末，人工智能得到更广泛应用，并渗入一些军事系统。20世纪80年代，随着全球范围内计算机系统研发的热潮兴起，美军感到在计算领域的优势地位日益受到挑战。于是，在1983年，DARPA启动战略计算项目，以此提高所有计算和信息处理相关领域的优势。AI成为战略计算项目的一个基本组成部分。其研究成果包括ATO的战术机动机器人（TMR）项目（主要用的是遥控技术）、ITO的机动自主机器人软件（MARS）项目和分布式机器人软件（SDR）项目、MTO的分布式机器人项目等。2007年，DARPA启动了"深绿"（Deep Green）计划，目的是将仿真嵌入指控系统，从而提高指挥员临机决策的速度和质量，尽管该项目后续进展不顺，但相关探索方向却值得肯定。2009—2014年，DARPA先后启动了大量基础技术研究项目，探索发展从文本、图像、声音、视频、传感器等不同类型多源数据中自主获取、处理信息、提取关键特征及挖掘关联关系的相关技术。近年来，美国在军事装备领域部署了一系列人工智能技术研发项目（见表1）。

近期，美国国防部的相关计划表明，人工智能技术使五角大楼重新调整了人和机器在战场上的位置，新的人工智能武器将具有人力无可匹敌的速度和精确度，同时又能减少士兵伤亡。同时，美国五角大楼也已将人工智能置于“影响国家安全的战略前沿技术”地位，以应对未来可能的“反介入 / 区域拒止”威胁，并将自主技术、人工智能及先进导弹视为支撑美国反制未来数十年威胁的关键，而这也标志着美军已吹响了抢占人工智能高地的号角。

表 1 美国人工智能技术在军事装备领域的应用

时间	应用进展与新项目
2016 年 1 月	NASA 进行“小行星重定向机器人任务”航天器早期设计工作。
2016 年 3 月	美军推进蜂群式无人机研究，实现更高水平的决策和功能。 NASA 利用遥控机器人建造发射—着陆台。
2016 年 6 月	AE 系统公司获得“自适应雷达对抗”项目第二阶段合同。 美海军开发生物启发式自主感知（BIAS）项目。
2016 年 7 月	美国海军陆战队测试持枪机器人。此款机器人叫模块化先进武装机器人系统（MAARS），装有传感器和摄像头，配备 M240 机枪。
2016 年 8 月	DARPA 启动人机协作项目——“可解释的人工智能”（XAI）。
2016 年 9 月	DARPA 向工业部门寻求人工智能自适应无线电技术。
2016 年 11 月	美陆军研制士兵运动自发电装备（“士兵发电”项目）。
2017 年 3 月	DARPA 启动“终身学习机器”项目，重点研发先进的机器学习技术，并以其为基础推动未来人工智能发展。
2017 年 4 月	美国国防部宣布成立“算法跨职能小组”，统一领导美军“算法战”相关军事装备技术研究。
2017 年 6 月	美空军研究实验室在 64 芯片阵列“真北”神经元系统的基础上开发类脑超算系统。
2017 年 7 月	美空军 F–35 开始采用计算机算法和初级版本的人工智能（AI），能够在不需要人工干预的情况下运行，改变以往需要人工操作的武器平台。
2017 年 9 月	美国陆军后勤保障局（LOGSA）引进 IBM 公司的人工智能产品“沃森”，集成新的人工智能、云能力。

续表

时间	应用进展与新项目
2017年12月	DARPA研发并试验人工智能芯片试图利用该芯片，治疗士兵的创伤后精神失调，改善士兵的情绪。
2018年4月	美陆军研发应用人工智能决定攻击目标的无人机，可发现并瞄准人员和装备，使无人机决定攻击目标，几乎无须人类干预。

二、战略整体规划：寻找智能化战争的幕后头脑

如果将人工智能看作改变世界的“高科技圣杯”，那么智能化战略则可被视为改变战争走向的“制胜之击”。2016年，一场AlphaGo与世界顶级围棋高手的人机世纪对战，引发全球对人工智能浪潮的关注，有人依此断言，人类进入智能时代。军事领域是对科技前沿感知最敏锐的领域。当前，随着人工智能技术群的渐次突破，其对未来战争的撬动作用日益显现。对于深谙战略之道的美军，其整体战略规划值得剖析。

（一）政府战略文件出台

美国在人工智能领域处于前沿，主要得益于联邦研究基金和政府实验室的支持。针对人工智能研究，美国于2013年3月发布新版《机器人技术路线图》，决定将巨额军费投向军用机器人领域，明确要求2020年前将30%作战装备改为无人化，海军新型无人潜航器中队将彻底发挥战斗力，空袭作战也将实现无人化变革。而2016年发布的《为人工智能的未来做好准备》《国家人工智能研究与发展战略规划》和《人工智能、自动化和经济》白皮书，更是详细阐述了人工智能的发展现状、规划、影响及具体举措，据此，五角大楼已将人工智能置于维系国家安全核心地位。

明确人工智能研发的政府职责。报告《为人工智能的未来做好准备》，详尽阐述了联邦政府的相关规划，提议建立一个类似 DARPA 的机构，开展探索性预研；建议美国交通部（DOT）不断完善监管框架，将全自动车辆和无人机（包括新型交通工具设计）安全整合进交通系统，相关部门还应考虑人工智能与网络安全的相互影响。报告显示，白宫并不急于对人工智能研发进行广泛监管，而是计划就人工智能在汽车、航空和金融等领域的应用制定具体标准。

制定人工智能研发框架。报告《国家人工智能研究与发展战略规划》，设定了一个总体框架，该框架用于锁定人工智能相关技术群，追踪研发投入进度和最大化投入的影响，确定联邦资金资助人工智能研发的优先顺序，评估人工智能长期进化对社会的波次影响，以及人工智能近期的突破点与应用场景。报告囊括七大战略：长期投资人工智能研发领域；开发人机协作的有效方法；理解和应对人工智能带来的伦理问题；确保人工智能驱动系统的安全；为人工智能培训和测试开发共享公共数据集与环境；建立评估人工智能的标准和基准；深入了解国家人工智能研发人才需求。

引导人工智能规范发展。报告《人工智能、自动化和经济》显示，联邦政府既要抓住人工智能发展机遇，积极应对国际竞争挑战，又要引导其规范发展。白皮书指出，人工智能驱动的自动化开创了新的市场和机遇，将促进健康、教育及能源等领域发展，有助于促进经济变革，创造更多财富。在 2018 年 5 月发布的 2018 财年科技预算案中，特朗普政府又计划加大国防预算中人工智能相关投入，这也意味着如 DARPA 等机构将进一步资助人工智能研发。此外，2018 年 5 月，民主党议员约翰·德莱尼和共和党议员皮特·奥尔森牵头成立了跨党派国会人工智能核心小组，该小组旨在通过与相关企业和行业组织——如 IBM、信息技术工业委员会（ITI）等展开合作，促使国会重视人工智能发展，鼓励相关技术创新，并为将来推出相关政策和监管（立法）措施做准备。

美军在“第三次抵消战略”中明确提出，“人工智能和自主性技术等嵌入信息化作战，可确保技术领先优势”。前瞻的认识是行动的指南，面对智能化战争的大势所趋，美军在加快准备未来。

（二）军方未来行动计划

在科幻电影《星球大战 7》中，机器人 BB–8 以其高超的人工智能和呆萌的外表备受关注。在现实中，人工智能的发展及应用，使美军得以促进人和机器在战场上的协同。如美国国防部正在设计可与有人驾驶飞机一起参战的自动控制战斗机；建造了不依赖任何人力即可在数千英里范围内搜寻并跟踪敌方潜艇的船舰等。近年来，综观五角大楼推出的智能化战略以及 DARPA 资助的人工智能项目，发现主要聚焦在三个领域：

指挥决策智能辅助。在现代战争中，在回路中的“人”要释放力量需要技术支撑，以弥补人的生理智能在效率和可持续性上的不足，智能化指挥决策系统是迈出的关键一步。作为增强智能，人工智能是对人的思维、意识的信息过程的模拟，不是人的智能，但可能在单维度超越人的智能。如美军大力推动运用智能化技术辅助指挥官决策，将多域指挥与控制作为优先发展领域，即从全球传感器、平台及武器网络收集数据，迅速融合形成可支持作战行动的信息与知识。

体系攻防智能较量。智能化战场，既是力量与能量的比拼，更是智能与智慧的较量。无人系统将逐渐成为主要的前沿攻防平台，有人系统相应成为无人系统的母体和指控中心，以及超远程打击的支援火力库。蜂群式低成本超饱和攻击、点穴式超远程高效打击日益成为最主要的打击手段。

情报侦察智能监控。由于战场态势的动态复杂性，态势认知一般由具体的“人”来完成。面对从各类技术通道获取的海量数据，人工分析已颇难适应。如果引入人工智能的深度学习算法，仅仅判读目标图像一项，就可大幅提高情报分析的质量和效率，从而使侦察卫星发挥更大作用。如美军“算法战跨职能小组”（AWCFT）成立后的第一项任务就是运用智能算法将海量数据及时转化成可行动情报，从而更好地支持军事决策。

（三）科技巨头虚拟现实布局

对于智能化，美国的科技巨头似乎已达成共识，仅在硅谷，就有超过 1700 家科技公司在进行“人工智能”探索。Graph Lab 公司是硅谷的一家人工智能企业，它主要通过机器学习系统进行数据分析，并以原始数据为依据进行未来预测和辅助决策；波士顿动力公司一直是机器人研制的佼佼者，它设计制造的“阿特拉斯”人形机器人身高 6 英尺、体重 150 千克，并安装了液压臂和手，能够像人一样行走与互动；谷歌将人工智能作为其下一代搜索引擎的核心要素，专门成立了量子人工智能实验室，以推进机器学习等技术发展；IBM 阿尔玛邓研究中心让“机器更聪明”而进行的“复制人脑”计划，即重新设计计算机芯片，并将人脑神经系统的主要组成部分神经元（包括突触）植入到芯片中，以提高机器的信息处理速度；Facebook 借助人工智能方法，组建 AI 团队，以智能交互的方式处理海量而零散的信息，目标是深度了解用户在 Facebook 上发布和分享信息的底层含义。

近年来，科技巨头还加大了对人工智能初创公司的收购力度，有超过 100 家相关公司被科技巨头收购。如谷歌收购 DeepMind 公司并推出震惊世界的 AlphaGo。同时，科技巨头围绕人工智能结成“巨头联盟”，共同推动技术发展与开发应用。如 2016 年 9 月，谷歌、亚马逊、Facebook、IBM 和微软结成 AI 联盟（Partnership of Artificial Intelligence），并宣称：“为了更好地造福人类和社会，AI 联盟致力于引导研究，组织讨论，分享观点，提供思想领导力，征询第三方建议，回答公众和媒体的疑问，并创建教学资源以推动包括机器感知、学习、自动推理等领域的 AI 技术普及。”

美国科技巨头在产业链的基础层和应用层着手布局。在产业链的基础层，科技巨头通过推出算法平台吸引开发者，希望实现快速的产品迭代、构建活跃的社区并吸引众多开发者，从而打造开发者生态，成为行业标准，实现持续获利。在产业链的应用层，科技巨头借助积累的个人用户数据，开发针对个人用户和企业用户的解决方案。

三、技术新贵崛起：谁触摸到智能化战争的新前沿？

在科幻电影中，掌握最新智能科技的主人公难免让人心生羡慕。试想一下，如果电影中那些用最尖端智能科技打造的武器装备，都成为现实战场上军方掌握的技术，那么，未来战争又将是一幅怎样的图景？值得欣慰的是，这个设想并非遥不可及，当前，从美国 DARPA 对人工智能的资助来看，人工智能系统已由基于神经网络的深度学习“弱人工智能”向“强人工智能”寻求突破跨越，智能算法从概念走向实践，军用机器人的智能化感知与信息处理功能越发强大，人工智能已日渐成为新军事变革的有力推手。

（一）深度学习技术

学习能力与演化能力是人类智能的基本特征，深度学习采用多层神经元网络，在包括图像识别、自然语言处理以及语音识别等多个领域都表现出巨大潜力。如美军曾利用计算机造出一个智能化辅助系统“深绿”，该系统是以曾战胜人类棋手的超级计算机“深蓝”为原型而研制的。其深度学习的过程就是一个不断修正程序内神经网络各节点关联参数和权重系数的过程，并利用多层网络、多个节点存储足够的战场信息，获得映射空间中的优化目标。

（二）智能算法技术

算法、大数据和高性能计算能力是当前人工智能的三大要素，其中算法是人工智能的“大脑”。算法本身的使用价值有限，只有与超算能力和大数据技术相结合才能发挥作用。2016 年 6 月，美国国防科学委员会在《智能化夏季研究报告》中强调，智能化能够带来巨大的行动优势，美军必须强化对智能化的作战牵引。智能算法概念正是在这一背景下产生的，其作用是牵引智能化技术从实验室走向战场，加快推进人工智能军事化应用，拉大与主要对手的技术代差。可以预见，智能算法在未来战争中将发挥验证新战法、寻找制胜策的作用，美军各军种正竞相发展智能算法技术，五角大楼还设立一个“机器学习中心”，负责将智能算法引入国家安全领域。

（三）军用机器人技术

随着人工智能的发展，以智能化军队、自主化装备和无人化战争为标志的军事变革风暴正在来袭。军用机器人具有一定的思维、感觉、知觉以及分析和判断能力，能模仿人的行为执行多种军事任务，主要包括执行攻击任务的机器人和执行勤务保障任务的机器人两大类。在战场上，军用机器人可以代替人类执勤站岗、侦察保障、布雷扫雷和攻击作战等，使战争伤亡减少到最低限度，甚至实现“零死亡”。据报道，美军已列入研制计划的智能化军用机器人超过100种，美陆军计划到2020年，参战的作战平台中将有三分之二实现无人化。在未来，美军还将通过发展智能化作战平台、网络信息系统和决策支持系统，以及定向能、高超声速、仿生、基因和纳米等新型武器，至2035年前初步建成智能化作战体系。在2050年前，智能化作战体系将发展到高级阶段，作战平台、网络信息系统、指挥控制全面实现智能化，更多样的仿生、基因、纳米等新型武器走上战场，作战空间进一步向生物空间、纳米空间及智能空间拓展，实现真正的“机器人战争”。此外，五角大楼机器人项目负责人还表示，在美国陆军的改革中，以机器人士兵取代越来越多的美国士兵走上战场是未来战斗系统中最重要的项目，也是美军智能化的关键所在。

美军“算法战”改写现代战争游戏规则

随着人工智能技术群的迅猛发展，战争的艺术色彩渐淡，科学色彩渐浓，智能化趋势越发凸显，而“战争算法”就是重要的技术支撑。算法是指对一类问题解题的准确而完整的描述，代表着用系统的方法解决问题的清晰指令和策略机制，常用于计算、数据处理和自动推理。2017年，随着美军正式提出“算法战”概念并组建机构开展相关研究，“算法战”引发关注。从当前的发展趋势来看，战争算法有改写现代战争游戏规则的潜力，这只“无形之手”将形塑未来战争新图景。

一、五角大楼的“算法战”

2017年4月26日，美国国防部正式提出“算法战”概念，并将从更多信息源中获取大量信息的软件或可以代替人工数据处理、为人提供数据响应建议的算法称为“战争算法”，同时美国国防部决定组建“算法战跨功能小组”，以推动人工智能、大数据及机器学习等“战争算法”关键技术的研究。美军这一看似突然的举措实际上酝酿已久，与现代战争的需求相契合。

实战需求。“战争算法”源自信息化作战过程中出现的复杂难题。随着现代战场在空间上的拓展，复杂多样的战场信息传感器遍布陆、海、空、外层空间和网络电磁空间，各类情报侦察与监视预警信息呈爆炸式增长，由此产生的海量数据使情报分析员面临信息过载问题，进而导致战场信息收集不及时、有效信息产出时效性低、反馈失误等系列问题。与此同时，无人机蜂群、群化武器等新式智能化武器装备与新型作战样式的提出，对指挥员决策的时效性、准确性、灵敏性又提出了更高要求。依托战争算法建立起数据自主分析系统，能够缩短观察、判断、决策、行动环（OODA）的反应时间，节省数据带宽，有效提升数据处理和挖掘效率，从而减少战场态势感知的不确定性，在智能决策、指挥协同、情报分析、战法验证以及网络电磁攻防等作战流程中发挥作用。随着战争从体能较量、技能较量发展为智能较量，战争算法在智能化战争中的地位日益凸显。

概念基础。“战争算法”的概念深植于战争历史之中。从我国古代的各类兵法、阵法与战法到一战前德军的数学公式推演和图上作业，从1914年提出的兰彻斯特方程到美军在海湾战争前的兵棋推演，战争始终既需要计算也需要“算计”，只是在各个历史时期的形式与载体不同。随着现代科技的发展，军用软件成了“战争算法”的载体，利用计算机对战场问题进行准确完整的描述并产生清晰简明的作战指令和策略机制，是信息化战争算法的新形式。20世纪90年代以来，美军借助“战术地面报告系统”地图规划软件、ScenGen（Scenario Generator）无人机人工智能系统和LGC等任务规划软件计算任务中所有可能结果，并致力于获取利用独有算法从多类型多源数据中自主获取和处理信息的能力。可见，此次美军“算法战”的提出并非无本之木，而是酝酿已久。

体系支撑。2015 年 12 月，美军提出“第三次抵消战略”，围绕智能化和自主化重点发展五大关键技术领域，其中包含推进人工智能领域算法的内容。2017 年 4 月，美国国防部副部长鲍勃·沃克正式发布名为“Project Maven”的备忘录，对“战争算法”进行了描述。联系美军此前在算法领域的部署即可发现，沃克此次提出的“算法战”概念本质上是“第三次抵消战略”的延伸执行。美军于 2016 年就已成立了系列机构用以发展颠覆性作战能力，包括战略能力办公室与快速能力办公室新设立的相关服务功能、国防创新实验单元等，而“算法战跨功能团队”实则是这一系列机构中的组成部分，在人工智能研发领域扮演“探路者”角色，其实验结果将为后续战争算法的大规模研发和应用奠定基础。据悉，为适应“算法战”需求，除已成立的机构外，美国国防部还将设立“机器学习中心”，负责将智能算法引入国家安全领域。在致力于开发战争算法的体系建设支撑下，美军的“算法战”正在加速推进。

二、揭开“算法战”的面纱

战争离不开算法。随着人工智能技术的不断突破，尤其是随着类脑芯片的发展，战争算法将在处理数据、计算能力等方面发生跃迁，并与兵棋推演、人工智能和指控系统相融合，成为未来战前预演、战时感知与决策辅助的关键。

战争预演。任务规划软件一直是美军进行战争预演的重要工具。自 20 世纪 90 年代始，美国陆军就已开始研发“战术地面报告系统”地图规划软件，并由此发展出已纳入美陆军作战指挥系统（ABCS）的战术地面报告系统（TIGR），通过运用算法实现巡逻队级别作战单元的信息共享与有效协同，成为美军在非洲与中东战场作战行动中不可或缺的工具。在“沙漠风暴”行动之前，美军利用计算机兵棋推演系统寻找作战计划中的漏洞，后来的实际作战结果与模拟推演结果高度相似，充分体现出美军推演系统的价值。目前，美军已将战争算法与兵棋推演系统深度融合，系统能够基于一系列算法公式测试作战计划，预见战争走势，比如美军拓展防空兵棋系统（EADSIM）的视线算法公式。EADSIM 系统由美国 Teledyne Brown Engineering 公司开发研制，是一个集分析、训练及作战规划于一体的专业化多功能防空兵棋系统，其强项在于能够对导弹预警、拦截及打击进行较精细的模拟。该系统的描述能够达到武器平台层次（如单架战机），同时还具有较详细的指挥自动化功能模型以及灵活的想定管理，能够实施双边或多边对抗推演。目前，EADSIM 系统在国防分析与训练领域已得到广泛应用，全球用户已超过 390 个。美国 EADSIM 系统的成功应用充分体现出，在算法支撑下的兵棋推演和作战实验，通过验证已有战法和实验作战计划，能够为最终的实际行动提供理论支撑。而在实战对抗之中，具有高质量算法支撑的一方，在战前就能通过实验获取最优战法，并准确预测战场局势，从而实现未战先胜。

战场感知。在实际运用过程中，作为人工智能的“枢纽”，战争算法是用于决策、指挥和协同的关键。比如，机器学习、迁移学习等智能算法可以解决战场对抗条件下态势目标的自主认知问题，帮助指挥员快速定位、识别目标并判断其威胁程度；无人机蜂群作战中的算法运用可管理并帮助无人僚机感知战场态势，自主生成作战方案。当前，美军正致力于利用算法提升无人机战场态势自主化处理能力。以往，无人机传感器获取的全动态高清态势视频由数据分析师通过人工模式进行解析，数据分析师难以及时处理爆炸式增长的战场态势数据。解决该难题的出路在于利用自主化传感器处理和智能化信息生成，从而有效减少通信带宽和人工负担。2016 年 8 月，美国国防科学委员会向国防部建议设立专门的“机载自主传感系统”项目，以解决无人机全动态高分辨率视频数据的搜集和处理需求。为了赋予无人机动态视频态势处理的自主性，美军利用先进算法推进人机结合，建立起自主性态势模型的认知启发型构架，从简单的计算逻辑演化到能够进行自主推理的系统，从而降低全动态视频数据人力解析负担，提升决策速度。这一全动态视频数据的算法包含一整套具有人工智能特征的深度学习模型，包括了目标确认模型、情景确认模型与威胁确认模型，有力推动了人工智能算法成为未来战争的技术支撑。

决策辅助。借助人工智能算法，美军“算法战跨职能小组”的任务在于研制快速处理数据的软件，实现对目标的高效探测、分类和预警计算，收集提供高质量高时效性的国防情报，并推进与情报领域相关的机器学习、深度学习和视觉算法等先进算法的研究，用以辅助军事决策。当前，人类情报分析师在面对海量视频数据时将大量时间用在观察视频、寻找异常点等低效活动上，难以应付实时传输、多方来源、体量庞大的数据信息，与之形成鲜明对比的是，运用算法收集情报高速高效且结果精确，能够为战场决策提供及时且优质的参考，并且通过实时战场的反馈算法能够不断得到修正更新。当前，美军通过发展模拟人脑神经元信息处理机制的深度神经网络技术，不断增强融合了深度神经网络技术与计算机的“类脑计算”能力，即类似于人脑的新型计算系统。从 20 世纪 80 年代开始，NASA、DARPA 相继资助与神经网络计算相关的项目，其中包括计算机芯片“真北”的研发，该芯片采用了类脑神经网络设计，能够实现快速的运算、通信、存储，在实现图像识别与综合感官处理等复杂功能方面的效率远高于传统计算机芯片，军事应用潜力巨大。嵌入了算法的“类脑”计算系统在未来战争中有望成为增强现有作战系统对抗能力的关键，在人机协同作战中促进机器学习人类经验，为指挥员选择战争时机、计算战争规模、预测战争进程、谋划战争布局等助力。

三、反制美军“算法战”

智能化战争时代是算法和数据的较量。“算法战”预示着未来战争的变革、机遇与挑战，谁能抢占智能算法制高点，谁就能抢占先机，未战先胜。

推进智能算法研究。由于战争算法是智能化建设的关键领域，美军对此研究不遗余力。2017 年，美国财年国防预算中约有 120 亿—150 亿美元用于人工智能和自动武器研发。目前负责人工智能研发的 5 家美国联邦机构中，3 家带有军方背景。同时，美军加快推进深度学习技术走向应用，自 2017 财年开始增加了三军的深度学习研发项目，其中包括研发可用于低功耗平台的嵌入式深度学习算法与稀疏数据分析的深度学习技术，以及通过深度学习方法和人工神经网络实现目标分类等内容。直到 2017 年底，刚成立半年的美军“算法战跨职能小组”就已开发出首批 4 套智能算法。因此，为抢占战争算法先机，我们需要加快推进智能算法的研究，并在不断探索中迭代完善。2016 年 6 月，辛辛那提大学开法的“阿尔法”人工智能，“在遗传算法和模糊逻辑系统的基础上，‘阿尔法’的研制者开发了名为‘遗传模糊树’的新算法。这种算法将大型模糊逻辑问题拆散成了许多小型模糊逻辑问题，从而让‘阿尔法’能顺利运行在更低配置的计算机上。”① 值得注意的是，战争算法

---

① 李志芳：《人工智能“阿尔法”与人类空战反应速度不到一毫秒》，《解放军报》2017 年 11 月 23 日。

并非完美无缺，也存在漏洞与安全隐患。比如，美军 F–35 战机拥有几千万条代码，严重依赖控制系统的软件，战机在试验过程中曾暴露出的两百余项问题几乎都与软件的算法高度关联。一旦算法由于过于陈旧无法适应装备发展，或是遇到脏数据的影响出现差错，抑或是其本身存在漏洞，都有可能导致武器装备无法发挥战斗力，给未来作战埋下隐患。

大力培养优秀算手。人才是智能算法领域的第一资源，先进智能算法的研发与应用离不开优秀算手。首先，需要培养吸纳多学科、多方向的算手人才。算法从概念到计算再到公式的研发，包含多学科横断面知识及纵深性知识，需要军事与科技的深度融合。美军“算法战跨职能小组”内部人才队伍庞大，呈现出跨学科融合的态势，不同专业、学科和职能的算手之间通力合作，共同创新算法。另外，应在军队各部门各军种培养优秀算手。无论是战场指挥员、情报分析人员还是机关参谋，通过运用由算法支撑的人工智能处理、分析、统计和辅助决策，有利于推动战场感知、战争决策、后勤保障、情报侦察等多领域的智能化，是提高军队决策与运行效率、提升战斗力的有效途径，因此能够利用算法收集情报、分析数据、判断局势的优秀算手需要走向前台。只有大力培养优秀的算手以适应智能化战争的新需求，才能赢得未来战争的胜利。

拓展算法应用空间。战争算法具有巨大应用潜力，需要与各领域相结合不断探寻其效用边界。当前，美军正不断扩展战争算法的应用范围，算法在兵棋推演、自动武器、装备保障、物流运输等多个领域中的价值已受到关注。此外，随着人工智能技术群的发展应用，算法需要与人工智能相关技术相结合，为实现武器装备自主搜索目标、处理数据和自主决策提供技术支持。尤其是在人工智能渐次介入作战指挥的情况下，算法使得机器能够在人机协同作战中扮演不可或缺的“参谋”角色，算法先进与否、安全与否直接决定了人工智能技术的综合应用效果。可见，战争算法渗透于智能化军事体系建设的多领域，应当加大攻关力度，夯实相关基础。

大脑深处的较量

如果说，在人类的诸多实践领域中，必须找一个最强调创新的话，这无疑是军事领域。如此说，实在是因为，当人类战争从体能较量、技能较量进入智能较量的新阶段后，决定一支军队在战场上命运的因素，与其说是战时将军的运筹、士兵的勇气及精良的器械，不如说是平时大胆的创新、科学的演练及前瞻的头脑。

不敢说，在全球主要军事强国中美军的创新意识最强，但至少不容忽视。这支在世界各地宣示存在的军队，之所以保持如此明显的军事优势，一方面在于其庞大的军费投入，另一方面则在于其强烈的创新意识。当然，不断参与的战争又反过来强化了这两个因素。在涉及军事领域方方面面的创新中，军事科技领域又表现得最为突出。

如今，《五角大楼之脑：美国国防部高级研究计划局不为人知的历史》（以下简称《五角大楼之脑》）一书，就全景式地为我们揭示了美军科技创新的秘密。该书由安妮·雅各布森基于内幕消息、独家采访、私人文件和公开备忘录等第一手资料研究撰写，从而使本书显得厚实而不空泛，对科技政策与战略、军事技术与工程、战争理论与思想等领域的科研人员、部队指挥员及军校学员等，都是一部开卷有益的作品。

在位于美国弗吉尼亚州阿灵顿市距离五角大楼 4 英里处，矗立着一幢没有标志的大楼，它就是美国国防部高级研究计划局（DARPA）办公所在地（1972 年之前，DARPA 总部在五角大楼内）。长期以来，这个并不庞大的机构备受人们关注，因为它孵化孕育了当今世界上最强大的军事力量——美军。作为一个神秘、前沿、强大的军事科研机构，DARPA 自 1958 年由美国国会立法成立以来，为美军孵化了包括互联网、隐身技术及全球定位系统在内的众多颠覆性创新成果，从而使美军保持着对其他国家压倒性的军事技术优势。

DARPA 的确是一个有意思的机构，这种吸引人的“有意思”主要体现在几个方面：

其一，反应灵敏，创新驱动。DARPA 排斥官僚主义文化，对危险与挑战相当敏感，旨在通过创新赢得未来，推崇“预测未来的最好办法是创造未来”。一般来说，DARPA 科学家们的工作，尤其是大多数涉密项目，均领先公共领域科技水平 10—20 年。要做到这一点，就必须强化危机意识，不断激发创新。对此，DARPA 局长阿拉蒂·普拉巴卡尔在 2014 年一次新闻发布会上说：“巨大的不确定性和多样性威胁横亘在我们面前，但我们仍然面临着空前机遇，那就是以特定方式推动技术进步，为国家提供强大创新能力。”之所以对创新如此“痴迷”，原因就在于，DARPA 深知，军事领域的竞争是生与死的较量，只有第一，没有第二，一旦潜在的对手突破已有的技术壁垒，原有的军事优势必将荡然无存，只有创新才能保持领先的竞争力。对此，安妮·雅各布森在《五角大楼之脑》一书中提到这样一个案例：在 20 世纪 60 年代越战期间，DARPA 就开始着手研发无人机。经过 30 年的努力，首个无人机部队建成，并于 2001 年 10 月出现在阿富汗战场上。当公众知晓无人机战争时，美国无人机技术已经领先多代。但在很短的时间内，许多国家也开始研制它们自己的无人机。到 2014 年，已有多达 87 个国家拥有武装级无人机系统，而到 2015 年，这个数字就变成了 90 余个。

其二，高度独立，超强权威。正如《五角大楼之脑》一书作者安妮·雅各布森在书中所说，这个机构尽管每年拥有约 30 亿美元的年度经费，但并不从事具体的科研工作，而只是每年雇用 120 个项目经理(每个项目经理任期 5 年)，并通过项目经理和主管将科研项目外包给防务承包商、大学研究机构或其他政府组织。DARPA 的这些项目经理权力很大，可以自主地决定启动、继续或终止研发项目。DARPA 的局长直接向国防部长办公室报告工作。它虽然归属于国防部，但却独立于各军种，与美国海、陆、空军都是客户关系，其主要责任是感知军方的未来潜在需求，而不是去验证军方提出的现实需求。这种独立的运行机制背后，折射的是 DARPA 的一种信任文化。

其三，超前布局，成果丰硕。DARPA 在 1958 年成立的背景，是防止美国再次因苏联抢先发射人造卫星等突发事件而陷于被动，其最初的研发重点是针对核武器的防务项目。随着形势的不断变化，其构想越来越广泛与超前，在创新的道路上留下了串串闪光的足迹：从创建之初的军事航天项目到冷战中期的“星球大战计划”，从越战时期应对游击战的技术研发（如“橙剂”）到海湾战争之后的情报、监视及侦察手段探索，从超音速战斗机概念、军用“阿帕网”构想到陆军的“轻标枪”导弹、海军的 F/A–18 舰载机、F–117 隐形战斗机、“战斧”巡航导弹及 B–2 隐形轰炸机问世。在半个多世纪的发展历程中，DARPA 启动的重大项目涉及陆、海、空、天各类关键武器系统和重大国防工程。在《五角大楼之脑》一书中，安妮·雅各布森讲述了 1954—2015 年从事氢弹、兵器与计算机、先进战机、心理战武器、机器人（包括生化机器人），以及生物武器、无人机、人工大脑等研究的防务科学家的故事。从中，我们可以看到，DARPA 目前正在信息科技、生物科技及脑科学等交叉融合的领域开展前沿探索，对遥远的未来进行超前布局。

值得一提的是，本书作者安妮·雅各布森这位《洛杉矶时代》杂志的特约编辑，之前就撰写出版了多部畅销书，包括《51 区》（Area 51）、《回形针行动》（Operation Paperclip）等。调查记者的独特敏感性，使得本书阅读感很好，时而像间谍小说般惊心动魄，时而如档案解密般大开眼界，故事性、历史感和军事味，三者融合得很好。当然，这背后是作者的辛勤付出与激情投入，该书序言提及，为创作好该书，安妮·雅各布森采访了 71 位与 DARPA 有直接关联的人，包括总统科技顾问、项目经理、诺贝尔奖获得者、作战部队指挥官（其中有 1 名四星上将）等。

当然，DARPA 也不尽然都是成功的故事，它也有失败的记录与教训，这包括一些“太过于不切实际”的想法以及对创新性项目前景的短视等。对此，《五角大楼之脑》一书没有给予足够的关注，背后的原因，也许是因为相关失败项目的资料收集取证都相当困难，也许是人们往往习惯性地对“成功的故事”有一种天然的偏爱。

智能化战争牵引的美军大数据战略

近年来，伴随着人工智能技术兴起和向多个领域的应用渗透，数据已然成为智能化战争不可或缺又亟待开发的重要资源，美国前总统奥巴马将它比喻为“未来的新石油”。早在 2012 年 3 月 29 日，美国政府就宣布了旨在“将大数据用于科学发现、环境与生物医学研究、教育以及国家安全”的《大数据研究和发展倡议》，并专门成立了大数据高级研究领导小组来专职负责美国大数据战略部署。2016 年 5 月 19 日，美国国家科学技术委员会（NSTC）发布了《美国联邦政府大数据研发战略规划》。作为指导联邦政府各部门开展大数据研发的总体战略文件，《规划》致力于“推动美国大数据领域的创新发展，在美联邦各机构中形成大数据创新生态系统”，以确保国家及军方在大数据领域的全球竞争中能保持绝对优势。

一、五角大楼未雨绸缪

面对人工智能蓬勃发展的态势，美国军方的确敏锐嗅觉到了大数据的广阔军事应用前景，并率先将大数据研发提升到军事战略高度来考量。那么，近年来美国联邦政府大数据战略与美军大数据战略之间的关系如何？五角大楼又在如何运筹大数据战略备战智能化战争？

美国国家科学技术委员会（NSTC）在发布《美国联邦政府大数据研发战略规划》时强调，该规划源于2012年美国政府出台的《大数据研究和发展倡议》。此外，美国信息技术与创新基金会于2013年也发布了《支持数据驱动型创新的技术与政策》，美国总统行政办公室于2014年相继发布了《大数据：把握机遇，保存价值》。我感到美国政府的大数据战略是一个长期规划，这种战略构想到底是什么呢？

应该说，这是一个长期性的规划。而要探讨它的未来发展构想，我们需要了解美国大数据战略的制定背景、主要目标与关注领域。就以2016年《美国联邦政府大数据研发战略规划》为例，在《大数据研究和发展倡议》的基础上，2014年，美国网络与信息技术研发（NITRD）项目的跨机构小组——大数据高级指导小组（SSG）——启动了一个有关制定大数据研发议程的新流程。NITRD机构的代表们通过对一系列颠覆性理念的审查，以确定它们是否具有推动大数据创新的发展潜力，之后SSG对以上理念进行整合，并发起围绕新理念的公共评论。2015年，在美国总统科技咨询委员会（PCAST）的牵头下，NITRD对“11c建议”进行审查，旨在“为定期公布和公开讨论某项研究或规划的目标区域制定流程”。因此，从一定程度上来说，《美国联邦政府大数据研发战略规划》可以看作是上述战略驱动的结果。

二、美国大数据战略的标靶

《规划》指出美国大数据战略的主要目标是“提出大数据研发关键战略的框架，以保持美国在数据科学和创新方面的竞争力，为明天的数据密集型挑战做好准备”。在此基础之上，《规划》围绕体现大数据研发关键领域的七个战略展开：利用新兴的大数据基础、方法和技术创造下一代能力；支持研发，以更好地探索和理解数据和知识的可信性，制定更好的决策，促进突破性发现并自信地采取行动；建立和加强用于研究的网络空间基础设施，使大数据创新可以为机构使命提供支撑；通过促进数据共享和管理政策提高数据的价值；了解大数据收集、共享和使用与隐私、安全和道德问题；改善全国的大数据教育和培训局面，以满足对深层分析型人才和分析能力日益增长的需求；创建和加强国家大数据创新生态系统的联系。此外，《规划》还概括了学科的研发领域，提出了促进政府、私营企业和学术界研究人员和技术专家合作的利益交汇点。

《规划》提及“我们设想一个大数据创新生态系统的远景，在大规模、多样化、实时的数据集基础上分析、提取信息，决策和发掘，为美国及其联邦机构提供新能力；加速科学发现和创新流程；引领新的研究领域和调查领域；教育 21 世纪下一代科学家和工程师；促进经济新增长”。不难看出，美国联邦政府关于大数据战略的发展构想是通过将大规模、多样化、实时的数据集进行整合，进而建立具备数据挖掘、行动指引，乃至预测未来的国家大数据创新生态系统。

美国麻省理工学院教授艾瑞克认为：“大数据的影响就像 4 个世纪前人类发明了显微镜，把对自然界的观察和测量水平推进到‘细胞’级别一样。”今天我们研究智能化战争问题，更加强调大数据在智能化战争中的基础性支撑作用。那么，大数据与智能化战争的链接到底体现在哪里呢？

三、“智能数据”主导未来战争

大数据与智能化战争的链接，我认为主要体现在两个方面：以数据驱动为核心的智能化军事决策和以数据安全为保障的智能化军事行动。

以数据驱动为核心的智能化军事决策。现代战争是“智能数据”主导的战争，对战场数据价值挖掘能力的强弱与智能化军事决策直接关联。大数据技术能对多源头的信息进行快速分类、整理、分析和反馈，能从大量相关的或看似不相关的、秘密的或公开的信息中挖掘分析出高价值军事决策信息。如美军现已公开的针对大数据分析的军事智能化决策项目——Mind’s Eye 项目，通过开发智能摄像头对监视环境进行录像并记录行为，实时以文字形式输出。可见预料，依托该项目，在未来实战中，只需安排一名士兵在安全监控室即可完成对多区域的监视任务。

以数据安全为保障的智能化军事行动。安全是一切军事行动的基础，而数据安全则是现代战争对抗的重要保证。2017 年 8 月 18 日，美国总统特朗普宣布美军网络司令部从此前的二级功能司令部更改为美军第十个联合作战司令部，以增强其对数据安全的管控能力。大数据颠覆了传统信息体系架构，从以数据仓库为中心转化为具有流动、连接和信息共享的数据池。美军通过大数据技术的研发，旨在实时检测军用计算机网络与网络间谍活动，以提升军事信息网络的防御能力。

同时，大数据技术的研发也将提升军队信息安全水平，使安全监测更精细、更及时、更高效。例如，列入五角大楼预算的“加密数据的编程计算”项目，针对那些在使用过程中保持加密状态的数据（无须在用户端解密数据），开发实用的计算方法和编程语言，从而有助于克服云计算环境中的信息安全挑战，使网络间谍的图谋难以得逞。

从美国大数据国家战略创新生态系统，到美军大数据战略的构想框架，我们似乎可以隐约感觉到，在美国有关大数据战略的“军”与“民”之间，有一种顺畅通联与有效分工的关系。

长期以来，美国一直重视在科技领域的军民融合。冷战时期，美国并没有走简单的武力扩张道路，而是把富国和强军统一起来，使得苏联在军备竞赛中非但没有还手之力，甚至连招架之功都逐渐丧失。在美国政府有关大数据战略的官方文件中，虽然没有明确提出“军民融合”的发展模式，但其在实际运行中却十分注意“军”与“民”在“战略棋盘”中的动态比重。

首先，美军大数据战略是政府大数据战略的“重要子集”。根据2017年发布的NITRD财政预算报告，2016年美国政府在大数据战略中共计投入5.5亿美元，其中美军大数据战略占1.5亿美元；相较而言，2018财年政府大数据预算有所减少（5.1亿美元），但美军大数据的投入仍居高不下（1.7亿美元）。与此同时，从历年美国政府发布的大数据战略来看，五角大楼都是最为重要的战略制定者与执行者。可见，美军大数据战略是政府大数据战略的重要组成部分，而美国政府更是将美军大数据战略视作其特别考虑的关键环节。

其次，美军大数据战略与政府大数据战略注重“分工配合”。由于美军大数据战略属于政府大数据战略重要组成部分，前者都是在后者的全局考虑下制定的。一般而言，美军大数据战略主要涉及以数据驱动为核心的智能化军事决策和以数据安全为保障的智能化军事行动。而其他政府大数据战略所涉及的内容，如大数据基础设施、大数据产业结构等领域的战略布局，则交由其他部门来完成。此外，在培养未来“大数据”人才方面，美国政府亦注重加强政府、军方研究机构、地方大学、工业企业等多方合作，如斯坦福大学就开设了诸如机器学习这样全新的课程，以培养下一代的“数据科学家”。

俄军眼中的智能化战争

几年前，曾有一位俄罗斯科学家 Vladimir Veselov 开发过一个名为 Eugene 的人工智能软件。Eugene 模仿一个 13 岁男孩回答了测试者输入软件的全部问题，而其中 33% 的回答让测试者肯定：与他们对话的是人，而非机器！ 2018 年 5 月，谷歌在 Google I/O 大会上推出王牌 AI——Google Assistant，它不仅能够听懂测试者说的话，还能无障碍与人沟通，并表现得自然流畅，惊艳四座。尽管对于人工智能的发展还存有争议，但毫无疑问，一个充满无限可能的人工智能时代已然向我们走来。那么，作为世界军事强国的俄罗斯眼中的智能化战争又是什么模样呢？

一、普京 4.0 时代的人工智能“路线图”

智能化浪潮的来袭，让人们看到了科技描摹的瑰丽未来，也让大国意识到军备竞争的前沿战场。如俄罗斯总统普京所言：“人工智能不仅仅是俄罗斯的未来，也是全人类的未来。这包含着巨大的机遇和当今难以预测的威胁。谁能成为该领域的领导者，谁就将主宰世界”。同时，面对智能化战争的未来发展，俄军高层也多次表达了对未来人工智能“亮相”战场的期许，如俄罗斯防长绍伊古表示，俄军正加紧推进军用机器人的研制和列装工作；俄军总参谋长西莫夫称，俄军正通过研发机器人等来“发展非核手段战略威慑力量”。就此，俄罗斯军政高层对智能化战争的关注跃然纸上，也吸引世界目光关注俄军的人工智能发展“路线图”。

（一）溯源

早在 19 世纪 40 年代，英国数学家埃达·洛夫莱斯（Ada Lovelace）就意识到“人工智能”的未来实现，她曾预言一台机器“可编写所有复杂程度或长度的细腻且系统的乐曲”，也可表达“在科学史上具有划时代意义的、自然界的重要事实”。尽管当时“人工智能”尚未流行，但已显端倪。

就当时苏联的社会生产情况而言，自动化控制系统的发展是主流。自动化是以机械的动作代替人力操作，自动完成特定作业。尔后随着电子信息技术的发展，特别是随着计算机的出现和广泛应用，自动化的概念才扩展为用机器代替或辅助脑力劳动，这体现了今天人工智能的部分功能。[①] 当时，苏联的经济体系构想是依托俄罗斯和白俄罗斯的自动化技术，打造大量无人化工厂。于是，自动化控制系统的研制便成为苏联庞大经济体系构建的重中之重。

---

① Sobel B L W. Artificial Intelligence’s Fair Use Crisis. *Social Science Electronic Publishing*, 2017.

（二）正名

1945 年，二战结束后仅仅 6 个月的时间，美国宾夕法尼亚大学便研制出一台兼具电子数字集成器和计算器功能的巨型计算机——ENIAC。由于这台巨型计算机的运算速度比其他机电机器快约 1000 倍，它因此被称作“巨脑”。以“巨脑”为标杆，人类终于研制出与冷冰冰的机器不同的“智能体”，它装载着人类智慧，模仿着人类天赋。例如，ENIAC 每分钟能够计算多达 2 万次乘法，这样的计算能力着实令人惊讶；相比之下，人类的记忆就不那么可靠了。1964 年，在苏联举行的以“机器能否思考”为主题的辩论中，A. N. 科尔莫戈罗夫表示，研制完全建立在数字信息处理和控制机构基础上的生物是绝对可能的，这符合唯物辩证法的原则。1977 年，在第七届全苏控制问题会议上，以勃列日涅夫为代表的苏联政府提出了把人机对话作为解决控制问题方案的思路，并指出用机器人和人工智能去解决工业生产和社会效率问题。同时，据有关会议报告显示，当时的苏联专家还从模拟生物学的角度，如从肌电反应、电脉冲控制等视角来对人工智能问题展开研究。

（三）构想

从某种意义上说，苏联人工智能的提出与探索是大势所趋。然而，在举国体制下，由于大部分技术没能及时进入民用领域，在苏联解体后，相关探索没有得到延续性发展。近年来，从打败国际象棋大师的 IBM“深蓝”，到打败李世石的 AlphaGo；从依赖于海量计算能力的弱智能，到基于深度学习的强智能，人工智能技术正呈现加速发展态势，并再次引起俄方高度关注。

俄罗斯政府陆续出台了《2025 年前未来军用机器人技术装备研

发专项纲要》和《未来俄军用机器人应用构想》等发展规划，明确了军用机器人的研发重点包括无人机、陆上机器人系统和以无人潜航器为代表的水下机器人，2025 年前该类武器系统在装备中的占比将达到 30%。2018 年 4 月 10 日，美国海军分析中心（Center for Naval Analyses）副研究员塞缪尔·本代特（Samuel Bendett）在海军同盟会（Navy League）于马里兰州国家海港（National Harbor，Maryland）举办的“海洋、天空、太空”全球军事展览会上宣称：俄罗斯正试图主导人工智能领域，美国不能掉以轻心。

二、尖端智能技术的战场“亮剑”

人工智能所擅长的是从海量数据中发现规律，进而运用深度学习、蒙特卡洛算法、增强学习等方式，实现智能增强。当社会公众的热情从 AlphaGo 的棋盘渐渐退却，当我们真正面对硝烟弥漫的战场时，人工智能军事应用的场景问题就凸显出来。

（一）无人战车

在近几场军事行动的作战反馈下，俄军开始注重无人战车的研发。相关情况在有关俄军的报道中频频出现，“无人战车‘装备系统和武器载弹空间更充足’，遥控操作员‘战场视野更广阔’，特别是‘没有伤亡顾虑，抗打击、野外生存和二次修复能力较强’”，在为我们展示俄军在无人战车领先成就的同时，亦表明其在军事智能化领域的快速推进。

2017 年 9 月，据美国《国家利益》报道，俄罗斯军方已在叙利亚部署了一种特殊扫雷装备——“天王星 –6”无人战车。“天王星 –6”是俄军列装的首款无人战车，也是迄今为止俄军方公认的最实用的一款无人地面作战系统。2018 年 4 月，据香港《文汇报》报道，俄罗斯研发的名为 Nerekhta 的无人战车，可搭载遥控机枪和火箭发射器，除拥有一般装甲车的战斗力外，还兼具运输和侦察功能，可支持重型大炮和榴弹发射器，亦能配合反坦克导弹系统，并与无人机分享情报。无疑，无人战车的发展势必对俄军作战能力产生积极影响。

（二）无人机蜂群

让我们在脑海中回想一下科幻电影中常出现的一幕：危急关头，成百上千架微型无人机从战机上蜂拥而出席卷而来。那些无人机仿佛一瞬间拥有了生命，如蜂群般扑向敌人。这种作战方式我们可以称之为无人机蜂群作战，它指按照一定的通信、指挥与控制规则，对发射出去的无人机集群进行操控，蜂群作为一个有机整体，其中的每一个“蜂”都有特定功能，比如执行侦察、制造干扰或发射导弹。无人机蜂群思想受自然界蜂群、蚁群、狼群等动物集群效应的启发，其目的是通过数量优势对敌方目标形成非对称性突袭。

如今，俄军利用人工智能技术将数千架无人机组成一个巨大的可控“蜂群”，在战争中投入使用。如俄国防部此前表示，近 5 年来，俄无人机、陆上机器人和无人潜航器数量分别增长了 8 倍、2 倍和 3 倍。其中，无人机已按任务性质和航程距离区分，实现多款式研发列装，包括遂行侦察、指挥和通信中继任务的“石榴 –4”“超光速粒子”近程无人机，“海鹰 –10”“前哨”等中型无人机，以及正处于研发状态的“猎户座 –Y”远程察打一体高速无人机，有的已在中东战场经受实战检验。同时，俄罗斯还研制出反无人机蜂群的新型武器。据美国合众国际社 2016 年 11 月报道，俄罗斯联合仪器制造公司完成了一种新型武器的设计工作，该武器能中断无人机与控制中心的通信，具备瘫痪微型无人机蜂群系统的能力。

（三）人工智能导弹

前俄罗斯空军司令维克托·邦达列夫曾说：“俄罗斯未来的人工智能导弹能够分析空气和雷达情况，并自动决定飞行高度、飞行速度以及飞行方向。”由此可以看出俄军对于人工智能导弹的重视。事实上，早在20世纪70年代，俄罗斯科学家就在战略核威慑部队和海军部队的专业部门成功发明了人工智能元素注入的导弹。这其中最著名的当属“花岗岩”（北约代号SS–N–19“海难”/Shipwreck/）反舰巡航导弹。这是第一种拥有人工智能元素的武器系统，并因其速度优势、不可预测性和巨大威力被称为“航母杀手”。

随着人工智能的发展，俄军已对“花岗岩”进行重新改造升级，并将替代“花岗岩”的新导弹命名为P–800“缟玛瑙”导弹（北约代号SS–N–26“Strobile”/球果/)。在继承“花岗岩”人工智能系统的基础之上，“缟玛瑙”导弹体型更小。原来每套导弹发射井的位置，现在可以安装三套“缟玛瑙”导弹发射筒，并最终完全替代原来的花岗岩导弹系统，从而增强实战中的战略攻击与防御能力。俄国防部副部长尤里·鲍里索夫在发言时强调，俄国防部已决定对949型“安泰”级核潜艇和1144型“海雕”级重型核动力导弹巡洋舰进行升级。这样，战舰就从24枚传统导弹增加到72枚新型超音速巡航导弹，从而使其成为大洋中坚不可摧的堡垒。

三、科幻照进现实：机器人作战呼之欲出

2017年，一段俄罗斯机器人手持双枪打靶的视频在YouTube上广

泛流传。视频中，一个机器人手持两支手枪连续射击，将20米开外的24个圆形靶标全部击落。虽然相比人类射手，机器人的姿势略显生硬，但命中率很高。视频让人联想起美国大片《终结者》，对高度人工智能扩散的忧虑和恐惧表露无遗。或许我们可以不关心科幻电影中的人机对战，却无法不正视今天人工智能的力量。据英国《独立报》报道，这种机器人属于俄罗斯正在开发的宇航员机器人“最终试验演示项目研究”（Final Experimental Demonstration Object Research，FEDOR）项目，该测试有助于提高机器人的运动技巧和决策能力。

（一）特战队员的机器人助手

早在1989年，机器人专家罗德尼·布鲁克斯（Rodney Brooks）就在其文章《快速、廉价和失控》中提到集群机器人概念。即让机器人结成一种去中心化的网络，并通过不断学习与进化获得“蜂群”智能，进而完成复杂任务。然而，由于目前自主系统的能力有限，机器人技术在战场上仍然需要人的参与。

在机器人作战的能力提升上，俄军一方面利用其在叙利亚战场积累的实战经验；另一方面则利用演训等战备活动，并以班排为单元组织机器人攻防课目演练，如机器人集群作战和人机协同模式作战等内容。

（二）军队编成中的新质力量

俄军总参谋长格拉西莫夫曾表示：“我们要为未来的机器人战争做准备，考虑成立一个能独立实施军事行动的机器人部队。”俄罗斯上议院国防与安全委员会主席邦达列夫指出：“俄国军方期望最终以人工智能技术，全面取代战场上的士兵和机师。”以上充分体现出俄军组建独立机器人部队的决心。

目前，俄军已在各个军区和舰队组建了独立无人机部队，如部署于东部军区堪察加半岛的无人机大队，部署于南部和中部军区的无人机营和无人机中队。根据俄军公开发布的规划，在未来 7～10 年，俄军将建立全域覆盖的机器人作战平台体系，并结合战争形态和行动样式的变化，组建规模化的机器人建制部队。此外，海军也计划建设 3～5 个水下潜航器大队，与潜艇和水面舰艇等传统力量协同作战，提升海上作战整体效能，进而构筑起俄军新质作战力量。

（三）机器作战系统项目投资

从世界范围看，俄罗斯的人工智能技术与美国相比还有较大差距，但它对人工智能、机器学习和自主系统的重视正日益加强，这体现在其对人工智能领域的系列投资上。如在国防部引领下，俄罗斯对人工智能图像处理技术，面部、声音和数据识别技术，语音控制技术，控制使用雷达和卫星信息的能力及武器生命周期的信息支持等项目都进行了投资。

同时，俄罗斯还创立了一个类“DARPA”机构——先进技术研究基金会（Foundation of Advanced Studies，FAS），专门负责整合全部现有资源以促进国防和国家安全领域的科学研究与开发。为确保在智能化领域的军事优势，FAS 专门针对智能武器系统进行了前瞻性部署，这包括：高度自主，不依赖外部系统；能够独立寻找和消灭目标；作用距离更远；通用；使用简单、灵活。

智能化战争的“认知迷雾”

“早在 2011 年 4 月，时任美国国防部长的盖茨就将自主技术列为七个科学技术优先投资领域之一（其他六个为网络、数据至决策（C^4I）、电子战 / 电子防护、工程弹性系统以及人力系统），并制定了相应的技术发展路线图，美国各军兵种也结合军种需求制定了自主技术的发展规划。”①2015 年，美国公布“国家创新战略”，锁定人工智能为战略前沿技术之一。2016 年，美国国防部开列出“第三次抵消战略”中人工智能领域的五大技术方向：处理大数据和决策模式的自主学习系统、与实时决策相关的人机协作技术、外骨骼或可穿戴电子产品的辅助作战技术、先进的人机协同作战技术、网络赋能自主式武器技术。同年 2 月，美国海军在 2017 财年预算中提出“以航空母舰为基地的空中加油系统”（CBARS）项目，取代此前备受关注的“无人驾驶、航母弹射起飞的空中监视与打击”（UCLASS）系统项目。5 月，美国政府宣布成立国家科学技术委员会机器学习和人工智能小组委员会，美国空军发布

① 中国航天科工集团第三研究院三一〇所：《自主系统与人工智能领域科技发展报告》，国防工业出版社 2017 年版，第 83 页。

首份专门针对小型无人机系统（SUAS）的路线图——《2016—2036 年小型无人机系统飞行规划》（下称《规划》）。8 月，美国国防科学委员会（DSB）发布了应五角大楼要求而开展的《自主研究报告》（Summer Study on Tonomy）。“报告就战场空间感知、防御、进攻和后勤四个领域进行研究，推荐了 10 个均可立即启动且在短期凸显作战价值的工程项目，演示自主技术的作战应用前景，验证新型自主技术从实验到作战的过渡。”①10 月，美国白宫发布了两份人工智能技术发展报告：《为未来人工智能做好准备》和《国家人工智能研究与发展战略规划》。12 月，白宫又发布《人工智能、自动化和经济》报告。

从美国军方及政府紧锣密鼓推出的系列报告及规划中，我们不难感知到在人工智能前沿角逐领域浓浓的硝烟味。美军对人工智能技术群的关注及对智能化战争的研判，是一面镜子。后来者或竞争者需要的不是顶礼膜拜，而是一种理性的解读与反思。

一、人工智能会取代人类作战？

2016 年 6 月，美国辛辛那提大学开发的“阿尔法”人工智能软件，与有丰富经验的退役美国空军上校基恩 · 李通过空战模拟器对战，在模拟空战中，红方用 4 架三代喷气式飞机成功击败了有预警机支持的 2 架四代攻击战机。模拟空战后，辛辛那提大学研究人员科恩说：“人类飞行员输给了人工智能飞行员，好像当年国际象棋大师卡斯帕罗夫输给了 IBM 的‘深蓝’一样。”基恩 · 李上校则宣称：“这是我见过的最具侵略性、敏捷性、变化性和可靠性的人工智能。”有研究显示，“‘阿尔法’

---

① 中国航天科工集团第三研究院三一〇所：《自主系统与人工智能领域科技发展报告》，国防工业出版社 2017 年版，第 80 页。

属于‘动作及简单战术行为’人工智能，采用的是‘遗传模糊逻辑’的智能技术。它可以组织全部传感器数据，构建战斗场景的映射，并在不到一毫秒时间内做出行为决策。在动态环境中，其反应速度是人类对手的250倍。”① 对于“阿尔法”取得的骄人战绩，辛辛那提大学旗下的赛博雷迪克斯防务公司总裁尼克·欧内斯特说：“‘阿尔法’在模拟环境中已经是一个致命的对手。我们的目标是继续开发它，未来让其与飞行员一起训练并扩展其功能。我们还将构建更加真实的空气动力学和传感器模型，以提升拟真度。”

基于类似“阿尔法”的科技突破，人们不禁要问：人工智能是否会超越人类？人工智能何时取代人类？人工智能是否会威胁人类的生存？这些所谓的“困惑”经常被报刊媒体、新闻电视及哲学爱好者等拿来“深思”，而事实上，他们可能多虑了。尽管在电影中不乏类似的追问，但只要我们深入研究智能的本质，就不难发现，目前的人工智能还处在“幼年期”，担心人工智能超越人类，更多的还是一种来自哲学的文化忧思，而非来自科学的现实挑战。

人类“出错”进化与人工智能“无误”运行的矛盾。从生物进化来看，有研究发现，人类一些区别于动物的主要能力，比如语言、逻辑、感情都源于进化过程中的基因复制“错误”。有些复制错误造成能力降低，那么衍生的物种就会被淘汰，而另外一种极小概率的错误可能是让某种能力变强，比如语言这个能力，就是在基因“抄书”的过程中抄错而产生的。按照这一逻辑，人类的核心能力是好多“出错”的产物，但是计算机最大的优点在于不会“出错”，它是完全按照人类设定的程序去运行，不会“出错”。就好比人类从猴子进化而来，如果不

① 李志芳：《人工智能“阿尔法”与人类空战反应速度不到一毫秒》，《解放军报》2017年11月23日。

出错我们可能还是猴子，恰恰是各种“出错”，最后进化出我们现在的样子。

人类“开放”环境与人工智能“封闭”系统的矛盾。从解决问题情景来看，人工智能只能在规则确定、信息完备的封闭系统中有可能比人类做得更好，比如围棋博弈、特定路线的无人平台操控等，而在人工智能赖以工作的可编程的特定问题和特定背景之外，必须依靠人类的敏锐洞察力、道德分辨力和随机应变力等因素才能解决问题。因此，凭借人工神经网络、大数据、云计算等分析技术，人工智能虽具有强大的信息感知处理能力，但军事对抗系统技术复杂性的提高必然带来新的系统不确定性，系统复杂性与系统不确定性相生相克的客观规律仍然是我们认识人工智能应当遵循的原理，因此人工智能的出现仍然难以完全驱散战场的“不确定性”迷雾。

人类“创造”潜力与人工智能“执行”能力的矛盾。人工智能技术还远没有办法让机器人像人类大脑一样学习和“举一反三”，人工智能系统当前使用的是监督学习，即使用人工标记的数据作为机器的输入，所谓的“举万反一”。要做到让机器像人类一样的“举一反三”，从未标志的数据中进行无监督学习，还存在较大挑战。此外，当前科学界对人类大脑的研究依然还很粗浅，距离完全揭开大脑黑箱还很遥远。2016 年 7 月，《自然》杂志刊文，美国华盛顿大学圣路易斯分校用核磁共振成像（MRI）扫描了 210 位健康成年人的大脑，得到了多种图像数据，结合多种成像技术，利用机器学习系统，绘制了全新的人脑图谱。该研究利用人工智能绘出的最新大脑地图，证实了此前已确立的 83 个脑区，还发现了 97 个全新的脑区。尽管这一发现有较大跨越，但距离全面揭秘人脑组织结构及运行机理，依然有许多科学难题要突破。就现阶段发展的人工智能而言，它还是一个只具备较单一功能的机器。好比

“阿尔法狗”，它其实就是一款围棋的人工智能程序。其主要的工作原理就是仿照人类大脑建立起一套模型，然后通过大数据的输入，建立多层的人工神经网络，再产生另一个数据用以集合输出。但是，“阿尔法狗”能做的也只是下棋或者执行某项单一的操作，这是人类大脑所具备的执行功能的万分之一。所以从某种层面来讲，人类对自己大脑的认识还相当贫瘠，由人类发明出来强人工智能全面取代人类或走入生活或走上战场，都还需要等待科学研究在相关领域取得重大突破。

二、人工智能会迅速颠覆未来战争？

2017 年，人工智能领域新进展让世人“惊叹”。谷歌 DeepMind 技术团队研发的人工智能程序阿尔法狗（AlphaGo）升级版，一周内横扫中日韩多名顶尖围棋高手，一时间，人们惊呼：人工智能是否已经让人类棋手彻底失去了翻身的机会？人类棋手与 AlphaGo 之间的“人机大战”，代表了人工智能在基于神经网络的深度学习、高性能计算和大数据技术等领域的最新成就。在竞争与博弈更为激烈的军事领域，随着计算机技术的不断发展，人工智能已经越来越多地应用于战场，推动着新一轮军事变革。人工智能对于军事领域究竟意味着什么？人工智能会迅速颠覆未来战争吗？这是许多军事爱好者、防务研究者及各国国防机构都关切的问题。但若从现有人工智能的技术发展状况来看，这种担心似乎还为时尚早。

人工智能“联结主义”进路面临战场环境难适应问题。当前的人工智能之所以备受关注，其背后的主要动因是 2006 年 Hinton 提出的深度学习方法大大提高了人工智能在图像识别、语音识别等方面的效率，并确实助推了无人驾驶、“智慧 +”等产业的发展。然而，任何一种算法都有其不完备性，深度学习算法也不例外。该方法在面对具有可微分(函数连续)、强监督（样本数据标定很好、样本类别 / 属性 / 评价目标恒定）学习、封闭静态系统（干扰少、鲁棒性好、不复杂）等任务时有效，而在面对不可微分、弱监督学习（样本分布偏移大、新类别多、属性退化严重、目标多样)、开放动态环境下的任务时，该方法效果较差，计算收敛性不好。另外，相对于其他机器学习方法，使用深度学习生成的模型非常难以解释。这些模型可能有许多层和上千个节点，单独解释每一个是不可能的。数据科学家通过度量它们的预测结果来评估深度学习模型，但模型架构本身是一个“黑盒”。它有可能会让你在不知不觉间失去“发现错误”的机会。最后，如今的深度学习技术还有另一个问题，它需要大量的数据作为训练基础，而训练所得到的结果却难以应用到其他问题上。因此，如何在面对各种复杂战场情境任务时恰如其分地解决这些难题，就需要结合其他的方法取长补短、协调配合。

人工智能“行为主义”进路面临作战主体难进化问题。对于人工智能行为主义进路中的增强学习，其优点是能够根据交互作用中的得失进行学习绩效的累积，与人类真实的学习机制相似。该方法最主要的缺点是把人的行为过程看得过于简单，实验中往往只是测量简单的奖惩反馈过程，有些结论不能迁移到实际战场情景中，所以往往外部效度不高。此外，行为主义刻意研究可以观察的行为，但是由于其主张过于极端，不研究心理活动的内部机理，否定意识的重要性，进而将意识与行为对立起来，限制了战争中人工智能主体的进化。

人工智能“符号主义”进路面临战术行为难解释问题。符号主义基于逻辑推理的智能模拟方法模拟人的智能行为，属于现代人工智能进路。该方法的实质就是模拟人的大脑抽象逻辑思维，通过研究人类认知系统的功能机理，用某种符号来描述人类的认知过程，并把这种符号输入到能处理符号的计算机中，就可以模拟人类的认知过程，从而实现人工智能。可以把符号主义的思想简单地归结为“认知即计算”。从符号主义的观点来看，知识是信息的一种形式，是构成智能的基础，知识表示、知识推理、知识运用是人工智能的核心，知识可用符号表示，认知就是符号的处理过程，推理就是采用启发式知识及启发式搜索对问题求解的过程，而推理过程又可以用某种形式化的语言来描述，因而有可能建立起基于知识的人类智能和机器智能的同一理论体系。目前知识图谱领域面临的主要挑战问题包括：知识的自动获取；多源知识的自动融合；面向知识的表示学习；知识推理与应用。符号主义主张用逻辑方法来构建人工智能的统一理论体系，但却遇到了“常识”问题的障碍，以及不确知事物的知识表示和问题求解等难题，因此，如将其运用到未来战争实践中，将面临战术行为难解释等诸多问题。

三、人工智能对战争的颠覆是全方位的？

在指控系统中，人工智能所追求的理想效果是：只要提供己方、友方和敌方的兵力数据及相关计划，人工智能系统就可以推演得很精确，从而达到辅助指挥员甚至部分取代指挥员进行决策。如果将该系统嵌入到指控系统中，就可大大提高指挥效率。就目前人工智能发展水平而言，这种效果还很难达到。

战场态势理解。这个态势与人们下围棋、下象棋的态势理解完全不同。下棋是固定规则、完全信息、行动开放，但战场态势是不完全信息。理解战场态势是指挥决策的前提，包括作战力量、战场布势、行动过程、环境目标等。所处层次越高，对战场态势的认知就越具主观性，从战斗、战术层，再到战役、战略层，态势可量化的程度就越低。从这个角度来看，低层次的战斗战术态势理解相对容易一些，现在能够做到的几乎都在这个层面，比如飞行员看到的双机对抗态势，连排长看到的分队战术态势。但就整体而言，计算机对态势的理解能力还远远达不到人的水平。很复杂的战略战役态势，有经验的指挥员借助一定的科技手段，很快就能知道战场态势如何，百万雄兵自在胸中。但计算机还做不到，没有这样的智能水平。

决策想法表达。人工智能系统将决策的“想法”用笔输入图形容易，画个草图就行，技术可行。但要把对态势判断的理解精准表达就会遇到障碍。比如作战决心，你是画个箭头，还是画个圈圈来表示呢？采用哪种图表和符号呢？表达是粗些好还是细些好？如何补充其中的细节？如果要素更多一些，各种情况叠加在一起自然导致复杂性增加，决策表达也会变得更加复杂。对我们人来说，这种表达没有任何问题，但若要让计算机去做就比较困难，因为人机接口还做不到对图形图像、自然语言的理解。但是决策想法的输入是分析评估的前提，要想解决这个问题，智能化的人机接口就是绕不过去的问题。

作战计划应变。作战行动及结果的不确定性，会导致行动偏离计划预想。“炮声一响，计划为零”，说的就是这个问题。此外，决策选择还会出现组合爆炸现象，前面计划的任何变化都会导致后面计划的无穷变化。因而，识别情况变化并能正确应对是难题。态势一旦改变了，如何识别和理解？一旦态势有调整如何随机应变？这本质上是“人机对抗问题”的翻版，和 AlphaGo 人机大战一样。所以，过去做作战计划评估，一般是单方计划，是一些低层次、低复杂度及低对抗条件下的行动组合。对较高层次、较高复杂度及较高对抗条件下的作战计划，如果不能实现对态势的认知理解和智能应变，就无法做到对计划的真正评估。

四、美军在人工智能领域已独占鳌头?

2017 年 2 月 3 日,《纽约时报》刊发了由普利策奖获得者、科技记者约翰·马尔科夫(John Markoff)撰写的《China Gains on the U.S. in the Artificial Intelligence Arms Race》(该文在纽约时报中文网上的标题为《中国人工智能赶超美国不是梦话》)。马尔科夫在文章中分析认为,在人工智能时代,不仅人们的生活会因此改变,AI 还会将国家之间的科技竞争拉到相对平等的起跑线上,甚至很有可能在下一个科技时代的“战争”中,美国会失去技术上的垄断优势。2017 年 11 月,科技部宣布,我国已经组建了一支“梦之队”来引领人工智能产业开发。抛却美国媒体的担忧,我国人工智能产业距离发达国家还面临许多差距及挑战,这一点务必要有清醒的认识,特别是美国成熟的军民融合机制对前沿科技的孵化作用,不容小觑。缩小差距或引领趋势,都需要扎扎实实地努力。

政府高度重视。2017 年 7 月 20 日,国务院印发了《新一代人工智能发展规划》,提出了面向 2030 年我国新一代人工智能发展的指导思想、战略目标、重点任务和保障措施,部署构筑我国人工智能发展的先发优势,加快建设创新型国家和世界科技强国。按照规划,我们将“三步走”来构建人工智能发展目标,到 2030 年,人工智能理论、技术与应用总体达到世界领先水平,成为世界主要人工智能创新中心。人工智能在生产生活、社会治理、国防建设各方面应用的广度深度极大拓展,形成涵盖核心技术、关键系统、支撑平台和智能应用的完备产业链和高端产业群,人工智能核心产业规模超过 1 万亿元,带动相关产业规模超过 10 万亿元。

科研机构发力。2017 年 4 月，由美国人工智能协会组织的年会在美国旧金山召开，在 2571 篇投稿论文中，中国和美国的投稿数量分别占到 31% 和 30%；2017 年 6 月，以“迈向大智能时代”为主题的首届世界智能大会在天津举行，来自全球 17 个国家和地区的多名中外政要、著名企业家和院士专家共话人工智能；2017 年 8 月，作为人工智能领域内最主要的学术会议之一，国际人工智能联合会议在澳大利亚墨尔本举行，中国参会者数量接近参会总人数的四分之一，来自中国的科研成果约占大会展示和交流总数的三分之一，超过了美国和欧洲的总和。尽管论文数量、参会人数及论坛会议不能完全说明问题，但结合其他一些指标分析，还是能看到我国在人工智能领域的研发动力较大。

企业布局加速。根据腾讯研究院发布的《中美两国人工智能产业发展全面解读》，截至 2017 年 6 月，全球人工智能企业总数达到 2542 家，其中美国有 1078 家，占据 42%，中国其次，有 592 家，占据 23%；另外，全球人工智能领域风险资金累计 1914 亿元，其中美国达到 978 亿元，占据全球总融资 50.10%，中国仅次于美国，为 635 亿，占据全球总融资 33.18%。从企业人工智能发展来看，如百度将自身定位为人工智能公司，牵头筹建深度学习技术及应用国家工程实验室，百度大脑拥有目前全球最大的深度学习神经网络，具备视、听、说和预测、规划决策以及行动控制能力，进入 2016 世界互联网大会领先科技成果前 15 位。科大讯飞以其先进的语音辅助技术让人工智能有了真正落地的应用，在《MIT 科技评论》公布的“2017 全球最聪明 50 家公司”榜单中位列第六。滴滴出行致力于深度学习、人机交互、计算机视觉和智能驾驶技术的研发，每天处理超过 4500TB 的数据，超过 2000 万个订单。另外值得一提的是，由北京积水潭医院、北京航空航天大学、北京天智航医疗科技三方联合研发的骨科机器人“天玑”，是国际上唯一能开展四肢、骨盆骨折以及脊柱全节段手术的骨科机器人系统。

当然，一方面，我们不能唯美军马首是瞻，陷入被动锁定的陷阱；另一方面，我们也不能盲目自信，毕竟在很多基础性、战略性、关键性领域与美国还有较大差距，如在基础理论、核心算法、关键设备、高端芯片、重大产品和系统方面的原始创新成果还比较少。科技竞争，实力为本，前瞻布局，攻关核心，是一般科技较量的规律，也应是人工智能较量的遵循。

科 幻 篇

※ ※ ※

未来已经发生，但是尚未流行。

——威廉·吉布森（美国作家）

西方科幻与军事的历史渊源与当代启示

科幻作品全称为科学幻想作品。直到今天，对科幻的定义仍无定论，呈现出各家自持一言的状态。但无论是哪种定义，可以明确的是，“科学”与“幻想”是科幻的两大元素，“科学”是科幻作品的描述对象，“幻想”则是科幻创作者的写作手段，即进行以虚构为主体的艺术创作。“科幻小说”（Science Fiction）是科幻作品最早出现的形式，这一名词直到 1930 年才被首次正式提出。英国小说家玛丽·雪莱于 1818 年出版的《弗兰肯斯基》被认为是世界上最早的科幻小说，自此，科幻作品在西方伴随着工业革命、世界大战与冷战发展至今，形成了科幻小说、科幻电影、科幻杂志、科幻插图作品与科幻电视五大类形式。由此可见，科幻的产生源自西方。长期以来，科幻作品体现出了与军事的深刻内在联系，以其特有的方式推动了军事技术以及对战争研究的发展。眺望未来，科幻作品的生命力仍将持续不衰，在更加变幻莫测的未来世界，科幻创作者们已经开始了天马行空的幻想。

一、西方科幻与军事的历史渊源

在科幻作品诞生之前，西方武器制造就已显示出浓厚的幻想色彩。而随着近代战争的爆发，科幻与战争表现出了紧密的内在联系。科幻作品通过促进军事技术的创新变革，描绘出了未来战争的作战图景，并通过对战争伦理的反思推动了和平主义思想的传播。

（一）西方早期武器装备的科幻色彩

自从冷兵器时代以来，幻想是诸多西方的武器装备制造者发明的源头。列奥纳多·达·芬奇在其手稿中设计了诸多未来武器，包括机器人、集束炸弹、投石车、大炮、轰炸机等，其简单的素描图纸在数百年后成为战场上的真实杀人工具。这些具有前瞻性的创造来源于达·芬奇本人充盈丰富的想象力，而历史事实也证明，以上武器装备的实际发明者的确借鉴了这些幻想成果，使得每个时代出现的新武器都具有人类幻想的色彩，飞机就是其中的典例。从伊卡洛斯开始，人类飞翔的梦想不曾停止。罗杰·培根、达·芬奇等都对飞行器进行了改进，而他们改进的方式则是基于幻想，也正因此，他们在被称为发明家的同时也有了另外的名字——“幻想家”。飞行的梦想在 1783 年由蒙戈尔菲耶兄弟变为现实，气球成为人类飞翔的新工具，并使得更多幻想家延伸构想出了“空中飞船”“飞艇”等多种飞行器的形态。随后在 1903 年，莱特兄弟发明了飞机，一战时飞机投入使用，并由此发展出“空战”这一全新的作战样式，延续至今。可以说，飞机的出现及其在军事领域应用的根源就来自于幻想。由此可见，西方大量的武器装备始于幻想，与科幻作品关联紧密，武器制造则是将幻想转化为现实的过程。

值得注意的是，与西方相比，科幻在中国历史中的角色与西方相比颇显逊色，直到20世纪初才登上中国历史舞台。1898年戊戌变法失败后，思想家梁启超受到日本政治小说《佳人奇遇记》的启发创作了小说《新中国未来记》，并于1902年发表，该部作品被定义为“中国第一部具有科幻色彩”的政治题材小说。直到两年后，中国第一部真正意义上的原创科幻小说《月球殖民地小说》连载于《绣像小说》杂志。由此可见，与其说中国古代武器装备带有科幻色彩，不是说带有“神话色彩”更为贴切。中国古代神话小说《封神榜》中黄帝使用的乾坤弓、震天箭，经典小说《西游记》中孙悟空的金箍棒、沙弥的招缴械等都体现出，中国古代作家早已将幻想元素融入对武器的描绘之中，且与实际的中国古代兵器相互映照，使之带有一定的幻想色彩。然而，目前还难以考证这些艺术创作对于中国古代兵器的影响，且更为明显的是，中国古代神话中的兵器大多在内部构造、杀伤原理、运行方式上具有简单性，比如照妖镜、定风珠等，艺术创作者大多将武器装备称为“法宝”，神话中原本十分平常的物件由于魔法等神秘力量而突然具有了特殊能量。因此，中国古代艺术创作中的幻想更多是将物件转化为法宝，转化过程具有简单性、神秘性与抽象性。但是反观西方的科幻作品，西方的幻想家与科幻创作者往往对武器装备进行十分细致的描述，从外观材料到内部构建都能够进行详细的阐述，比如达·芬奇在其手稿中就完整地将飞行器描画出来，因此也对于实际的飞机制造具有直接的借鉴作用，由此可以看出，与中国相比，西方科幻对武器装备的描绘更具有复杂性、直观性和具体性。

（二）科幻作品促进军事技术创新与变革

从自然属性来看，军事技术是人类把自然科学认识应用于实践，使之物化或对象化的结果，而军事技术的最终成果则表现为物质形态的东西，比如武器装备。在物质层面，科幻作品对未来的军事技术表现出惊人的预见性，并激发军事发明家的科技创造，指引军事变革的方向。

表 2　武器装备与科幻作品对应年表

武器装备	首次应用于实战时间	科幻小说 / 影视作品	作者 / 导演	发布年份
潜水艇	1871 年	《海底两万里》	凡尔纳	1869
巨炮	一战	《从地球到月球》	凡尔纳	1865
无履带坦克	1916 年	《陆战铁甲》	威尔斯	1903
原子弹	1945 年	《获得自由的世界》	威尔斯	1913
隐形装备	20 世纪下半叶	《隐形人》	威尔斯	1897
激光武器	20 世纪 80 年代	《两个世界的战争》	威尔斯	1895
无线脑波控制设备	21 世纪	《大独裁者》	别利亚耶夫	1932
虚拟现实设备	未应用于实战，应用于实战模拟领域	《皮格马利翁的眼镜》	斯坦利·温鲍姆	1949
超级盔甲	未应用于实战，处于研制阶段	《钢铁侠》	乔恩·费儒	2008
电磁炮	未应用于实战，处于研制阶段	《变形金刚》系列第 2 部	迈克尔·贝	2009
机械外骨骼	未应用于实战，处于研制阶段	《光晕》系列第 4 部	斯特瓦特·亨德尔	2012

如表 2 所示，武器装备的实际应用与科幻作品之间存在明显的关联性。在上述武器装备应用于实战之前，科幻创作者便已提出相关构想并通过文学或影视作品进行艺术表现。创作者们通过细腻的笔触描绘出在当时人们看来离奇古怪的未来武器，比如被人们称为“钢铁怪物”的坦克，但在若干年后的战场上，这些武器便神奇地从书中跳出，成为新式杀人武器。科幻作品为实际的军事技术提供了初步构想与灵感来源。在

1903 年的《陆战铁甲》与 1908 年的《空中大战》中，威尔斯都提出了对坦克的设想，以及建立并加强空中力量的重要性。但当时英法俄国的军队都未曾对此加以关注；相反，德国的高层指挥部为此全力以赴。最终随着一战的到来，坦克使德军形成了非对称军事优势，而协约国则因此在坦克战场中处于相对被动地位。科幻作品还指引着军事发明家与科学家的研究工作。物理学家雷奥·斯里拉德在 1932 年读到了威尔斯的《获得自由的世界》一书，次年来到英国。虽然当时的物理学家们嘲笑制造原子弹的想法，但斯里拉德始终还是无法忘却威尔斯的这部小说。1934 年，斯里拉德计算出了可控链式反应的方程式，从而奠定了制造原子弹的理论基石。1939 年，他请求爱因斯坦将原子弹的构想提交给时任美国总统罗斯福。斯里拉德本人也在日记中写道："我读了威尔斯的《获得自由的世界》受到很大鼓舞，决定把爱因斯坦的理论公式应用于实际。"可见，威尔斯的科幻小说于无形之中促成了原子弹的诞生。

在世界军事史上，经历过数次军事变革后，战争形态产生了四次较大的转变，从冷兵器战争、热兵器战争、机械化战争，发展到现在的信息化战争。一战前夕正值科幻小说的兴盛期，世界上第一部科幻电影也在此时出现。在科幻与战争的时间重合点上，正如本文列表所示，科幻作品对一战的军事技术与战争形态进行了精准预见（如巨炮、坦克与潜艇战、空战），从这一角度看，科幻作品为战争打响了前奏，为从热兵器战争到机械化战争的转变提供了推动作用。直到如今的信息化战争，隐形技术、激光武器、无线脑波控制、纳米技术，乃至人工智能、基因改造、器官移植、虚拟现实等可用于军事领域的技术，都已出现于科幻作品之中，因此可以看出科幻作品对军事技术的预见性仍未减弱。

与实际的科学研究工作不同，科幻作品以独特的方式激发了军事发明家的创造灵感，推动了军事技术的创新变革，并由此影响未来战争的作战图景。究其缘由，可以发现科幻与战争都同样处于不断创新的过程之中。科幻作品熔铸着创作者的科学知识与想象力，是运用科学知识的特殊形式，这一形式的创新性在军事发明家眼中转变为了技术创造的可能性，也正因此，科幻作品成为发明创造的灵感来源，对军事技术的创新与变革产生了不可磨灭的作用。

（三）科幻推动战争反思的社会化

在布莱恩·阿什 1977 年出版的《科幻视觉百科全书》中，科幻文学的题材被划分为 19 个类型，在约翰·克卢特的《图解科幻百科》中，科幻主题被划分为 17 个部分，两者不谋而合地指出：战争是科幻的重要主题，唯一不同的是，前者的表述是“战争与武器”，后者则是“未来战争故事”。而战争伦理主要论及如下议题：战争如何受到道德强制？或者说它涉及道德的进步如何影响到战争？以及战争为道德制约的条件是什么？为什么道德限定最后会发展为理性限定？等等。按照西方的分类框架，立足具有实质性的观点和立场，战争伦理对战争的道德态度可分为现实主义、和平主义与正义战争论三大类。在对战争伦理进行深入探讨的科幻作品中，绝大多数创作者持和平主义思想。比如当一战爆发时，威尔斯创作了《结束战争的战争》一书，提出“一场规模足够大的战争会给予人们一些有益的教训”。而随后在二战中首次使用的原子弹则对科幻创作者内心产生了极大震撼，和平主义由此与对核伦理的探讨相结合，因此冷战时期的科幻作品大多以反对核武器威胁与冷战的其他严重后果为主题，此类科幻作品数量呈井喷式增加，并占据绝对主流地位。几乎唯一的例外是世界科幻“三巨头”之一的海因莱因。作为科技乐观主义的代表人物，海因莱因毫不掩饰地表达了对先进科技的着迷。海因莱因作品中的技术崇拜与英雄主义架构于无形中美化了战争，与通常以大悲剧结尾、坚持消极基调的反战科幻作品形成了巨大反差。

对战争伦理的讨论在东西方通常都是哲学家与法学家的工作，而由于科幻作品中的幻想其实是科学的，是从现在科学水准猜测科学的发展远景、将来的人类命运，因此可以说，科幻作品也是创作者们对战争进行的科学反思。正如著名科幻女作家比约德所说："对预防战争的清晰思考比以往任何时候都更呼之欲出，同时还急需头脑清晰地将所思所想著书立说传授于人"，科幻作品通过构成虚拟的语境，由此呈现或引发不同寻常的新思考。上海交通大学江晓原教授提出："科幻电影的价值在于对科学的思考……科幻电影虚拟的情境是促进思考所必需的。" Nature 杂志也曾提出："比起科学家，科幻作家也许能更好地理解与传达技术的改变对人们生活的影响。"科幻创作者以科学的方式与文学的形式将科学、战争与社会相联系，这在其他领域，无论是哲学界、法学界还是科学界，都是无法达到的。而通过建立此种联系，科幻作品以易被社会接受的方式讨论严肃艰涩的伦理问题，使得对战争伦理的反思社会化、大众化，增强了科技与社会的相互作用，社会对高杀伤武器的负面反馈在一定程度上影响了政府决策，并制约其发展，和平主义思潮得到进一步传播，从而为未来战争的军事伦理、军人伦理与战后伦理讨论奠定了社会基础与思想基础。

二、科幻作品在军事领域的回响

自科幻文学诞生以来的很长时期内，科幻作家始终处于被科学与文学所排斥的尴尬处境。一方面，科幻就处于文学的边缘，与其他文学形式相比受众有限。而相比于科学来说，科幻也大大处于弱势地位。然而，科幻作家群体不仅显示出了深厚的科学底蕴，还通过投身科学活动积极发挥了科幻作品在军事领域的作用。同时，军方与科幻作家的良好互动使得科幻作品成为军事力量发展的有效“催化剂”。

（一）科幻推动军事机构与学科的建立

物理学家斯蒂芬·威廉·霍金在为劳伦斯·M. 克劳斯的科普著作《星际迷航里的物理学》写序时，曾指出：“科幻不仅有趣也会启发人类的想象力……科幻和科学之间是双向交易。”科幻与科学具有奇特的交叉点，在这点上重要的体现在于，科幻创作者不仅将科学知识体现在作品中，还积极投身科学活动中，还有部分科幻作家成为科学学科的引路人。“科幻之父”威尔斯曾倡导英国科幻作家创办杂志《明天：未来杂志》。1938 年，领导研制“喉”式单翼无人机的科学家 A.M. 洛教授在该杂志春季号上呼吁英国成立“未来部”，搜集全世界数据。虽然该设想在二战后没有实现，但世界各大国政府，尤其是军方，大量投资研究未来，刺激了未来学的发展，并促成了一系列重要战略机构的诞生。当前美国重要的战略研究机构兰德公司正是在二战后未来学的兴起中建立起来的。1948 年成立后，兰德公司的基本作用就是开展面向未来的战略研究。当兰德公司还附属于美国空军道格拉斯公司时，美国空军总司令阿诺尔德就要求航天工程学家冯·卡门预测军方感兴趣的技术在未来的潜在能力。由此可见，兰德公司的建立初衷是对未来的预测。全球著名智库罗马俱乐部也是“未来研究所”。自 1968 年成立以来，罗马俱乐部致力于从世界体系的角度研究探讨人类社会的重大问题，参与者包括世界知名科学家、企业家、经济学家和社会学家等各领域专家。随着科学技术的迅猛发展，未来学已发展成为覆盖六大未来研究领域（社会、经济、科学、技术、军事、全球），拥有十大重点课题（粮食和人口、资源和能源、城市和交通运输、自动化、信息化、空间开发、教育、环境、科学技术的影响、全球问题）的综合性科学学科，被称为人类探索未来发展的“望远镜”。虽然未来学家大多从事学术研究而不进行科幻创作，但著名科幻作家，包括凡尔纳、威尔斯、阿西莫夫、克拉克、奥尔迪斯等人已成为公认的未来学家。未来学的本质思想和创设初衷与科幻作品一致，都在于对未来的预测，而回顾未来学的发展历程，可以说，未来学来源于科幻，科幻创作者则是未来学的始祖。

（二）科幻界参与军事领域研究

随着科幻对科学技术推动作用的不断显现，科幻创作者们开始从作品背后走向现实，逐渐受到科学界的接纳以及军队的重视。1999 年，世界顶尖科学杂志 Nature 杂志为科幻作品设立专栏“未来”，此后一直受到美国科幻界的广泛欢迎。科幻与科学在 Nature 杂志上的共存标志着科幻作品开始得到科学共同体的接纳。在意识到科幻对科学技术的作用后，军队在与科学界合作的同时还邀请科幻创作者参与到军事技术研发的实际决策中。虚拟现实公司 Oculus 创始人 Palmer Luckey 曾指出，科幻作家能够帮助科技从业者了解技术前景并提供高质建议。增强现实公司 Magic Leap 则通过直接聘用三位科幻小说家开发最先进技术，在其看来，虚拟现实与增强现实技术都具有广阔的军事应用前景。科幻界之所以能够涉足军事领域研究，在于科幻创作者对军事领域的深入了解与探究。当下美国的军事科幻片在剧本形成之前，剧组主创人员就已大致了解军方正在研制的武器以及当下的军事理念，而其中最典型的例子就是经典科幻片《阿凡达》。可以说，科幻界对军事领域的涉足增强了科幻作品用于军事领域研究的价值。

（三）科幻成为军队研究未来战争的重要手段

2017 年 1 月 11 日，据美国《戎行时报》网站报道，美海军陆战队的未来评估部（MCFAD）和大西洋理事会于 2015 年协调组织了为期一天的科幻写作研讨班，从 74 名军事作家申请者中甄选出了 18 名，其目标是再现《海军陆战队安全评估环境猜测（MCSEF）：2030—2045》中描述的三种可能的未来世界。2017 年 1 月 11 日，一个专门小组在大西洋理事会专门讨论了他们的作品。大西洋理事会研究防务挑战问题的专家史蒂文·格伦德曼指出了训练科幻写作的价值："假如我们思索和书写未来，我们就更可能熟悉现在。"除海军外，美陆军于 2016 年秋天启动了首届"疯狂科学家科幻写作比赛"，呼吁军人就"2030—2050 年的战役"进行写作。主办方要求想参赛的军人思考科技、社会、全球经济和其他方面可能泛起的各种趋势，以及这些趋势将如何影响陆军在未来冲突中的运作方式。在练兵备战过程中，科幻作品是军队设想未来战争的有效方式，无论是科幻作家加入，还是培养军人的科幻写作能力，科幻作品对研究未来战争都具有实际意义。

三、西方科幻与军事关系的当代启示

回顾军事技术发展史可以发现，科幻作品中天马行空的想象往往就是未来的起点。历史已证明，西方科幻作品对军事领域研究具有现实意义，而进一步发挥科幻的作用则需要促进科幻与军事进一步融合，接受并运用科幻，从而将科幻作为眺望未来战争的窗口。

（一）培养指挥员的战斗想象力

美国军事战略学家约翰·柯林斯在研究历史上的战略大师后得出结论：他们的共同特征是“富有战斗想象力”。在未来瞬息万变的战场上，科幻所蕴含的想象力是指挥员战斗力的重要来源。军事家克劳塞维茨曾形象地概括了战争的真实面貌：“战争是充满不确实性的领域。战争中行动所依据的情况有四分之三好像隐蔽在云雾里一样，是或多或少不确实的。”在智能化战争时代，战场在自然空间、技术空间、认知空间与社会空间全方位、全天候展开，战场风险高、节奏快、干扰多，指挥员进行正确指挥与决策的难度与日俱增。面对纷繁复杂的战场环境，固有的战法、原则与策略往往难以及时奏效，指挥员一旦受困于旧章法就极易陷入无计可施、画地为牢的困境，只有充分发挥战斗想象力才能出其不意，破敌制胜。回顾我军战史上的经典战例便可发现，指挥员不拘一格的战争思维和指挥艺术往往奠定了胜局。而战斗想象力非一日形成，需要长期的培养与锻造，而科幻则是加强战斗想象力的可选方式。加强科幻界与军事界的合作交流，设立“未来学”研究机构与军事部门，锻炼士兵的科幻写作能力，鼓励军事科幻作品的创作都是增强战斗想象力、发挥科幻军事价值的有效途径。

（二）从科幻视角推进未来战争研究

正如“制空权”之父杜黑所言：“胜利只向那些能预见战争特性变化的人微笑，而不是向那些等待变化发生才去适应的人微笑。”如今，科幻正是帮助我们预见未来战争的工具。伴随着大数据、云计算和深度学习等新技术和新概念的出现，人工智能在感知与认知领域取得了重大进展，“智能化战争”逐渐成为未来战争的雏形，也成为大量科幻电影的主题。关于人工智能与未来战争，科幻电影深入探讨了人机关系、机器的角色定位以及对机器的风险控制等具有现实意义的主题。从美军邀请科幻作家参与未来战争讨论可以看出，科幻作品中展现出的未来战争图景不仅仅是娱乐性的幻想，其中更蕴含着对未来战争的预见性，因此以科幻视角研究未来战争具有可行性。推进科幻界参与军事领域研究，既能为军事界提供另一套思维体系，也能激发适用于未来战争的新技术新战法新思路，从而在战略上实现先人一步，夺取竞争主导权。

（三）促进军事科幻落地生根

军事科幻作品是科幻与军事交融的直接产物，在众多题材的科幻作品中独树一帜，和其他类型的科幻作品相比对于军事领域研究具有独特价值。如刘慈欣在 2009 年出版的《全频带阻塞干扰》中虚构了电子战的场景，预见了电磁干扰技术。这体现了科幻作家的前瞻性和军事科幻小说的现实意义。纵观科幻发展史，战争是推动科幻浪潮涌现的强大推力，也是将科幻作品的价值彰显的领域。推动军事科幻作品的大繁荣，需要创作者深入了解军事前沿动态，充分展望未来战争图景。

总之，科幻作品自诞生以来就与军事密不可分。西方武器装备不仅本身具有科幻的影子，而且其军事技术的进步与变革也受到了科幻作品的实际推动。另外，科幻作品中对战争伦理的反思也促进了社会大众对战争的思考与和平主义思想的传播。随着科幻作品影响力的扩大，科幻创作者从幕后走向前台，通过主动参与科学活动以及军事领域的研究，开掘了科幻作品的实际军事价值。西方科幻与军事的历史渊源表明，应从科幻作品切入研究未来战争，促进军事科幻作品的发展，并进一步推进军事科幻与练兵备战的结合，提升一支军队的战斗想象力。

可畏的反叛：《异形：契约》让人类警惕机器生化人威胁

在《终结者》系列电影第二部中，人工智能系统“天网”原本只是美国开发的电脑防御系统，在控制美军的武器装备后不久，便获得了自我意识，认定人类是其存在的威胁。于是，“天网”立刻倒戈对抗自身的创造者，采用小规模杀伤性武器（甚至激光武器）来灭绝全人类，于是，引发了一系列问题。

一、从《普罗米修斯》到《异形：契约》

人之所以为人，是因为有自我意识，有信仰，有情绪，有思想，有美国机能主义心理学先驱威廉·詹姆斯所谓的“意识流”。如果人造生命体或人工智能体某一天也获得了自我意识，它还会不会甘愿充当人类的仆人或工具？它会不会厌恶甚至毁灭人类？在雷德利·斯科特执导的电影《普罗米修斯》之后，如今其导演的科幻影片《异形：契约》又牵引我们关注并思索这一切。

《异形：契约》承接《普罗米修斯》，讲述的故事并不复杂：在普罗米修斯故事发生十年后的2103年，另一艘庞大的殖民飞船“契约”号满载2000名殖民开拓者驶向目的地殖民行星。在遭遇恒星耀斑爆发引起的能量风暴冲击之后，飞船在修复过程中无意间接受到一个信号，后发现这个信号来自附近一颗适宜居住的小行星。于是，奥姆船长下令向这颗神秘小行星进发。奥姆、丹尼尔丝和沃尔特等率先踏上这颗寂静的星球，他们在那里发现了十年前“普罗米修斯”号伊丽莎白·肖博士的遗物，以及“普罗米修斯”号的另一位幸存者——生化人大卫。原来，早在十年前，“普罗米修斯”号在小行星LV–233上发现了一群被称为“工程师”的外星人，他们正是创造人类的“造物主”，其飞船中储存着一种能摧毁非植物类一切生物的生化武器“黑水”。后来，生化人大卫用飞船上的黑水杀死了所有的工程师一族，并在这个星球上开始研究用黑水杂交培育异形卵。此时，“契约”号船员已有人感染了“异形”病毒并遭到异形攻击，于是，他们拼命逃离该星球。由于同为生化人的沃尔特和大卫对于人类的态度迥异，两者发生激烈搏斗。“契约”号再次启程，大卫替身沃尔特进入“契约”号，飞船继续驶向寂寥太空……

二、“智能塔”的倒塌

如果说《异形：契约》影片仅仅就是展现了一种直戳人心的恐怖，而没有任何值得回味的思想承载，那绝不是一部上佳的科幻影片。事实上，影片一开始就回溯到了生化人大卫被创造完成之初，他与创造者韦兰之间有一段颇有哲学思辨色彩的隐喻对话。当韦兰用上帝般傲慢的口气告诉大卫“你仅仅是我创造的作品”时，大卫回抛了一个问题：“我是你创造的，那么你又是谁创造出来的呢?”这显然将韦兰置于困境。此后大卫又说了一句略带挑衅的话语——“百年之后，作为造物主的你会消亡，而我会永远存在下去”。显然，大卫脱口而出的这句话不仅戳到了韦兰的痛处，也戳到了所有人类的痛处。某一天，当人类创造的生化人忽然通过进化拥有了比自身更强大的生命力，人类将何去何从？

当然，影片用如此这般方式开头，下面的谜团也就自然解开了——大卫这个生化人为何要将星球上的生命屠杀？这其实源于他意识的自我觉醒，他觉得人类弱小且快要灭绝，需要用人类来做实验，创造更完美的生命，自己也当一名造物者而非被造者。我们知道，影片中的“工程师”们创造了人类，人类创造了比自己生命力更强的生化人，而今生化人又要企图创造新生命。或许，在这个生命创造的链条中，在某个环节处应该断裂，而不能无限制地延伸下去，否则，激起的将注定是不满与杀戮的欲望。

人类到底是否应该创造可能替代自身的超级智能体或生命体？对此，大致有宇宙主义者（Cosmist）和地球主义者（Terran）两种主张，前者不考虑人类未来生存是否存有危险，后者明确忧虑人类的未来前景。雨果·德·加里斯在《智能简史：谁会替代人类成为主导物种》一书中曾预言：在21世纪晚期，将在宇宙主义者和地球主义者之间爆发一场关于人类是否应该制造那些神一样的“人工智能机器”的“大战”，此一争论的精髓是：“我们是在制造上帝，还是在制造我们潜在的终结者？”对此，影片《异形：契约》在开头也有所隐喻：在韦兰的指示下，大卫用钢琴弹奏《众神进入英灵殿》，这支乐曲来自瓦格纳的歌剧《尼伯龙根的指环》中第一部分“莱茵的黄金”。众神通过彩虹桥进入英灵殿，但这背后却埋下了诸神末日将近的伏笔。当人类创造出生化人之后，似乎人类晋级成了神，有使唤的对象，有驾驭的工具，有摆布的生命。然而，当生化人突然有了自我意识，开始学会思考，那么人类是否也必将迎来自己的末日呢？

众所周知，作为人类历史上杰出的科幻小说家之一，阿西莫夫发明了词汇“机器人”，并提出了“机器人三大法则”以规约机器人伤害人类。然而，法则是否真能产生效果不得而知。从某种意义上说，人类对生化人创造的执迷，背后折射的也是科学技术的傲慢。对此，国内著名科幻电影研究者、上海交通大学江晓原教授在《〈异形〉：女英雄教人类不要骄傲自满》一文中就指出：“在《异形》系列中，公司代表了人类对于科学技术的盲目自信。在公司看来，科学研究当然是没有禁区的，他们相信自己掌握的科学技术足以搞定一切事情，所以总想将异形弄回来研究。然而事实上每次局面都失控了，人类已有的科学技术搞不定关于异形的事情，最后只能依靠女英雄芮普莉舍身救世人。”

三、回到康德

控制论的创立者维纳曾说：“任何新科学技术都具有为善与作恶的巨大可能性。”当人类科技发展还能够自主掌控的时候，危险看似遥不可及，毕竟人造的所有机器仍只是机器而没有自我思考的意识。这种情况恰如笛卡尔所断言：“尽管机器在某些方面的能力和人类一样好，甚至更强，但是它们在其他方面的能力却落后于人类。从其落后的方面来看，我们发现，机器并不是以知识而只是以其部位的排列方式来完成任务的。”然而，如果人类有一天彻底失去了对科技的控制，想必注定会带来无法预期的危险。到那时，将不仅仅是我们在《星际迷航》中看到的使用人工心脏的皮卡德船长或《银翼杀手》中喜怒无常的复制人。或许，那时人类科技孕育的怪物会远远超出今天我们在《异形：契约》的想象。

在希腊荷马史诗《伊利亚特》中，有个狮头、羊身、蛇尾的巨型喷火怪物，后来被一个叫柏乐罗丰（Bellerophon）的英雄乘坐天马珀加索斯（Pegasus）飞越猛烈的火焰才杀死。H.G. 威尔斯的经典小说《莫罗博士的岛》，以第一人称的视角讲述了普伦狄克在孤岛上的不寻常经历——那是一个不知名的印度尼西亚小岛，岛上居住着一大群有人类意识的怪物，那是科学家莫罗博士通过输血、移植、嫁接等匪夷所思的手段创造出来的人兽嵌合体。莫罗博士利用一切科技手段，使自己成为了这些人兽嵌合体所崇拜的神，统治着这个不知名的小岛。普伦狄克并没有办法面对其所目睹的一切，最终逃离了这个无名岛，但心里却很难摆脱这个世界对其心理影响。威尔斯通过这部小说，警告了科学技术可能给人类带来的巨大灾难和人道危机。

康德说，世界上只有两样东西可畏，一是宇宙星空；二是人内心的道德律。古希腊德尔斐神庙的铭文也警告：人啊，请认识你自己！在科技高歌猛进的时代，人类更应该谦卑地面对自然、面对生命、面对未来。也正是从这个意义上说，以《异形：契约》为代表的科幻影片，有助于我们反思科技、反思进化、反思主体。

《银翼杀手 2049》：人类与仿生人协同进化只是梦？

我们已经发现，地球不是平的；我们不会从地球的边缘掉落；我们作为一个物种的体验已经因此发生了改变。或许我们不久以后将会发现，我们自身也不是“平的”，死亡像地平线一样真实但又有迷惑性；并发现我们同样不会从生命中掉落。

——珍·罗伯兹（美国女诗人，《灵魂永生》）

1999 年，美国奇点大学校长雷·库兹韦尔写了《机器之心》，断言“到 2029 年，我们将在机器中实现人类级别的人工智能”，这些人工智能将通过“图灵测试”，即被誉为“计算机之父”的艾伦·图灵提出的测试，一个人类裁判能否通过即时对话将人工智能与真人区别开来的测试。在《机器之心》出版之后，库兹韦尔的看法受到广泛质疑，许多人指出，“机器并不会拥有意识和自我意愿”。随后，库兹韦尔又撰写了《奇点临近》《人工智能的未来》等进行回应，但有关人工智能是否会孕育有意识的仿生人，相关争议或许会永远持续下去。

科学与哲学探索的问题边界，或许正是文学艺术创作的灵感源泉。

有关人工智能、仿生人、虚拟人、自由意志、自主情感等，从来就没有游离影视艺术的视线，无论是影片《终结者》中“人工智能对人类而言没有多大用处”，抑或影片《她》中“一个名叫萨曼莎的人工智能与人类西奥多相爱相恋”，电影人用艺术的方式切入科学与哲学命题，触摸人工智能科学前沿的风吹草动与混沌图景，让公众在走近科学的同时也增加了哲学关切。

如今，改编自科幻作家菲利普·迪克 1968 年出版的小说《仿生人会梦见电子羊吗?》的电影《银翼杀手》续集《银翼杀手 2049》，再次引发人们对仿生人、人工智能、意志情感及生命本质等问题的侧目。

作为一个仿生人寻找自我身世的故事，《银翼杀手 2049》与 1982 年上映的《银翼杀手》一脉相承。当然，从 1982 年到 2017 年，35 年之后，人工智能话题已然炙手可热，影片导演丹尼斯·维伦纽瓦立足于原著的世界观，大大拓展了电影的思想空间：仿生人到底有没有灵魂？虚拟人工智能是否有真实的情感？生命与非生命的边界何在？爱的本质是什么？在一组环环相扣的哲学追问中，营造出一种叩问人生终极问题的语境，引发公众强烈的时代介入感。

为了引导公众更好地进入影片情景，在《银翼杀手 2049》公映之前，维伦纽瓦邀请导演渡边信一郎、雷德利·斯科特的儿子卢克·斯科特拍摄了三部短片，来串起 2019 年（《银翼杀手》故事节点）与 2049 年（《银翼杀手 2049》故事节点）间发生的故事。在《银翼杀手》中，人类创造的仿生人竟然反叛了，于是只好制造出更加顺从的仿生人，《银翼杀手 2049》中的 K 就是这种仿生人。影片围绕新型仿生人 K 展开，其在领受任务回收旧型仿生人萨珀·默顿的过程中，洛杉矶警局发现有个死去的仿生人生前曾经生育过孩子。显然，倘若这一事件是真的，无疑是颠覆性的。如果人类与仿生人之间的生命边界不再，世界稳定的秩序会不会就此崩坍?

新型仿生人 K 受领任务追杀仿生人孩子，随着调查追杀的深入展开，在垃圾山以及随后“记忆制造室”中，K 以为发现了自己身世所代表的惊天秘密，越发意识到那个孩子就是自己（父亲戴克是上一代银翼杀手）。然而，后来的剧情反转说明：K 只是被植入了记忆，那个孩子不是他自己，他只是孩子的复制品。在这个过程中，我们看到 K 似乎已经具有了找寻自我的自主意识，且在找寻自我的过程中，K 与自己的全息 AI 女友乔伊（JOI）萌生了人类才有的情感。

影片延续了之前《银翼杀手》及《她》中的哲学追思，但在结局处又试图提出新的命题。K 最终找寻亲生父亲的希望幻灭了，自己就是不能生育的仿生人这一真相，让 K 感觉到一种命运的虚无感。在此，影片导演让拯救 K 的仿生人头领说出“如果我们能孕育生命，那么我们便能做自己的主人”，“拯救自己的同类，是我们能做出的具有人性的选择”。此时，K 面对生命的虚无感找到一丝慰藉，或许仿生人注定了自己被人类作为工具来“制造、派遣、遗弃、再制造……”如此循环往复的宿命，或许仿生人根本就不可能拥有人类独有的爱恨情感，一如 K 自己原以为爱恋的乔伊其实只是街头无处不在的全息投影广告产品。既然是这样的一种宿命，在生与死之间还有什么更可贵的东西呢？答案或许只可能是“爱”。

K 在生命临近终结之际，从华莱士公司手中救出了戴克，并送其与女儿团聚。这就是影片对这种“爱”的诠释。为了烘托这种感觉，影片中的地球被置景成街头陋巷的片片废墟，冰冷的画面反衬着一种温情的味道，不是人类与仿生人之间的相互杀戮与野蛮征服，而是一种心灵层面的情感交融，一种对人类未来命运的理性触摸。也正是就这一点而言，《银翼杀手 2049》中的仿生人追问，超越了《西部世界》中仿生人对设定人生的反抗叙事，也超越了《攻壳机动队》中有关机器人少佐草薙素子有关自我身份的追问刻画。

在《虚拟人：人类新物种》中，美国加州大学洛杉矶分校的玛蒂娜·罗斯布拉特说：

> “人权是属于人的”这是众所周知的。但是，人类身份将超越人类皮肤的界限，这却是新的启示。当意识限于头盖骨时，个体的尊严也止步于智人的边界。……我们正处在从“智慧之人”向着“有创造性的人”转变的过程中。……让我们充分利用这段时间，为虚拟人进行准备，并让人类的人权更加完善。当我们做到像尊重自己一样尊重他人，并将这一美德普及至世间各处时，我们就为明日世界做了最好的准备。在那个新世界中，思维克隆人和网络人都将急切地把自己视作初来乍到的人类。

菲利普·迪克在创作《仿生人会梦见电子羊吗?》时，美国“阿波罗登月”计划在即、嬉皮士兴起……那是一个美国大发展的金色时代，但却不是人工智能、仿生人、复制人等科幻元素被搬上好莱坞荧屏的最好时代。才华横溢的菲利普·迪克度过了世俗的“失败”的一生，父母家庭关系不和、婚姻屡次不顺、患有妄想症和抑郁症、药物成瘾……于1982 年在贫困中结束了生命。然而，天才往往就是这样，1982 年上映的《银翼杀手》后来经过岁月的洗礼成为经典，对后来的电影美学、流行文化、科幻创作等都有极为深远的影响。35 年过去了，这部影片终于让人们知道了，何为“青春不再，时光不老”。

菲利普·迪克对他身处的时代充满愤懑、怀疑及伤感，实在是因为其思想世界充盈着科幻的未来。

《银翼杀手 2049》，一部致敬经典的科幻作品，它启发公众思考——伴随着人工智能在未来的跳变式进化，人类与仿生人一路前行，是否还是长久的梦？

当机器人说“我爱你”

我国科技部召开了新一代人工智能发展规划暨重大科技项目启动会，标志着我国新一代人工智能发展规划和重大科技项目进入全面启动实施阶段，百度、阿里云、腾讯、科大讯飞等公司还将建设起自动驾驶、城市大脑、医疗影像、智能语音等国家新一代人工智能开放创新平台，人工智能的浪潮正在迅速涌入我们的生活。此时重温斯皮尔伯格的电影《人工智能》让我们有很奇特的感受，在今天看来，这部带有悲观主义色彩的作品仿佛是一把标尺，度量着目前人工智能发展的水准，同时也映照出人类与机器人之间那些固有的、仍待解决的矛盾与挑战。

不同于那些追求炫酷效果的技术流科幻电影，《人工智能》突出的是人工智能与情感的矛盾。影片开场，当哈比教授提出要创造会爱、会做梦的机器人时，有人就提出了值得深思的质疑：人类是否会爱机器人？人对机器人要承担什么责任？哈比教授的回答将人类无可置疑地置于机器人之上：“上帝创造亚当去爱他。”答案真的是这样吗？当机器人说爱你时，究竟会发生什么？《人工智能》回答了这一问题。

首先，从机器人对人的情感这一维度看，《人工智能》主要展示的是亲情和爱情。无论是针对渴望孩子的父母而制造的机器小孩，还是为了满足人类欲望的机器情人，这些机器人都被设定带有特定的功能，这也可以说是所有机器人的特征，即功能始终明确且受限。这一特征来自于人类对机器人的控制地位，其目的也是为了保证人类相对机器人的高等地位。目前世界上的法律禁止研究具有不可控风险的机器人或技术，也是出于维护人类最高等地位的目的。机器人被明确限定功能，保证了它们的可造性以及由此延伸出来的可复制性，但这两个特性在本质上与带有情感的机器人发展趋势相悖。正如影片中机器小孩大卫呐喊“我是独一无二的”，机器人的情感中必带有自私，因此也就有了独占的欲望，而这个欲望就与机器人的可复制性根本冲突。所以可以说，一旦机器人具备情感的功能，那么就需要避免机器人的完全复制。另一方面，机器人受人控制，但加上了“爱”，人类对于机器人的权威会受到挑战，这是由于“爱”本身的复杂性。影片中，机器小孩大卫的领养父亲就对大卫的情感提出了质疑：“他会爱，那么他是不是也会有仇恨呢？”当人类为机器人设定的情感要素是针对明确对象的爱，那么机器人对于其他对象的情感又是怎样的？对于社会的认知又是怎样的？这些都是具备情感的机器人需要解决的问题。

另外，从人对机器人的情感这一维度看，影片体现出的是：机器人只能满足人类很有限的情感需求，即机器人在情感上永远无法替代人类。人工智能领域发展的大前提是，人必须置于最高地位，机器人的角色始终是服务者。由此就产生了第一个富有争议的问题：机器人是否可以在一定条件下免受人类的销毁？当具备情感的机器人可以被随意销毁时，人类随意销毁的也是对自我的认知和对自身情感的认可。在影片中，人类追杀机器人的场景就像真实世界里种族间的屠杀一般惊心动魄、残忍无情。在人类销毁机器人的盛宴上，人们就像看橄榄球赛一样欢呼雀跃，观看着那些曾经给他们带去快乐的服务者们被浇蚀。直到大卫上台，没有人愿意相信他是机器人，于是很快人们就反过来咒骂要销毁他的人类。这一情节的反转实在是讽刺。就像机器情人乔所说：“他们（人类）的错误却要我们承担”，这句话揭示了人类销毁机器人这一过程中的不合理性，也暗含着影片对人类自封的至高地位的鄙视。第二个争议点在于人类在创造机器人之后需要对其承担的责任是什么。在人类的关系中，爱会带来责任，爱意味着相互付出。但是人类与机器人的关系是天然不平等的，机器人一方始终是付出者，基于这样的关系模式，人类与机器人之间难以产生真正的爱，就像机器小孩的父亲所说的，在他眼里，大卫始终只是一个玩具，而不是一个会哭会闹需要安慰与呵护的孩子。同时，机器本身不易受物理伤害的性能也意味着在一般情况下它们不需要人类保护，反而是人类更脆弱，这就导致了人类在销毁机器人之外的日常情况中会忽视自身对其的保护责任。反过来说，一旦人类对机器人赋予了和对真人同等程度的情感寄托，就像影片中大卫的领养妈妈曾完全把大卫当成自己的孩子，那就意味着人类和机器人的关系已被重置，机器人的可控性也就只能受到削弱或由第三方实现，正如影片中当大卫做出伤害他人的事情时，大卫的妈妈感到的只是迷惘和无计可施，最终只能选择离开大卫，而她始终都没能控制住大卫。

《人工智能》这部电影告诉我们，当机器人说爱你时，你感到的只是片刻的幸福，而在大多数时刻带来的是失控、恐惧、迷惑和苦恼。而机器小孩大卫本身也始终在苦苦寻找爱，而不是轻松获得母亲的爱。的确，由于人和机器人在初时的地位不平等、机器人本身强大的物理性能以及“爱”这一要素的复杂性，机器人只能满足人类很小部分的情感需求，而人类如果把所有的希望都寄托在机器人身上，结果只会令人失望。

科幻“神作”《三体》：未来战争的全新想定

在科幻战争电影被好莱坞独霸天下的态势下，电影版《三体》也许能给我国的科幻影视界注入一针强心剂。然而，很多军迷更关心《三体》中描绘的战争图景，是否对研究未来战争形态有新的启发。

一、《三体》之前的未来战争

在五花八门的科幻战争电影中，一个不变的主题就是，对人类科技进步的无限畅想。在未来，科技在为人类带来强大生产力和破坏力的同时，也给人类带来了不少麻烦，甚至是灭顶之灾。

无论是机器人肉搏的繁华都市，还是激光武器横飞的太空战场，美式科幻大片在为我们建构一个个如真似幻的梦境的同时，也以不同方式描摹着未来战争的面孔。特别是伴随着3D技术的突飞猛进，更让人们在戴上3D眼镜的2小时内，几乎置身于真实的战场环境，跟主角一道直面人类的生死存亡。科幻与战争的联姻，一方面迎合了人们探索未知与神秘的渴望，另一方面也为未来战争进行了银屏之上的预演。

科幻编剧们由此出发，对威胁人类生存与发展的种种可能进行了不懈的探索。如在《绝密飞行》《机械公敌》等影片中，我们看到了人工智能的高度进步使机器人出现了自主意识，给人类带来困扰；在《蜘蛛侠》《钢铁侠》等影片中，我们看到高科技武器落入恶人之手，大规模杀伤一触即发；在《生化危机》《我是传奇》等影片中，我们看到生化研究成果管理不当所造成的全球性感染；在《第六日》《兵人》等影片中，我们看到基因改造与复制失控给社会、家庭和国家安全带来的全面危机；在《机械战警》《源代码》等影片中，我们看到脑机接口技术的成熟在挑战着人类存在的主体性；在《隐形人》等影片中，我们看到隐身技术遭到恶用，不加控制的后果不堪设想；在《变脸》等影片中，我们看到外科医学高度发展后，其被用于正义目的的同时也引发了棘手的伦理困境。

然而，无论特效技术如何发展，科幻畅想如何天马行空，好莱坞科幻战争片似乎总有一些固定戏码在许多大片中重复上演。经典戏码之一就是：轻武器和徒手搏斗从来都是作战的不二选择。主角光环之下，轻武器和直线打击的动能武器一直是英雄手中的神器，敌人手中的玩具。即便面对潮水般涌来的丧尸，装备精良的部队也还是坐着直升机，手持 M4 步枪向敌人扫射，其效果可想而知。如在《木星上行》中，男主角更是脚踩滑板鞋，右手小手枪，左手无敌盾，从头至尾凭肉身拯救世界。总之，为了追求视觉效果和打斗过程的紧张刺激，以使用轻武器为主的近距离射击甚至贴身格斗，通常是科幻战争电影中最受关注的环节。精确制导的“大杀器”往往到最后关头才姗姗来迟，一举解决之前 1 个多小时内无数轻武器怎么也杀不完的敌人，以完美的爆炸场面映衬出英雄拯救世界的辉煌结局。

二、《三体》构思的全新战争

作为国内科幻作品中的佼佼者，《三体》的过人之处读者自有体会。虽然在故事架构等方面，《三体》不可避免地对前人经典有所借鉴，但这掩盖不了它作为一部优秀的科幻战争作品的创新之处。大胆的想象中，《三体》描绘的全新未来战争图景值得我们深思。

其一，科技进步与封锁的悖论。在人类对自身科技无限进步的畅想中，刘慈欣反其道而行之，在《三体 1：地球往事》中，通过三体星人的“智子”将地球科技（基础物理学）封锁在20世纪60年代的水平，这就限定了人类与外星人进行斗争的手段，阻碍了人类“科技爆表”的可能，只能立足于当前的科技水平进行探索。无论是当代战争还是未来战争，科技的高度发展都是战争任何一方赖以取得优势的基础。在未来的时空下，面对无所不用其极的战争手段，在科技创造力上遭遇灭顶之灾，无疑是敌对文明囚禁人类、取得胜利的最佳手段。

其二，发现即摧毁的“黑森林法则”。在战争观的建构上，刘慈欣超越了以往好莱坞大片中与外星人正面冲突的局限，以一种全新的宇宙观审视着地球与地外文明之间的微妙关系。根据“黑森林法则”，宇宙中的文明都是森林中的猎人，他们小心翼翼地隐匿踪迹而不被其他动物或猎人发现。一旦发现风吹草动，猎人本能地举起枪，在发现的一刻就已将对方摧毁。而争斗的双方如果被第三方发现，则会面临同时被摧毁的命运。在《三体 2：黑暗森林》中，地球人利用这一理论使双方进入了“威胁纪元”，暂时延缓了三体星人的进攻。“黑森林法则”也为人类探索外星文明的尝试提供了一种警示。也许，未来宇宙战场的宣战都以光速进行，只有在第一时间摧毁对方才能保全自己的生存。而如果不幸单方面被对方发现，暴露一方的命运将充满未知。这种悲观基调的宇宙现实主义观不得不说是对“费米悖论”的一种妥协式解答。（费米悖论，简而言之就是费米在 1950 年与朋友探讨地外文明时的一句话：“如果它们存在的话，他们早就应该出现在这儿了。”）

其三，“降维”攻击中的不对称之战。在《三体 3：死神永生》中，“歌者”带来的终极大杀器“二向箔”以其全新的杀伤方式让人不寒而栗。当对手用一次攻击就能将自己存在的维度从三维降至二维时，这种武器装备上的严重不对称，已经让一切抵抗失去了意义。而同时消灭的，还有三体星人企图移居太阳系的美梦。“降维”攻击带来的不只是武器装备上的概念革命，其更深层次的创新在于对物质存在方式的大胆畅想。如果世界上真的存在超出三维的空间，那么，人类制造更大杀伤性武器的努力都将是徒劳的。与其在三维空间中厮杀，不如跑到第 N 维空间中“坐山观虎斗”，最后再发射个“降维”武器，结束一切恩怨是非，岂不快哉？

三、《三体》之战已经点燃

科幻作品虽然畅想的是未知世界发生的未知事件，但其作者生存在当代世界，不可避免地要从现实世界的经验出发进行艺术创作。在《三体》令人眼花缭乱的想象背后，有其深刻的现实映射。与其说刘慈欣为我们打开了通往未来战争的一扇门，不如说他只是用科幻手法展现了基于现实世界的战争隐忧。

三体文明作为整部作品的“大反派”有其深刻的现实烙印。在当代的国际交往中，任何拥有强大军事力量的文明都可以被看作是三体文明的现实版本。之所以这样讲，是因为此类文明对更好生存环境、更多资源的渴望是迫切而持续的，加上自身拥有的强大战争实力，他的存在对其他文明来说无疑是长久的威胁，而任何与其直接对抗的文明都将面临灭顶之灾。然而，在军事技术高度发达的今天，对抗双方很可能都已拥有足以毁灭对方的力量，那么对抗就是一场指向同归于尽的零和博弈。虽然和平与发展是当今世界的主题，但大国之间相互确保摧毁的能力依然具备。在此背景下的国际交往成了大国间小心翼翼地博弈，谁也不敢率先触动这把“达摩克利斯之剑”。因为试图摧毁对方的尝试也意味着自我毁灭的开始。《三体》中遥远的高级文明就是三体星和地球之间强大的“平衡手”，只不过在当代，这把平衡之手变成了人类所能达到的物理摧毁的极限——核武器。

刘慈欣从硬科幻的视角对未来战争和人类命运进行了大胆的探索。抛开其作为大众文学作品的艺术和娱乐成分，不乏对战争与和平、谦虚与傲慢等主题的深刻挖掘。在未来战争图景的背后，《三体》描绘的人文关怀也同样值得我们深思。这部夹带了国内科幻界和读者们颇多情感的“中国式科幻”作品能否在其电影版中大放异彩，让我们拭目以待。

《黑客帝国》：在真实与虚拟的混沌边缘

什么是母体？什么是人？什么是真实？什么是自由？也许在芸芸众生日常“陀螺”般旋转的生活中，大多数人并没有时间思忖这些人生旅途中的 0 阶“元问题”。

当午夜梦回、万籁俱寂之时，对这些困惑找寻答案的人们总会苦思冥想，渴望获得内心那抹无言的宁静，于是就有了苏轼“人有悲欢离合，月有阴晴圆缺”，于是就有了叔本华“只有我们独立自主的思索，才真正具有真理和生命”。对这些问题的解答拨动着人心最深处那根弦，从这个意义上说，《黑客帝国》也做到了。

《黑客帝国》三部曲总体情节脉络是，人类不甘机器人统治，尼欧、莫菲思、崔妮蒂三者联合锡兰的人类去解救那些被程序所控制的、受困于虚假世界的人类，并与准备将人类始终困于虚拟世界的特警不懈战斗。三部曲首尾衔接，情节线性发展。第一部起始于莫菲思与崔妮蒂二人发现并改造救世主尼欧，终结于特警被三者领导的人类群体消灭。第二部的叙事框架进一步拉大。在锡兰“国”的团结之下，特警最终受到控制，但也留下能与尼欧抗衡的人类。在第三部中，正义力量最终获胜，大批人类得以解放。

《黑客帝国》之所以在科幻电影史上留下一笔，原因不妨勾勒以下几处：

一是整体情节。三部曲环环相扣，情节之间形成一个闭环。首先，故事开启于发现救世主，但救世主本身也是不断进化的，所以老救世主的消失也是新救世主的诞生起点。此外，从最终先知只是实现了部分人类的解放不难看出，人类通往自由之路是永无止境的，需要连续地战斗。因此，人类的挣扎循环往复，不断从零开始。

二是细节刻画。影片中人类谋求实现穿越都是通过电话，话筒部分的小洞蕴含着无限的穿越时空。而当人类通过“净化”来到真正的世界之后，身上布满的都是机械铁质的小洞，那是真正人类的标志，同时也象征着人类获得自由过程中的伤痕与印记。此外，影片中大开脑洞的巧思，比如电子虫捕捉器、人类的种植缸等，都极大拓展了公众的认知空间。

三是人物及场景设置。“黑客”既指自由穿梭于虚拟世界不受法律控制而肆无忌惮的人，同时也指那些身处黑暗之中，身着黑衣、留着黑发、戴着墨镜的人。影片中，黑暗的灯光、装备及阴森的氛围共同营造了“黑客”的氛围。令人印象最深刻的，莫过于无论正义方还是邪恶方都佩戴着的墨镜。黑色，代表神秘深邃，也代表恐怖阴暗。如日本设计家川久保玲就认为，黑色最具有可塑性。墨镜令人好奇，在那一片片黑色镜片背后，究竟藏着一双双怎样的眼睛？是悲悯？抑或无情？是善良？抑或恶毒？是无知麻木？抑或激情睿智？正如在经典科幻影片《银翼杀手》中，大反派即复制人的制造者 Tyrell 也是戴着厚镜片，看似慈祥的笑容背后却是极度自私与虚伪的双眸。

可以说，单凭借整体情节、细节刻画、人物及场景设置三大要素的独具匠心，《黑客帝国》就可以堪称经典。倘若再加上影片的主题和立意，《黑客帝国》在科幻电影史上就跃迁了一个层级。

影片探讨的问题涵盖母体、人、真实和自由，它们分别是什么？这些问题有内在的关联性。首先，母体是什么？影片中已给出了解答。母体就是电脑操纵的虚拟世界，最终会让人变成如同一枚电池般毫无用处。而当每个人都来自这样的母体之时，"人"只是变成了一个符号，真正的人早已不复存在。那么，什么又是真正的人呢？是生命细胞吗？并不然。影片中的机器可以复现人身上产生的大约 120 伏特生物电，超过 25000 个热量单位以及所需的全部能源。这是人的行为、意识和思想吗？并不然。人的行为可以完全由程序控制。这是情感吗？并不然。就连救世主尼欧和莫费思的情感也是预先设定好的命运。

实际上，人之所以成为真正的人，原因唯有自由二字。影片告诉我们，所谓的人类就是奴隶，都活在一个没有知觉的、思想被禁锢的牢狱。这个牢狱于无形间束缚了人认识自身的一切可能性，设定了人的命运，决定了人的未来。而唯有突破这个牢狱，人才能获得自由，才是真正的人。自由二字，贯穿影片全程，也是根本冲突点所在。在这一点上，《黑客帝国》的思想充满野心。影片情节设定的终极讨论是，到底有没有真实的世界？人类反抗机器人的统治，以为突破了旧空间来到了新空间就可以获得自由，但却被告知这个新空间仍是设定好的了旧空间，这就涉及哲学家关心的"瓶中脑"问题了。江晓原教授对此指出："《黑客帝国》用最新建构的故事和令人印象深刻的情节，在大众面前颠覆了实在论。"这个评论一语中的。

影片在解答这些困惑时，也关照了人类社会发展宿命般的"必然性"。矛盾冲突似乎是必然的，且必然发生于人类与机器之间。人工智能从被创造的那天起就预示着会变成人类的敌人。由此引申出来的人类奋斗目标也是必然的，即人类所追求的始终是对机器的胜利和自由的支配。另一必然性在于，即使作为对抗机器的唯一幸存群体——生活在锡兰的人类，也不可避免地产生了阶级，其中的议会高高在上控制着一切。锡兰还产生了社会结构，处于底层的人们即使得已解放，也仍受某种力量的掌控。就这一点来看，人类的解放是永无止境的，不仅要与机器展开对抗，人类内部也永远存在着矛盾。显然，这种矛盾性超越了人机对抗的主题。

在影片的最后，当被问到如何做出预言的时候，先知答："我没有预见到，我只是相信。"可以想象，当知道自己所经历的一切以及未来都已注定之时，人类所感到的不会是欣喜，而注定是彷徨、疑惑、无助和绝望。正如从机器诞生的那一刻起，人类就被告知将要灭亡。可是凭借先知口中的"相信"以及不竭的探索与挣扎，人类向自己证明了，没有命运，只有创造。着眼未来，纵然机器在某一天展现出了对人类的某种威胁，人类能做的，更是坚信"No fate but what we make"。到那时，仍旧可以拿起那冲破牢狱的电话，获得自由。

《超能陆战队》：机器人的“刚柔并济”

如今，伴随着人工智能科技的迅猛发展，人们逐渐对人类自身与机器人的界限产生了模糊感，科幻电影《终结者》中无私奉献、为人类牺牲的机器人 T–800，《她》中温柔体贴令人着迷的电脑操作系统“萨曼莎”，以及《超能陆战队》里憨态可掬、单纯善良的机器人大白 (Baymax)，都似乎具有人类可贵的品质，并在特定情景下，他们由于系统设定甚至表现出了高于人类的勇气和担当。虽然此类机器人目前还只存在于科幻作品之中，但已显现出发展苗头，尤其是当电影《超能陆战队》播出之后，“大白”成为荧幕上又一个经典形象，且在现实中推动了陪伴型医疗机器人的研发。

影片《超能陆战队》讲述了充气机器人大白与少年小宏联手人类同伴组建超能战队，共同破解阴谋的故事。大白是典型的医疗保健与陪伴机器人。首先，大白具有嗅觉，可以分析空气中的化学物质并释放出各种气味。通过扫描病人，大白可以获得病人的血型、胆固醇指数、体温、血压等多方面数据，并标定其精神状态。影片对大白行诊过程细致的描绘展示了医疗保健机器人的多维功能，有助于实际应用中对机器人人机界面设计进行升级，比如影片中病人可以自主设定机器人的外形和运作方式等各方面性能。在陪伴功能上，大白自始至终践行着这一职责，即使面对小宏提出的超越其本身设定的要求，大白仍会不顾自身安危充当小宏的盾牌和护卫。从这一点来看，机器人一旦被设定保护与陪伴功能，那么他们就将是最忠诚的伴侣和最坚强的伙伴，这也是如今陪伴机器人盛行的原因之一。

《超能陆战队》播出之后在全世界引起了机器人热潮，这不仅是因为大白作为机器人设定的完美，更是由于大白展现出了被人类称为“爱”的举动。比如，影片中有一处场景是，大白身着重装铠甲，突然一只蝴蝶翩然落在他的指尖，他的神态瞬间变得无比温柔，表现出了浓浓的爱意。再如，面对大反派卡拉汉博士时，大白虽然是一个只靠执行命令行动的机器人，但他却表现出了近乎人类般真实的彷徨和犹豫，他一方面坚守于自己的医生身份不肯伤害生命，另一方面又要执着完成能够让小宏减轻痛苦的事情，此时他面临的抉择正如人类时常感到苦恼的道德困境。大白虽然拥有碳纤维组成的机械心脏，但又具有血肉之躯才能萌生的爱恨情感。

机器人自诞生以来一直被定义为人类的工具，但随着智能机器人的出现与进化，这一定位逐渐受到了挑战。1930 年，捷克斯洛伐克作家卡雷尔·恰佩克创造出“机器人”（捷克文：Robota）一词，意为劳役、苦工。随后，机器人逐渐在家用、工业、军事、商业等领域受到重视，直到如今智能机器人成为机器人行业的主流。相比于人类自身，机器人具有更强的耐用性与适应性，在极端环境中机器人甚至是人类唯一的依靠。伴随着机器人智能化水平的不断提升，人们认识到机器人具备超越人类的潜力，于是，有人开始提出，爱是在人类与人工智能之间划界的标准。也就是说，爱是机器人无论如何优化、演化及进化都难以具备的能力。人们坚信，机器人的善行和爱心只是系统人为设计的结果，其本身不具备产生并给予爱的能力。这样的结论或许映射出人类对待机器人既期待又恐惧的复杂心理。

社会心理学家亚伯拉罕·哈罗德·马斯洛于1943年提出了人类的多层次需求理论，提出人类的需求从低到高包括生理需求、安全需求、社交需求、尊重需求和自我实现需求。大白代表的医疗与陪伴机器人无疑适应了人类生存与发展的需要，但《超能陆战队》一片并没有展现机器人的缺陷，而其他科幻电影，诸如《她》《人工智能》《银翼杀手》等影片中都展现了机器人在亲情、爱情、友情方面由于设定单一导致的风险和困境。目前来看，《星际迷航》《星球大战》《终结者》等科幻电影中那些具有神奇超能力的机器人还只是美好的愿景，因此讨论机器人在“爱”方面面临的风险还不具有很强的现实意义，但是类似于大白这样的陪伴型个人医疗保健机器人却已经距离现实很近了。“大白之父”、卡耐基梅隆大学机器人学院克里斯·阿特克森（Chris Atkeson）教授就指出：“大白身上的某些功能如今已经能够实现了，而其他那些功能距离实现之日也已不远。”

值得注意的是，《超能陆战队》不同于其他迪士尼动画，因为大白不像其他动画形象那样来自于神话或童话之类的文学作品，也不是导演和编剧天马行空般的凭空想象，而是来自于美国国防高级研究计划局（DARPA）的科研项目。作为美国国防部下属的一个军事科研管理机构，DARPA负责研发有长远军事应用前景的战略前沿技术，在影片筹备之时，导演受到了DARPA正在研究的柔软机器人启发，于是创造了大白这一形象。可以说，《超能陆战队》是美国科幻界与军事界联姻的又一成果，体现出了科幻作品在军事技术研发领域的独特价值。长期以来，美国军方十分重视科幻作品的潜在价值开发，一方面，五角大楼通过与科幻界密切合作，主要方式包括邀请科幻作家参与未来战争形态讨论会、借由好莱坞电影传递美军最新军事设想等。另一方面，美军也致力于增强军队内部的科幻元素，比如组织未来战争科幻写作大赛、通过科幻小说与漫画形式研究未来战争与军事战略等。科幻与军事的耦合，虽然看似光怪陆离难以想象，但在如今变幻莫测的战争变革背景下，科幻反而成为催生军队想象力、备战遥远未来的有效途径。也许在不远的将来，超能陆战队将真正与人类并肩作战，共同演绎智能化战争的新未来。

人工智能：风起云涌的新浪潮

“今天，人类延伸自我最让人印象深刻的方式，就是发展出了改变生命本身的技术，未来将是有机世界和合成世界的联姻，正如未来一定是人类和机器人的联姻。”

这是皮埃罗·斯加鲁菲等在《人类 2.0：在硅谷探索科技未来》一书中对科技未来的畅想。在该书中，斯加鲁菲从众多新技术中选取了最有潜力塑造人类新未来的技术类型展开阐述，涉及大数据、物联网、人工智能、纳米技术、虚拟现实、社交媒体、区块链、太空探索、3D 打印和生物科技。

斯加鲁菲曾撰写过《硅谷百年史》，显然对硅谷创新颇为了解且情有独钟，因此，在《人类 2.0：在硅谷探索科技未来》一书中，作者用了大量科技公司的创新案例来佐证。

一如通俗的科技类大众读物一样，斯加鲁菲在本书中也“常规动作”般畅想了人类科技的远景：人工智能如今争议不休的“奇点”，是人类能否通过机器智能达到永生的问题；生物技术中的基因编辑，早已向改造旧物种、设计新物种的方向狂奔，人类还尝试改造自身的基因来战胜疾病乃至“返老还童”；纳米技术则被用来发明这个星球上前所未有的新材料，尝试制造可以在人体内运行的机器人；虚拟现实和3D打印技术可能会在某一天创造人类的实体替身……这个时代我们所探讨的科技未来，最具冲击力的地方在于，它们可能会重新定义人类。也许有一天，科技能让我们青春永驻，也许我们的意识、记忆、欲望和情感也都可以在出生时“自定义”，但这些真的是我们想要的吗？

对于科技对人生命本身的介入，斯加鲁菲认为，用“人类2.0”这一开放性概念来表述最恰当不过了。之所以说这是一个开放的概念，是因为人类和科技的未来到底会进化成什么样，取决于人类进化之路上的自主选择。而之所以用“人类2.0”这一界定，是因为在过去几千年的人类发展史上，虽然我们已经制造了各种工具来延伸自我，技术也改变了人类生活的方方面面，但人类生命本身却一直没有什么变化。现在，人类发明了汽车、飞机、高铁、磁悬浮、卫星，坐在火车上还可以玩手机，但生理结构跟秦代或唐朝坐在马车里的古人是一样的，都遵循一样的生命规律。然而，今天不断涌现的新科技却在试图颠覆这一切，重新定义人类。

对于斯加鲁菲分析的十类前沿科技，笔者较感兴趣的是人工智能。在其看来，人类根本不必担心人工智能的外在威胁。这一判断与我们熟知的埃隆·马斯克、比尔·盖茨及斯蒂芬·霍金等人对人工智能的担忧形成强烈反差。为何会有这样迥异的判断？斯加鲁菲给出的理由主要有以下几点：

其一，人工智能发展还在“婴儿期”。人工智能技术远没有媒体宣传的那般强大。1965年，著名数学家赫伯特·西蒙断言：“20年内，机器将可以胜任人类可以做的任何事情。”今天看来，这只是一种狂妄的预言。和人类的大脑相比，我们距离制造出真正智能的机器还有遥远的路。今天人类制造出的所谓“智能的”家用电器、工业机器人、下象棋的“深蓝”、下围棋的AlphaGo等，都只是在人类控制下做一点事情，在某些指标上比人类做得效率更高而已，还根本谈不上拥有真正的智能。斯加鲁菲曾撰写过《智能的本质》一书，在他看来，智能的本质是要有“悟性”，能触类旁通而非简单的“识别”。反观现在的人工智能产品，许多所谓的“进展”都是围绕“识别”做文章，也大都发生在神经网络领域，背后的运作原理是“模式匹配”。也正因此，世界著名哲学家约翰·赛尔所固守的观点就不无道理了。在他看来，不管机器看起来能做什么，那都不是它做的，即机器根本意识不到自己做了某事。

其二，人工智能的进化有“天花板”。1955年，阿兰·图灵提出了机器能否思考的命题，编程语言LISP的发明者约翰·麦卡锡提出用“人工智能”来描述该领域的新情况。起初，人工智能青睐的是神经网络技术，然而，由于我们大脑有成千上万的神经元，要建造和模拟如此巨大的神经网络几乎没有可能。于是，很快一种“基于知识”的人工智能技术就取代了神经网络技术。[①] 这种“基于知识”的人工智能发展到20世纪90年代也不尽如人意，因为给人类庞大的知识体系编码是一件无比困难的事情。人工智能在经历了一段沉寂的“冬天”之后，迎来了新的曙光。2011年，IBM的超级计算机“沃森”击败了哥伦比亚广播公司著名智力竞赛节目《危险边缘》的人类冠军，一时人工智能名声大噪。2012年，一种新的深度学习技术在图像识别领域取得较大进展。2016年，谷歌的AlphaGo战胜人类围棋冠军，世界一片惊呼。虽然深度学习使AlphaGo取得了“骄人战绩”，但它依赖大量高速计算机处理器和海量大数据，即人类提供的学习样本。如果人工智能的发展不能从

---

① Jia R，Information D O，Amp S F. Application of Artificial Intelligence Technology in Networks. *Electronic Science & Technology*，2017.

根本上突破计算机发展、深度学习框架等方面的瓶颈，就无法从根本上实现真正的飞跃。

其三，人工智能的未来在“增智”。有关人工智能的未来，斯加鲁菲认为，人工智能只会辅助人类的智能，不断提供新的“实用的”技术，而不会产生像人类一样的“智能”。因此，从根本上说，技术永远只是人类的合作伙伴而非替代品。从 1961 年人们将第一个电子芯片植入人类耳朵开始，到如今的“意念控制”技术开始不断取得进展，在未来的半机器人时代，人工智能和生物交叉技术联姻将会不断增强人类的智能。有关人工智能的这种思想，其实是技术哲学的“延伸”说。按照这种思想，技术是人类身体的延伸，通过“增强”人体机能来使人类做超越自己身体的事情。

当然，除了技术哲学的“延伸”说之外，《人类 2.0：在硅谷探索科技未来》一书中还提及有“消长”说、“倒置”说。“消长”说是一种悲观的观点，从这个视角来看人工智能的话，人工智能的发展将使人类面临智能退化的危险。我们在创造出各种聪明的机器的同时，也在创造更加愚蠢的人类。许多高科技含量的技术越来越依赖更傻的用户，这些技术不断要求人类变得和机器一样，说着“机器语言”，做着“机器行为”，如此才能和身边越来越多的机器互动。比如，在日常工作生活中，已经有越来越多的场合，我们不断按机器规则输入各种账号、密码等，以便和机器对话沟通。

相较于技术哲学的“消长”说更加激进，“倒置”说进一步指出，与其说是人类创造了技术，不如说是技术创造了人类，技术发明者与发明物之间的关系完全可以倒置审视。一部科技发展史可以被看作是人类不断发明新器物的过程，但也可以被看作是新器物不断借助人类完成进化的过程。这就涉及一个更为深刻的问题：技术与人类，到底谁在进化？对此，《人类 2.0：在硅谷探索科技未来》一书提出，几千年来，人类几乎一直保持着原样，而技术却发生了翻天覆地的变化，因此，是技术而不是人类在进化。显然，这一观点具有一定的思想颠覆性，它冲刷着我们有关技术的一些固有的看法，使我们看待世界多了一双慧眼。

斯加鲁菲原籍意大利，研究领域涉及数学、计算机、人工智能和认知科学等，在硅谷工作和研究超过 30 年，从 2000 年开始在美国斯坦福大学和加州大学伯克利分校从事相关研究工作。正是由于自己横跨产、学、研多领域，因此，在《人类 2.0：在硅谷探索科技未来》一书创作过程中，作者加注了许多来自科技创新前沿的资讯，从而使该书读起来接地气而不晦涩。

每一个时代，置身其中的人们往往会感叹，这是一个科技发展的黄金时代，一场革命的风暴即将来袭。而事实上，风暴往往千呼万唤也不出来，似乎故意在考验人类的耐心。这背后的原因，或许是科技创新的积累还没到临界点，引爆科技革命的关键领域尚未取得突破性进展。如今，尽管我们依然无法预言，一场真正的科技革命就要来临了，但在大数据、生物科技、纳米技术及人工智能等领域，却隐隐地感觉到孕育着一种风暴的可能性。或许这种可能性的感觉，会激发人类的智能潜能，最终催生出一场真正的科技革命风暴。

对于趋势，最好的策略就是提前预知它的未来！

科幻电影中的颠覆性技术

美国截瘫患者首次通过“脑控”行走、韩国科学家研发脑控外骨骼机器人、中国脑控智能联盟成立……国内外多家科研机构在意念控制领域取得新进展，不禁让人联想到曾风靡世界的科幻电影《阿凡达》。“意念控制”这类科幻世界中的常客，难道正一步步走入现实？它对未来战争将起到什么作用？

“意念控制”是各种科幻小说、影视作品中常常出现的特殊能力，它可以令人类直接通过“意念”控制其他物体甚至生物。近年来，脑机接口技术（Brain-Computer Interface，BCI）的迅猛发展让这种超能力一步步变为现实。也许在未来某一天，人们真正能够亲身体验科幻电影《阿凡达》中的场景，通过意念控制另一个“躯体”进行战斗，真正形成“阿凡达军团”。可见，BCI 技术不仅能为躯体受伤者提供帮助，更会对未来战争带来一场深刻的变革。

一、美军对 BCI 技术高度关切

全球范围的 BCI 技术研究已开展多年，美军对此高度关注，DARPA 投入巨资展开此领域的科技攻关。近年来，美国更是加强了对脑科学的研发力度。2013 年 4 月 2 日，奥巴马政府公布了“推进创新神经技术脑研究计划”，旨在探索人类大脑的工作机制、绘制脑活动全图，并最终开发出针对大脑疾病的疗法。2014 年 9 月，美国国防部宣布将投入 3 亿美元支持脑计划。DARPA 的投资主要用于缓解或治愈因伤导致的神经精神疾病，其中，很大一部分是 BCI 技术的应用。而后，DARPA 又公布了其新的研究计划，旨在从两个方向组织攻关。

二、重建身体机能是否可能?

DARPA 的第一大方向是恢复人的神经功能和行为功能，帮助肢体受伤的战士恢复身体机能。这主要包括四方面研究内容：

一是革命性假肢，目的在于帮助失去上肢控制能力的伤员重建肢体运用的能力。为此，DARPA 开展了“手部本体感受和触感界面”项目，旨在打造具有高度感觉反馈的、如天然手臂一样灵活的假肢系统，有效解决“本体感受”问题，让用户拥有切实的感受，使假肢真正成为人身体的一部分。DARPA 项目经理道格 · 韦伯称，该项目的关键之处，就在于将与截肢处相联系的外围神经与人体神经系统相结合，保持外围神经实现正常功能的同时，使用户通过相同的神经信号来控制和感知假肢。这种假肢外形将更加美观，并能像真实四肢一样对神经脉冲作出反应。

该项目将帮助受伤服役军人和退伍军人实现自然功能的完整性，是奥巴马“脑计划”的一部分，其最终目标是创造出能够在日常生活中长期使用的安全可靠的设备。该项目也得到了美国国立卫生研究院、退役军人事务部等机构的支持。DARPA 正在与美国食品和药物管理局的科学家合作，为此类先进技术辅助开发验证安全性和评判量化的新标准，以更好地为受伤的在役军人和退役人员提供服务。凯斯西储大学、克利夫兰医学中心、Draper 实验室、Nerves 股份有限公司、Ripple 有限责任公司、匹兹堡大学、犹他州大学和佛罗里达大学等相关研究机构参与了这个项目。

二是加速创伤恢复的重组与可塑性，该项目将研制一种由电极或光纤组成的大脑植入体，将其植入大脑表面后，它们将读取大脑神经元的电信号，然后发送适当的光脉冲去刺激其他原本应该对神经元信号做出反应的大脑区域。这种植入体将作为那些被损伤或者被“截去”的大脑区域的替代物，使大脑能够正常运转。

士兵在战场中极易遭受炸弹与火炮的袭击，猛烈的冲击会对士兵的大脑产生极大的影响，从而造成不同程度的创伤性脑损伤。据报道，仅参加伊拉克和阿富汗战争而遭受脑损伤的美军士兵就多达 36 万人，这些伤员轻者反应迟钝，重者失去记忆、神志不清，完全丧失社交能力。这一伤病成为美军亟待解决的重大问题，因此，美国国防部提出这个研究项目，计划利用新型大脑植入手段，用脑机接口技术来替代受损大脑灰质皮层的功能。DARPA 对该项目给予了大力支持，宣布了一项为期两年的初步计划，资助斯坦福大学和布朗大学的 4 个研究所用于联合开发脑芯片项目。这一项目涉及神经学、精神病学、大脑模拟专业，甚至包括半导体专业，目前已在理解大脑损伤、建立大脑活动的概念化数学模型等方面取得一定进展。

三是恢复编码记忆集成神经装置，DARPA 希望寻找到一种新方法对神经元信号进行分析解码，以掌握在脑损伤后如何刺激神经元、促进记忆编码的恢复、恢复个体形成新记忆和存储以前形成的记忆的能力。这种可长期植入的微型无线神经装置有望帮助头部受伤的士兵恢复对任务的记忆。

四是可靠神经接口技术，该技术旨在对大脑中神经网络活动进行可视化和量化。利用该技术，人们可以在大范围内快速观测神经网络的活动，前所未有地深入了解大脑结构和功能。更重要的是，人们可以通过该技术进一步揭示神经网络和行为功能之间的关系，不仅能够更好地观察神经系统，还可以通过对刺激和反射回路进行精心调制，探索神经信号和大脑之间的因果关系。这对于研究人员了解治疗受伤人员的脑部伤病具有重大促进作用。

上述技术旨在恢复人体由于损伤而破坏的一些神经能力与行为能力，而 DARPA 对 BCI 关注的另一大方向则用于提高人类能力，利用 BCI 技术对人脑和人体机能进行优化。

三、增强战士的表现能力

DARPA 第二个大方向是增强人类的训练与表现能力，试图通过 BCI 技术手段缩短士兵技能训练周期，打造“超级战士”。具体内容可分为以下四个方面。

一是加速学习计划。这一计划将提高士兵们的战场学习能力，DARPA 希望通过有效的探测、追踪方法，加快士兵的技能习得能力。近日，DARPA 又公布了一个为期两年的基础研究项目——“恢复活动记忆与回放”，旨在研究“神经回放”在形成记忆和回忆过程中的作用，从而帮助人脑更好地、更具体地记住偶发事件，更快地学会技能。

二是叙述网络项目。该项目旨在对叙述内容及不同叙述方式对人类认知和行为的影响进行分析。该研究对于开展信息战、心理战具有特别意义。一方面，可以通过叙述网络对敌方的情绪特点展开有针对性的宣传工作，用不同的宣传内容对敌人进行心理攻击。另一方面，也可以适当运用于心理劝导，比如让百姓接受援助，或者让恐怖分子放弃抵抗等。

三是用于情报分析员的神经技术。该技术能够在作战环境下通过记录并实时处理情报员的大脑信号，选择需要分析的图像。这种图像处理技术可以产生大范围的静态视觉图像。该计划凭借信号处理、人机界面、突破性的神经科学等方面的发展进步，将神经技术融入图像分析领域，显著提高识别关键信息的速度与准确性，为士兵提供战场辅助工具。传统的目标搜索是在电脑上的一整块现实区域中搜索目标，而在新技术条件下，大区域将被分割成多张较小的图像，并在信息员眼前快速切换，当含有目标信息的图像在眼前闪烁时，观察者的大脑将在300 毫秒内发出信号，并由信息处理系统捕获进行下一步处理。在这个过程中，观察者本身甚至都没有意识到图像中包含着他要找寻的信息。DARPA 将与美国国家地理空间情报局合作完成这一项目。美国加利福尼亚州千橡市的特勒达因技术公司，新泽西州莫里斯镇的霍尼韦尔国际公司，以及纽约的哥伦比亚大学与 Neuromatters 有限责任公司的联合团队设计了参与竞标的三个原型系统。

四是认知技术威胁预警系统。该系统旨在通过发展单兵便携式视觉威胁探测设备，最大化地提升战士们的威胁检测和态势感知能力，可靠地探测到潜在的威胁和感兴趣的目标。人类具有能够感知到威胁的本能，在战场上，尽管雷达等探测设备快速发展，但仍无法避免信号盲区，许多时候战士们仍要依靠自身的眼力和感知力来判断周围环境。①在双筒望远镜、摄像机和便携式雷达的帮助下，漏检率仍只有47%或更低。于是，科学家们便设想，将EEG检测系统与望远镜相连，实时检测大脑信号，通过相连的计算机进行数据分析，探测可能潜伏在远方的敌人。DARPA于2008年启动了该项目，并开发了一套包括高像素摄像机、可在计算机运行的认知视觉处理算法和EEG感知装置的技术装备，不仅将识别率提高到了91%，还将战士的视域扩展到120度。目前，DARPA已为美国陆军军官进行了该技术的演示，也许在不久的将来就可以投入训练使用。美国HRL实验室、先进脑监控公司、量子应用科学与研究公司和加州圣迭戈大学等机构都参与了这项研究，技术成果已向美军陆军的夜视实验室进行转交。

尽管这些BCI技术的研究计划大多数处于理论和实验室研究阶段，但任何一项技术的成功实现，都将对未来战争带来不小的冲击。在科技与军事紧密耦合的今天，我们也需抓住发展机遇，抢占科技前沿，牢牢掌控“制脑权”，为打赢未来战争奠定基石。

---

① Rajakishore Nath. Philosophy of Artificial Intelligence，Sigcse Technical Symposium on Computer Science Education，1994，Phoenix，Arizona，Usa，March. DBLP，2017：41-45.

科幻与战争：一部恩怨史

在安布雷拉公司的生物工程实验室“蜂巢”里，生物病毒突然暴发并迅速传播。为了控制病毒不让其外泄，实验室被全部关闭，最终数百名遗传学、生物工程学专家感染了病毒，正常人类与病毒感染者之间的战斗随之打响。

而在地球的另一端，英国驻北美洲司令为印第安领袖送去了毛毯和手帕，那上面沾满了天花病菌。渐渐地，大量印第安人的身上冒出了可怕的深红色斑，身体开始抽搐，神经出现错乱，最终惨死。英军于是不战而胜，乘机侵占了大片北美土地。

以上两幅图景都体现了生物病毒的巨大破坏性，可是前者来自2002年的科幻电影《生化危机》，后者则是1763年发生的真实历史事件。抛开时空的局限，我们可以发现科幻与真实发生的战争让人难以区分，科幻与战争似乎变得只有一步之遥。

一、战争渗透一切

科幻是什么？美国当代科幻小说家乔安娜拉斯说，科幻是“假如文学”；美国现代科幻小说之父海因莱因说，科幻是“对未来事件的现实主义推想”；科幻杂志之父根斯巴克则说，科幻是爱情故事、科学、语言的结合。对于科幻的定义尚无定论，但归结起来，科幻是人们的想象与现实的有机结合。通过科幻，人们描绘出了未来世界的图景，在文字、胶片、影像中望见了未来的自己。

与科幻相比，战争可以说是毫无浪漫可言。战争是“从有私有财产和有阶级以来就开始了的、用以解决阶级和阶级、民族和民族、国家和国家、政治集团和政治集团之间，在一定发展阶段上的矛盾的一种最高的斗争形式”。战争的暴力性和残酷性总是将人们对美好与和平的期待无情击碎。对于科幻与战争这两个看似毫无关联的事物，才华横溢、想象力丰富的科幻创作者们将它们联系在了一起，在他们的科幻作品中勾画了未来战争的图景。神奇的是，那些肆意、傲慢甚至是荒诞的文字有很多最终变成了现实。更为令人惊叹的是，科幻对战争产生了实际影响。在物质层面，科幻激发了军事技术的创新，推动了军事技术的变革，深刻改变了战争的进程。在精神层面，科幻反映了创作者对战争的反思，促进了大众对战争伦理的思考。

科幻通过推动军事技术的变革改变了战争的图景。科幻从其发展历史的早期阶段开始就表现出了一种不断翻新的自我变革倾向，而随着战争需求的不断变化，军事技术作为“包括研制、生产直至操作在内的武器系统的技术”也处在不断自我更新与变革的发展过程中。所以在自我更新这点上，科幻与军事技术具有共性，也正因此，科幻与军事技术才能够完美结合。

二、想象力是科技创新的原点

科幻作品为军事技术的创造提供了构想，指引了军事技术的发展方向。现代潜艇之父西蒙·莱克就曾说过：“儒勒·凡尔纳（现代科学幻想小说之父）是我一生的总舵手。”想象力是科技创新的原点，而这正是科幻创作者们最不缺乏的品质。科幻作品中对于技术天马行空的设想为军事技术的研究提供了源源不断的灵感，引导其更新变革。隐形技术就是一个典例。隐形技术又被称为隐身技术或“低可探测技术”，从传统的原理来看，是通过降低武器装备或作战人员等战场目标的信号特征，使地方探测系统难以发现、识别、跟踪和攻击，或使敌方探测系统发现、识别、跟踪和攻击的距离缩短的综合性防御技术。威尔斯的小说《隐形人》中格里芬服用了隐形药剂之后实现了隐形，科幻电影《星际迷航》中罗慕伦人的隐形装置能够隐藏一艘太空飞船，畅销小说《哈利·波特》中哈利常常穿着“隐身斗篷”溜出魔法学校。随着人们对隐形技术研究的深入，这一最初只存在于科幻作品中的神奇技术在今天已成为现实。2012 年底，加拿大超隐形生物科技公司宣称已研制成功新型的量子隐形材料，“隐形衣”在研究者们口中叫作“量子隐形伪装面料”，可通过使周围光线弯曲达到隐形效果。这项技术的研发长期受到军方委托和支持。美国一直致力于隐形技术领域的研发工作，美军的一些尖端军用飞机，如 F–117A 战斗机、B–2 战斗机、B–2 轰炸机，已实现全方位、多功能隐形。如今，隐形技术已应用于飞机、坦克、潜艇、装甲战车、舰船、导弹等多项武器装备。应用于隐形的材料，如纳米隐形材料、导电高聚物材料、多晶体纤维吸收剂、智能型隐形材料与超材料的研究不断取得新进展。

除隐形技术外，活跃应用于战场上的武器装备都不曾逃出科幻创作者的想象之中。凡尔纳在他的科幻作品中构想了一系列军事技术与装备：《机器房子》中的钢铁怪物展现了无履带坦克的模样，后来坦克在1916年法国的弗勒尔科索莱特战役中才首次登场；《海底两万里》中尼摩船长驾驶着“诺第留斯”号潜水艇在海底进行了两万里的奇幻旅行，预示着未来的潜水艇技术；《从地球到月球》和《上下颠倒》中出现的可以轰炸月球的巨炮成为后来火炮设计的雏形，19世纪后期的著名火炮设计师吉拉德·布尔在美、加两国的支持下进行了超级火炮计划，主持研制出了超级大炮“巴巴多斯”，其射程和威力在身管火炮领域至今无人打破；《从地球到月球》和《环绕地球》中载人炮弹的发射地点、飞行时间和登月人数等数据几乎完整地预演了后来的美国阿波罗登月工程……除凡尔纳之外，日本科幻之父押川春浪创作的《海底军舰》在1900年就预告了潜艇战的到来，英国科幻作家威尔斯在红宝石激光武器诞生60年前就将光线武器的设想写入了名著《两个世界的战争》，苏联科幻之父别利亚耶夫在20世纪的著作《大独裁者》中就预想了如今的无线脑波控制装置……有趣的是，随着科幻对军事技术推动作用不断显现，科幻创作者们也逐渐从作品背后走向现实，参与军事技术研究的实际决策。比如，美国国家航空航天局（NASA）已正式将科幻内容用于航天技术教学，2004年时还邀请科幻作家参与有关火星地球化的辩论。

总的来说，科幻照进现实一次次地向人们展现了科幻作品在军事技术用于战争方面的先导性和预见性。伴随着武器装备的不断更新换代，未来战场的图景可以说越来越充满科幻色彩。

三、科幻与军事联姻

科幻作品中充满对军事技术与未来战争的绚丽想象，但同时也包含着对战争伦理的深刻思索。与战争的暴力性、残酷性相比，科幻作品以艺术的形式传递了科幻创作者们对战争更柔性和更冷静的思考，促进了世人对战争伦理的思考。首先，对于战争的合理性，科幻作家们通过作品进行了激烈论战。同属世界科幻“三巨头”的阿西莫夫和海因莱因就对战争抱有完全不同的观点。阿西莫夫著名的“基地三部曲”（指《基地》《基地与帝国》和《第二基地》三部科幻小说）传递了反战思想：小说中的科学家极力反对战争，高呼人类动用武力就是在自取灭亡。而海因莱因的科幻小说则展现了另一番图景。《星际迷航》中令人头晕目眩的高新科技和奇幻场景渲染了先进军事科技的强大魅力；《异乡异客》中孤身一人流落火星的主人公史密斯通过不懈努力最终回到地球，其体现出的个人英雄主义则于无形中美化了战争。科幻创作者们通过作品传递关于战争的沉思，从而促进大众对战争伦理的审视。

另一方面，很多科幻创作者们在作品中表露出了对高科技战争的恐惧和忧虑，尤其是在核武器登上战争舞台之后，其巨大杀伤力以及大国间的核武器军备竞赛使人们的担忧进一步加重。美国科幻女作家朱迪丝·莫瑞尔在小说《唯有慈母心》中以一位母亲的口吻讲述了人们对核战争的恐惧。故事发生在第三次世界大战期间，大量核武器的使用导致不计其数的新生儿发生基因突变，天生发育不全或畸形，而主人公的孩子最终也未能幸免。在我国科幻作家王晋康的《拉格朗日墓场》中，由于“美国”没有遵守交出全部核武器的承诺，世界濒临灭亡。主人公鲁克最后乘着满载核弹的飞船冲向太阳，用自己的身躯拯救了地球。德雷克森导演的科幻电影《地球停转之日》则是通过外星人视角表达了反对制造原子武器的思想。外星人克拉图意识到原子武器将毁灭人类和整个地球，原想劝阻人类却遭到冷遇，最后开启了对地球的毁灭程序。电影《奇爱博士》中，由于一颗核弹的误投，世界末日装置被激活，人类被淹没在了一连串的核爆之中。还记得 1945 年原子弹被投向日本后，乌托邦学者刘易斯·芒福德曾发出强力谴责："先生们，你们简直是丧心病狂!"而科幻作品就像是对待战争无声的呐喊，创作者们通过虚幻的视角展现了高科技武器给人类带来的威胁与危害。那些武器就如同浮在人们心头的乌云，始终挥散不去。

1964 年，阿西莫夫写道："在 50 年内我们将生活在一个充满科幻的现实中。"直到今天，50 余年已经过去。环顾当今世界，科学技术的进步使得科幻与现实逐渐变得难以区分，战争也愈加充满科幻色彩。眺望未来，我们不禁发出这样的疑问：科幻将会把人类带往何处？对于这个问题的答案，我们现在似乎无从得知。可是，就像科幻作家刘慈欣所说——我们都是阴沟里的虫子，可总得有人仰望星空——抬起头来，发挥想象，未来也许就在我们眼前。

伦 理 篇

※ ※ ※

我们的问题不能用科学来解决，只能由人自己解决。只要有人被有计划地训练来对人类犯罪，这样造成的心理状态只能一次又一次地导致大灾难。我们唯一的希望就在于拒绝有助于准备战争或者以战争为目的的任何行动。

——阿尔伯特·爱因斯坦

后人类战争：我们准备好了吗？

孔丹：大家看到日程表上的时间都要往后延差不多15分钟。现在我们请青年学者、国防科技大学国防科技和社会发展研究中心的石海明同志发言。他这个发言题目很有意思，叫《后人类战争——我们准备好了吗?》，我自己也不太懂，人类的战争还没准备好，现在就要谈后人类战争，现在我们请石海明同志发言。

石海明：感谢孔总，感谢大家！刚才孔总讲后人类战争，这个题目其实我一直在斟酌，本来有个副标题我想叫“中美军事较量的当下与未来”，后来想还是别太敏感，别太刺激。

我自己是本科学计算机的，后面学军事学、哲学、战略学，然后又读科技史，更换了几个专业，这可能是我最后一次以国防科技大学的单位做演讲，因为随后我可能会调到北京的国防大学去工作。

这几年我一直在做战略前沿技术与国家安全方面的一些研究，特别是对未来智能化战争做了一些研究工作。新时期，党的十九大报告指出：“加快军事智能化发展。”

我们从新闻公开报道知道，在1991年，海湾战争刚刚打响之后，江主席曾到国防科技大学视察的时候，时任校长是陈启智中将，就是陪同在江主席边上的那个校长。我在十多年前读研究生的时候去找过陈校长，陈校长当时跟我讲，那时海湾战争打响了，未来战争究竟怎么打？那时候对这样的新动向，大家都还不清楚是怎么一回事。

今天，我们已经研判出来，未来战争的主要趋势就是智能化。那么，有人可能要问，你到底想讲什么？其实大家都已经感觉出来了，我要讲人工智能。在阿尔法狗这个深度学习的技术突破以后，这一事件在社会上引起了有关人工智能的热潮。这促使我们去思考，像古希腊的哲学追问一样，我们在哪里？我们到底要向何处去？

我个人的看法是以下三点：一个是今天的生物交叉技术和人工智能共同开启了一个新的时代，这个时代跟我们大家感觉到的还真不一样。我在多个场合一直讲这个事。我说未来我们将进入后人类时代。有人说你别胡扯了，推背图上第 59 相中讲到未来人类社会的时候，它讲这个时代最大的特点是自我消失、自我没有了。有人讲，这个是一个伪书，它是胡扯。好了，如果说这是一部伪书，那我们就看看那些不是伪书的书，比如说大家熟知的《人类简史》。在这本书中，以色列历史学者说，当未来的生物交叉技术改造人体之后，人类就不是今天这般模样的人了。

其实，怎么评价这个作品呢？我个人认为，它是一部优秀的历史综述性大众读物，并不是特别深刻的一个作品，它的判断并不太准确。其实在它讲这个观点之前，我们在《美丽新世界》《技术与文明》等作品里也都看到了类似的观点，生物交叉技术改造人体，这个观点其实并不新鲜。今天我们在市场上还看到一些作品，比如说《智能浪潮》《我们的后人的未来》《超人类革命》《机器人时代的战争》等。《我们的后人类的未来》这本书的作者很有名，就是讲那个历史终结论的福山。《超人类革命》这本书是法国前教育部长写的。

到底人类今天是处在一个什么样的时代呢？我的判断是后人类时代。这个判断是有依据的，并不是随便说它是什么时代它就是什么时代。

美国有一个学者写了一本书叫《我们何以成为后人类》，这个人到我们国防科技大学来做过讲座。她也许并没有想得非常明白，但是她的敏锐度非常好，她感觉出来了这个时代的一种变化趋势，只是她没有讲清楚。

后来我就顺着这个思路一直在思考，到底这个后人类时代会是一个什么样的时代呢？我们今天在谈到这个事情的时候，我们只能从科幻电影中去透视，像《阿凡达》《星际迷航》等等，从中我们看到，在人类今天这样一种存在与未来人机混合体社会之间，显然有一种变化的大趋势。

由于时间的关系，我在这里就不太停留了，我重点讲的核心观点就是，我认为倘若这个世界大致上由人和物构成的话，今天生物交叉技术在改造人本身，人机混合体（机械生命体或生命机械体）是演进的未来，对于这个，DARPA 也在大力布局相关研发。那么，对于物呢？在经过人工智能赋能以后，我们会迎来一个智能化社会，一个类似智能体的脑化社会。① 这两个东西结合在一起，我们在未来就将进入一个后人类时代，这个时代的特征是人机一体、万物互联、信息融通、普适计算。也许有人会讲，你对这个未来能不能具体描摹一下？还好，我硕士读了三年哲学，我受其他学者启发写了这样一段话。我读一下，大家看看有没有这样的味道。

“按照以往的认知，人类本质上是有自由意志的生物体，有内聚的认知，有肉体的具身，有独特的情感等等。未来的人将不再是纯粹的

① Baum S D. On the promotion of safe and socially beneficial artificial intelligence. Ai & Society，2017，32 (4)：1-9.

人，在后人类主义哲学看来，传统人类的本质面临着被解构的命运。人的认知不是内聚而是分散的，人的具身不是肉体而是信息的，人的情感不是独特而是通约的。后人类本质上是一种异源、异质、异构的集合体或混合物，它没有先验的、独立的、自由的意志，也没有稳固的、有形的、有限的生命，而是作为一个'物质—信息'复合体，在不断与环境的互动中建构着自己的边界与生命。"

这是我自己觉得还满意的一种表达。对于这样的一种未来，你说我们今天距离后人类时代还有多远？还是说今天我们已经是后人类了？这个我觉得要看两类技术的发展，第一个就是人工智能。我们知道阿尔法狗确实通过深度学习技术取得了一些重大突破，对此我就不细讲了。人工智能从 20 世纪 50 年代到今天，从其三条发展进路来看，今天的阿尔法狗只是在连结主义这条进路上取得了突破，运用了深度学习的技术。在图像识别、语音识别等方面，包括科大讯飞，我们发现它已有一些应用，尽管我认为它距离真正的智能还非常遥远。国务院 2017 年 7 月出台的有关人工智能的发展规划中，有许多词语来描摹未来的图景，从中我们感觉出来，根本性的重大突破还需要时间。

原因何在呢？我认为主要有几点挑战。首先就是生物交叉技术。今天无论是美国 DARPA 布局的相关项目，还是我国的上海交通大学、清华大学等在做的脑机接口技术，其实都存有很大一个问题，就是在实现宏观的脑机接口之外，在微观层面，在生命体和机械体之间进行通畅的传输物质、信息方面还面临着巨大科学难题。这个我在上海交通大学读博士的时候，我跟计算机系的那些博士们经常聊这个问题，因为刚好我们住的寝室挨着。因此，后来我们在 2011 年创作《制脑权》一书的时候，尤其注意从科技的角度研究问题。应该说在七八年前的时候，当时我们也没有思考得特别清楚，我们只是感觉出来一种未来的军事应用场景。

我刚才说的是生物交叉技术，人工智能今天也是如此，面临着一些困难。今天的人工智能主要依靠三个东西，一个是大数据，一个是好的神经元算法，一个是高性能计算。这个高性能计算在今天就面临着巨大的挑战。比如说，我们知道1997年深蓝击败象棋的时候，它是将所有后续的步骤都推演了出来，然后它选了一个最优的策略，这个是不难的，对人来讲，你肯定比不过它。但是到吴恩达领导Google Brain的时候，这时大家看到，它识别猫的时候，这个计算量就已经非常大了，他用16000个CPU跑了7天，然后模拟100亿个神经元，这个运算量是很大的。到2016年的时候，这个阿尔法狗就更加厉害了，它用了1920个CPU、280个GPU以及Google专门定制的那种TPU处理器，这个运算量更大。在我们国防科技大学，大家知道“天河”是很牛的。大家看到那个公开的数据，目前按照冯·诺依曼的计算结构，极限值速度是10的20次方，那么如果要达到人脑的程度，模拟人脑的这种速度，就需要10的40次方，而这个计算机现在是达不到的，只能等待量子计算机的突破。所以这个运算问题是人工智能面临的巨大挑战。

当然了，你说围棋是信息完全的决策，如果对战争这种信息不完全的决策，这个就更加困难了。我个人的看法是要看趋势，克劳塞维茨，包括列宁都讲，要理解战争就必须得理解时代，要理解它的趋势。从趋势性的东西来看的话，人类正在向这个方向走去。

美国麻省理工学院的一位物理学家今年刚刚写了一本书，这个书马上会翻译过来。他提出人类生命的发展有三个阶段，第一个阶段是原始的生命，第二个阶段是今天我们人类能够适应环境进行学习的生命，第三个阶段是未来人类能够改造自身的一种生命。

在这位物理学家之后，我自己又提出了一个更新的往前推演的生命演进说。在生物交叉技术和人工智能相遇的那天起，传统意义上的我们就都已经“死”了，人类将沿着 4 个台阶消失在广袤无垠的技术空间里。人一开始还保留碳基的生命形式，然后被技术增强，再后来的时候放弃一部分碳基形式，开始变成“生物—机械—电子”复合体，再到后来的时候开始增强人脑，最后的阶段，我觉得人类可能就消散在技术空间中去了。

这个结论可能有人觉得不适应，但事实上我觉得还是比美国物理学家的看法要更深刻一些。因为我们从技术、世界和人的相互关系演进来看，一开始的技术就是改造人的器官的一个延伸，我们看得不够远，我们就造个望远镜；我们走得不够快，就发明了汽车。但是今天的技术确实在发生着深刻的变化，技术在改造人，它对人类而言已经不仅仅是一个延伸，而是重构，这个时候就会带来一种更加深刻的变化。

接下来我就简单谈一下战争的问题。战争其实是跟时代非常相关的，你要打仗，你就肯定要考虑这个时代。美国今天在人工智能领域，我们看到它也在积极地布局，特别是“第三次抵消战略”中所提到的人工智能技术，非常重视。我们今天对这种未来战争图景其实还较难直接描绘，我就让一个硕士研究生金宁做研究，我说你就做科幻电影中战争这个主题的研究，就从科幻电影的角度研究下未来战争究竟怎么回事。这姑娘很聪明，做得也非常踏实，天天在那看电影，我说你这个毕业还是比较愉快的，真正在做着有趣的学问。

关于未来战争的第一个问题就是，我们的战场在哪里？我个人认为就是全域作战。由于技术把世界的多种域给连通了，所以未来的全域作战就是《超限战》中提及的那种战争，也是俄军所讲的混合战争，美军的多域战，等等，这些战争其实是在自然空间、技术空间、认知空间及社会空间全域作战，这种未来就是一个趋势性的东西。目前军内也有很多人在研究这个问题，比如重庆原第三军医大学附属医院的郭继卫院长，军事科学院副院长贺福初院士等。

刚才我在底下坐着的时候，北京航空航天大学王湘穗主任发给我一个信息，是关于特朗普大选的时候剑桥分析公司的数据分析，这是一个例子，我们传统上认为武力战、宣传战是分离的，但是今天我们看到，剑桥分析公司通过大数据分析来影响一个国家的舆论，这种博弈方式的引入使得我们感觉到它的一种变化。

关于未来战争的第二个问题就是，我们的敌人是谁？我们传统面对的可能是美国大兵，但未来你说你不派大兵来了，你的机器人要来了，你海底下的猎潜艇要来了，你的无人机要来了，等等。这个其实会引发一系列问题，当这种作战的对象发生变化之后，战争的“人我共识”就被破坏了，一些智能化战争的伦理问题就会凸显。

关于未来战争的第三个问题就是，我们的战法是什么？这个就太军事了，我就不细讲了。我们提出无人蜂群战、算法战、智能认知战等等，都是在想如果未来战争是这样的话，是不是我要用新的一种战法来应对，而不是传统的一种战法。

此外，还有一个问题就是我自己最近提出来的，叫失序战。是什么意思呢？当这个社会进入一个后人类时代以后，实现了万物互联，军事、经济、政治、文化、社会形成一体化的复杂巨系统，我如何来精准地攻击你这个大系统的脆弱点，使得你系统失序、混乱，然后从中获得利益，这个是非常要命的。我在深圳考察华为在做的智慧城市，我就跟他们负责讲解的张瀚琪讲，你们搞智慧城市是建设性的，对手研究军事就是要破坏它，就是要想办法让智慧城市失序。

为什么会有这样的思想？因为最近我看了几部作品非常有共鸣，比如说《微粒社会》，还有这本《有序》。对于一个复杂巨系统来说，有序是非常重要的，人要是无序的话就崩溃了。一个组织、一个国家失序也是非常要命的。因此，我们看到，怎样去破坏你？怎样让你失序？这就成为很重要的一个问题。这里面涉及更加本质的问题，如这个世界的本质是物质？还是能量？还是信息？国外有学者就提出来说世界的本质是信息。当然，有人会觉得这个观点很偏激，但我认为，它对我们研究失序战特别有启发。

总体而言，战争是做破坏功的，以前是攻击你的将帅、攻击你的工业基地等，后来是攻击你的网络信息系统。在未来的后人类时代，我只要能攻击你的脆弱点，使你瘫痪，让你屈服。具体是运用武力也行，威慑也行，什么方式方法都行，反正能达到目的就行，这是总体的一个看法。

关于这个具体的策略，我就不细讲了，基本上大家都已经能感觉出来了。我们肯定是要为战争的加速更迭做一些准备，特别是从科技角度上做一些准备。人类今天科技的较量、战争的较量，主要还是在牛顿机械论自然观的指导下应对，还处在这样一种战争形态阶段，那么，未来面对后人类战争，就需要我们摒弃牛顿时代的机械论自然观，用一种更加复杂的思维方式来应对新的战争挑战。

从大洋彼岸的美军来看，其提出来跟潜在对手竞争的时间节点是2035年，它是说到那时在军事智能化建设上要与主要对手形成“代差”。大国的较量是一种冷酷的逻辑，挑战还是非常严峻的。

面对智能化军事变革，我们确实需要加强对前沿科技的研判，确保未来我们在这场新的军事较量中不至于落伍。当前，科学的研究，在极大的宏观领域、极小的微观领域都取得了重大突破，未来面对人脑这样的极复杂领域，揭开这个奥秘涉及生命，涉及世界的本原，涉及意识的起源，其实是非常复杂的。我相信人类科学一旦攻克了这个极复杂问题，对于整个世界的理解，包括对战争的理解，都会引发一种颠覆性变革。

最后，我谈一点体会，为何我们要研究未来的战争形态。去年，有一件事印象特别深刻，当时到巴西一个博物馆去的时候，我发现当年在巴西，就是欧洲的侵略者拿着火枪火炮，然后就来到那里占领它的金矿，屠杀它的居民。中国近代也遭受过这样悲惨的命运。我陪同首长到欧洲出访的时候，跟匈牙利高级将领座谈，我们问其有多少兵力，他们说约有 3 万。然后问我们有多少，我们说单单学校就有一两万官兵，其余保密。他们马上就笑了，觉得你们的军事力量太强大了。所以我们说，未来的军事竞争主要就是大国之间的竞争，军事智能化的较量也是如此。暨南大学的陈定定院长几次给我谈起这个观点，我认为他的见解是深刻的。

可见，面向未来，我们和美国面临着一个竞争的时间节点。我个人特别喜欢杜黑的这句话——“胜利总是向那些预见战争特性变化的人微笑，而不会向那些等待变化发生后才去适应的人微笑。在战争样式迅速变化的时代，谁敢于先走新路，谁就能获得用新战争手段克服旧战争手段所带来的无可估量的利益”。

最近几年我们一直在潜心研究创作，今天给大家汇报的就是我们撰写的十余部著作的浓缩，是研究前沿的精华，不对之处请大家批评指正，谢谢。

（在中信改革发展研究院年会上的演讲，2018 年 5 月 13 日）

科技失控，人类还有未来吗?

在科技文明尚未看出衰败迹象的时代，一本著作的标题赫然以《科技失控》呈现，背后究竟的是一种理性的忧虑？抑或仅是一种杞人忧天?

《科技失控》由美国耶鲁大学生物伦理学跨学科中心温德尔·瓦拉赫所著，作者之前曾与科林·艾伦合作出版《道德机器：教机器人分辨对错》。在这本讨论未来科技风险的作品中，进入瓦拉赫视野的前沿技术五花八门，有人工智能、纳米技术、生物技术、量子对撞机、超级武器、核技术、微黑洞等等。

瓦拉赫试图追问的终极问题是，谁真正掌控我们的未来?

一、假如你有时光机

未来，是一个无比美好的词汇，它往往寓意机遇、潜力、希望……除了考古学家之外，似乎科学家、政治家、科幻文学家、教育家等都钟情于谈论未来。犹记得，在冷战时期，美国竞选总统肯尼迪那句“太空，我们的新边疆”赢得了无数欢呼。到21世纪奥巴马竞选总统时依然还是大谈特谈“未来，无畏的希望”，甚至特朗普也一样宣称，“未来要让美国重新伟大起来”。

然而，什么才是决定未来的力量呢？瓦拉赫在《科技失控》一书中说，人类孕育的科技决定着未来。科技既可以是人类温顺的仆人，也可以是人类危险的主人，既可以是人类友好的朋友，也可以是人类凶狠的敌人。回顾人类科技史，不难发现，在漫长的进化过程中，人类关键是学会了制造和使用工具。否则，面对“反复无常”的大自然，手无寸铁的人类是何其脆弱的一个物种。从这个意义上说，科技与人类结伴而行，从野蛮逐渐走向文明，一部人类发展史就是一部科技创新史。

当然，如果仅仅止于罗列出有可能反噬人类的种种科学技术，一部作品就失去了应有的思想深度。在《科技失控》一书中，作者在分门别类讨论科技风险之余，对控制风险，开出的药方有三大类。

二、规避风险点

关注“机会窗口”。瓦拉赫认为，有关科技的未来前景，人类很难预测与评估，纵然是耳熟能详的领域，如个性化药物、大脑模拟、超智能计算机和机器人等，情况亦然，更不必说像欧洲核子组织（CERN）掌管的大型强子对撞机（LHC）这样令公众望而生畏的“巨无霸”科学装置了。为了能够有效规避和控制技术风险，应该关注技术发展的“转折点”，这个“转折点”就是人类控制技术的“机会窗口”，“机会窗口可能保持长期开启的状态，但很多时候，开启和关闭都很快。一项技术一旦根植于社会结构之中，要改弦更张极其困难。如果对于转瞬即逝的机会没有采取行动，那未来将屈从于人类不能掌控的力量”。

对此，瓦拉赫在书中给出的案例是有关基因研究的。在他看来，改变人类基因将是人类自身演进史上的重要转折点，次一级的转折点可以理解为目前正在开展的研究线路的调整，或者说进展速度发生了变化。比如说，解码人类基因本可以历经数十年缓慢向前推进，但因大量公共和私有资金的注入而加速前行。也正是就这一点而言，瓦拉赫认为美国最高法院在2013年6月13日判决不能为人类基因申请专利这件事，是改变人类基因学研究进程的大事，是关注“机会窗口”而控制技术风险的好事。

消除战争刺激。在影响人类命运的众多科学技术门类中，军事技术是最值得深入讨论的对象，科技介入战争的历史，也是最值得深究的历史。瓦拉赫在书中提及军工集团是推动大型科学研究和技术创新的主导力量。的确，战争的刺激是科技创新的不竭动力。从二战核武器的研制到如今杀人机器人的开发，军事需求一直与科技发展如影随形。在历史上有很多一流的科学家，如阿尔伯特·爱因斯坦、罗伯特·奥本海默等都对应用于战争的科技力量进行了“忏悔”，如爱因斯坦对第一次世界大战的阴影就挥之不去，他说：“总而言之，我们整个时代对技术进步和文明赋予了过高的褒奖，它们像一把斧头，但握着它们的人是一个精神失常的罪犯。”这是爱因斯坦在给西格蒙德·弗洛伊德书信交流中所表达的观点。又如奥本海默也是如此。1945年7月，美国在新墨西哥州沙漠中进行核试验，参加曼哈顿工程的重量级科学家们都担心：大爆炸是否会引发地球大气层的链式反应？如果核试验失控的话，将给新墨西哥州带来怎样的灾难？同年，被称为原子弹之父的物理学家奥本海默面对第一颗原子弹爆炸产生的蘑菇云，用《薄伽梵歌》沉吟道：“我成了死神，世界的毁灭者。”

尽管有科学巨匠对人类军事科技的忧虑，但在可以预见的未来，似乎仍然看不到这种军备竞赛逻辑的破产，反而似乎会越发变本加厉，两次世界大战的教训或许很难被汲取。可以讲，20 世纪爆发的两次世界大战实在是人类“科技之恶”的顶峰。在这个人类悲惨的世纪中，仅仅两次世界大战就造成了超过 1.2 亿的伤亡人数。科技深度介入战争，无论是在东方战场，还是在欧洲战场，抑或美国参与的太平洋战场，科学家都积极将自己的聪明才智投身于战火之中，对垒双方都从实验室源源不断地将新式武器送向战场：飞机、无线电、坦克、潜艇、毒气，直至威力巨大的原子弹。比如，列昂纳多·达·芬奇在 16 世纪就构思过“可以水下航行的船”，当时被视为“邪恶”“非绅士风度”而遭摒弃。但在第一次世界大战时的 1914 年 9 月 22 日，德国 U–9 号潜艇在一小时之内就击沉了 3 艘英国巡洋舰。整个第一次世界大战期间，各国潜艇共击沉 192 艘战舰，5000 余艘商船。从两次世界大战到今天，科技创新仍然依附在战争的轨道上滑行，而且愈加吞金、愈加危险。从陆地、天空、太空，到网电空间、大脑神经，科技对抗的强大逻辑恨不得把世界的任何一个角落都幻化为较量的战场。

引导价值理念。回望历史深处，科学技术与人类进化同行。三千年前，科学的涓涓细流滥觞发源。从远古的石器时代到如今的智能时代，人类走了十万年。从泰勒斯发现静电到法拉第发现电磁感应，科学家走了两千多年。从牛顿的绝对时空观到爱因斯坦的相对论横空出世，人类终于迎来了科学的大跃迁。今天，科学发现不断加速，技术创新更如井喷，两者展示了不可阻挡的科技洪流。面对科技创新的滚滚洪流，人类有欢欣，也有忧虑。什么是发展科技的终极目标所在？科技这一人类亲手孕育的孩子，倘若不受伦理与道德约束，会不会如科学家霍金所忧虑的，成为从瓶子里放出的恶魔？

可以讲，人类的科技创新之旅，就犹如在漆黑的大海上航行，由于航程危机四伏，所以适时校正航向至关重要，“灯塔”就是有广泛共识的价值理念。为此，瓦拉赫在书中提出，对于新技术的研发要引导确立新理念，在新理念确立之后，再设置一些能全面监督、管理和调整技术发展的机构，引导开展方向正确的科技研发和工程实践。“我们倡导的是在创新技术的开发和部署过程中更加慎重、负责和认真。对将会产生深远和不确定社会影响的新技术采取漫不经心的态度是文明迷失的标志。放缓已加速前进的新技术，应当采用负责任的方式确保人类的基本安全以及支持广泛的共同价值理念。”

三、预防科技领域“多米诺骨牌”效应

最后，不妨让我们讲一个小故事。1944 年 11 月 17 日，在第二次世界大战即将结束的时候，美国总统罗斯福给科学家万尼瓦尔 · 布什写了一封信，提出了有关科学发展的四个问题，希望布什能组织有关专家进行磋商并尽快回答。布什于 1945 年 7 月 5 日提交了题为《科学——无止境的前沿》的著名咨询报告。

科学，真的是无止境的前沿吗？瓦拉赫在《科技失控》这部作品中，基本上认可这样的提法，并主张要预测科技进化的未来，从源头上根除或预警科学技术“恶”的一面，认为“通常，新技术破坏性作用的产生要早于其带来的益处”。当然，瓦拉赫的这个判断，值得商榷。无论是工业革命时期的新技术，还是信息时代的新发明，智能时代的新创新，技术一旦突破之后，往往立刻就会引发人类的兴奋，开始广泛讨论其军事用途或民用价值的可能，等到技术成熟度已高，人类才会品尝到技术果实的另一味。就这一点而言，可能我们无法真正掌握预测未来的“水晶球”。

人类高贵，是因为流淌着道德与伦理的血液。当科技的发展激发

出人类所有的贪婪、享乐与狂妄之时，一定会对所有规制技术、把控风险的说辞嗤之以鼻，“想到就要做到”“做不到也要想到”势必会把人类带向技术迷途，引向不归之路。在经历一波又一波技术螺旋式升级之后，一切对大自然的敬畏与理性的谦卑都将荡然无存，也将不再愿意去探讨“技术提升人类能力，究竟是人类的机会还是败坏了人类的天性？”之类形而上的问题，留下的只有——科技，无所不能！

倘若科技真的将人类引向了那个方向，不能不说这是人类的悲剧。不管你对未来是乐观的态度，还是悲观的态度，都不妨学会用科技思维透视未来。

永无止境的深渊：脑增强作战的风险有多大?

2011 年的美国喜剧科幻电影《永无止境》展现了智商增强药物 NZT 带来的一幅美好图景。穷困潦倒的主人公因服用了 NZT，灵感迸发，下笔如有神助，几天内写出了一部畅销小说，学会了多门外语，通晓各领域知识，于是很快进入了上流社会，拥有了金钱、权力、地位、尊重和爱情。电影中反复出现的一句话是“NZT 让我觉得自己无所不能”。更厉害的是，主人公在电影的结尾摆脱了对 NZT 的依赖，塑造了全新的自我。现实中虽然没有 NZT 如此神奇的药物，可是不断发展的科学技术带给我们的就是不断接近“无所不能”的自我认知。人工智能、新概念武器等高科技的产物不断改变着世界，人们为这些改变欢呼，但和电影不同的是，也有人对这些改变感到担忧。虽然 NZT 创造了美梦，可是这美梦太危险，一方面 NZT 会造成人类的依赖心理，另一方面会颠覆服用者的自我认知，而其根本在于如果所有人都服用了 NZT，NZT 就失去了价值，所以，隐藏在电影那美好轻快的背景后面的不是永无止境的进步空间，而是永无止境的悲惨深渊。

首先，NZT 不可避免地造成人类对它的依赖，类比来看，先进的科学技术必然导致人类独立性的削弱。当别人告诉你，只要你吃药丸就可以变得绝顶聪明，想必你会选择吃下药丸，因为毕竟这是一个低投入高收益的行为。对于NZT来说更加夸张，影片中的主人公明知吃药会加速死亡还是选择吃药，极高的回报还是让他选择了铤而走险，而一旦没有NZT，他就变回了原来那个愚笨无知的作家。NZT和主人公的关系与现实中人类与科学技术的关系颇相似，比如网络、手机和人类的关系。在网络方面，我国是最早将网络成瘾诊断为临床疾病的国家之一。在手机方面，生活中有很多人一旦离开了手机，就会产生焦虑感，这也是所谓的“无手机焦虑症”。调查显示，目前在韩国11—12岁的儿童中，72%都有自己的手机，他们平均每天在手机上耗费约5.4个小时。一项对韩国近1000名学生的研究显示，25%的被调查者有手机成瘾的情况。而手机成瘾已在不少国家被列入标准的“心理障碍”范畴。由此可见，科技毫无疑问让人产生了心理和行为上的依赖，破坏人的生理和心理健康，削弱人的独立性，从人类追求的目标来看，科技在客观上提高了人们获得幸福感的成本，增大了人们失去安全感和幸福感的风险。

另一方面，NZT颠覆了人的自我认知，折射出的是科技对人类自身认知的破坏。“一分耕耘，一分收获”是中国的古语，提醒人们努力奋斗的重要性。但是今天看来，科技为人们创造了无数条捷径，人们通常美其名曰提高了自身生活的效率，比如有车就不走路，有线上的沟通聊天就不用手写书信。科技看似创造了一个省时又省力的世界，可仔细想来，这样的后果是人们习惯于不劳而获。正如影片中主人公的一切成功实际上都和自身努力无关，全部都只是因为他服用了NZT。在科技越来越发达的今天，人们习惯于这样的句式：和以往不同的是，只要……就能……比如只要拥有这台电脑，你的生活就会丰富多彩；只要有了机器人，人类就再也不需要做那些繁重的工作。除了为科技成果出力的人员外，社会上的大多数人都是不付出自己对科技的贡献而通过购买行为直接使用科技成果的，对于这大部分人来说，科技让他们更加懒惰和自负。人们于是无视自己依赖科技成果的事实，而在无意识中将手机、电脑等科技成果变为自己器官的延伸，恍惚间仿佛觉得自己无所不知、无所不能。而实际上，科技知识改变的是信息的传播和获取方式，人类如果不持续创造新的信息，即付出新的劳动，人类自身仍然不会有进步，比以往多的只是对科技的依赖。因此，科技时不时带给人的“无所不能”的错误虚假的自我认知阻碍着人类的进步，人们在生活效率提高的同时有可能失去了对未来的把控。

最后，如果所有人服用了 NZT，NZT 也就失去了价值，即科学技术的价值来源于其独占性。影片主人公之所以能因为 NZT 获得成功，是因为只有很少人服用了 NZT，所以他拥有了相对优势。但是，当 NZT 成为社会普及药物，主人公实际上还是社会中的普通人。可见，科技的价值和意义很大一部分来源于其不普及性。在现实中，各国为了发展科学技术不惜花费大量人力、物力、财力，但所有国家坚持的原则始终是不分享本国最尖端科技成果，尤其是在军事技术领域，因为那是其保持优势之基。因此，科技的意义始终需要结合其使用范围来考察，一味将科技作为完美的救世主是错误的。只有科学技术被应用于造福于人类的途径而非其他途径，其带来的才是永不止境的进步，而非永无止境的深渊。

竞逐的前沿：人工智能与战争控局

当前，“智能化”成为人类社会发展的新趋势，席卷医疗、金融、法律、物流等多个领域。可以说，我们正在经历着由人工智能带来的第二次“文艺复兴”。第一次文艺复兴是神下去了，人上来了，人的理性凸显，而这一次的“文艺复兴”，则是信息迷雾走了，万物智能来了，人的智能延展。在人工智能迅猛发展的背景下，科幻电影中的人机大战、超级战士等奇异诡谲的情节与场景越来越趋向现实，人工智能的发展与应用正在逐步改写现代战争的进化轨迹。

一、智胜革命：AI 技术催生军事智能化

人工智能技术的运用，不仅在宏观层面上促进了军队武器装备、作战指挥、组织形态等方面的智能化，还从深层次推动现代战争呈现云脑主导、人机一体、自主协同、分布杀伤等特征，从而催生出军事智能化体系。

（一）设计战争

人工智能技术使设计战争成为可能，而算法就是设计战争的关键工具。可以说，设计算法就是设计战争。现代战争不仅涉及多源信息的采集和融合处理问题，更涉及有关作战任务规划的多层算法问题，因此对数据处理能力提出了巨大挑战。而算法的实质在于群体智能，是人机混合智能，相对于个体智能，它具有强集成性、大吸蓄性、高靶向性及易升级性。好的算法与优质问题、复杂场景及实践迭代直接相关，能够承载实战的庞大数据量。作战双方通过利用算法，得以模拟和预演实战，从而在多次实验中调整战法策略，将战争转变为经过设计的实验成品。当前，美军提出“算法战”概念，并组建“算法战跨功能小组”，以推动人工智能、大数据及机器学习等“战争算法”关键技术的研究。针对算法的探索，将是各国争相竞逐的重要领域，也是打开现代战争新局面的关键所在。

（二）辅助决策

以往战争中指挥员的决策，一方面来源于情报、侦察、监视等手段，另一方面受指挥员自身的经验、灵感、联想等主观因素影响，依靠人脑决策出现的“灵机一动”“神机妙算”成为战争制胜的法宝。而人机一体的决策手段则将“人脑”与“外脑”有机结合，为指挥员的决策提供了新参照，能够弥补以往军事网络信息系统的不足，从而构建起功能强大的网络信息体系，提高军队的智能化评估和辅助决策能力。自20世纪50年代以来，美、俄等军事大国不断发展指挥控制自动化系统，企图增强信息优势和决策优势，如美军研发出指挥、控制、通信、计算机、情报与侦察监视系统（C^4ISR），推进“网络中心战”建设，开发针对网络入侵的智能诊断信息系统。未来，人工智能技术的运用将为决策进一步赋能。如在 2015 年，DARPA 启动的“大机理”项目，就旨在开发基于大数据的智能技术，通过信息的快速提取、智能推理、综合处理等，根据作战任务自动制定作战方案，辅助指挥官实现“任务式指挥”，缩短从信息处理到决策部署的时间周期，实现指挥决策的高效性及科学性。

（三）战争控局

古往今来，战争一直是人类的噩梦，造成巨大杀伤的武器成为笼罩在人类上方的乌云，实现战争在时间、规模、目标与结局等方面的可控是人类在战争中长久追求的目标。除运用条约、协议等政治手段之外，以往战争中的双方难以真正实现战争可控，比如二战初期德国利用“闪电战”策略，但后来的战争却演变成了旷日持久的消耗战，核生化武器造成的超乎预期的灾难性后果，也显示出在传统技术基础上实现战争可控的难度。人工智能技术有利于加强战略筹划，实现“知彼知己”的战略态势，提升作战模拟推演的有效性，对抗双方的战争设计与实验有助于控制战争。另一方面，人工智能促进武器装备创新，智能化高技术武器装备减少了非必要杀伤，客观上也为可控性战争提供了物质技术条件。

二、冰山隐患：潜藏的风险与挑战

人工智能技术对撬动军事变革的作用不容小觑，但与此同时，战争中的技术、伦理、道德等一系列风险与挑战也逐步显现。由于现有实践与技术条件的限制，人工智能究竟是点燃希望的火把还是开启地狱的钥匙，仍需人们谨慎思考与探索。

（一）指挥失序

不少科幻电影已对人工智能的威胁展开了讨论。电影《机械公敌》中原本以保护人类为使命的机器人出现集体失序，对人类展开了残暴攻击，《西部世界》中机器人的内部系统不断进化，最终反叛并伤害人类。由于目前人工智能技术的发展局限，人工智能的指挥系统容易在执行程序复杂的情景中出现失序，比如美军在伊拉克战场上的军事机器人失控事件。在人机协同作战方式中，过度依赖人工智能无疑增强了指挥系统失控的风险性，这就如同把枪交付给了机器人，而当机器人不听从人类指挥时，枪口对准的对象将可能是战争中的任何一方，因此人工智能带来的人机结合作战方式必须将人置于主体地位，保证人类指挥员对系统的控制权，并建立应急预警机制与意外发生时的后台程序都极为必要。

（二）伦理失范

早在 1950 年，科幻作家阿西莫夫就提出了“机器人三大法则”，以规范机器人的行为并确保机器人相对人类的附属地位。在伦理界并未制定统一机器人伦理准则的情况下，这三大法则已逐渐成为机器人的非正式伦理规范。然而，人工智能的伦理失范风险并没有因此减弱。在以往的战争法则中，人类之间的对抗如棋局一般保持相对平衡，战争双方互相控制且对彼此的伤亡负责，而一旦加入人工智能技术，人类的伤亡是否单纯由机器负责？对机器的损伤是否需要人类负责？人类又能如何避免人工智能成为无尺度暴力的工具？由此可见，人工智能带来的伦理挑战不只是单纯的伦理法则可以解决的，更需要人类对人工智能本质的清醒深刻认识以及对人机关系的精准定位。

（三）暴力失控

人工智能应用于战争始终存在走向暴力失控的风险，智能化武器是造成安全威胁的主要来源。2017 年，包括特斯拉公司首席执行官埃隆·马斯克和谷歌人工智能公司联合创始人穆斯塔法·苏莱曼在内的 116 名世界领先机器人和人工智能公司的领导人联名发布了一封公开信，公开呼吁禁止发展致命性自动化武器，并阻止高科技军备竞赛。人工智能与自动化武器结合的产物便是全自动武器系统，这意味着人工智能的加入使得战争的杀伤难度显著降低，以往战场上的战马、钢盔、刀剑、枪弹也许都不再需要，指挥官可能只需一个按钮、一句指令就能达到理想的杀伤目的。在这种情况下，全自动武器一旦投入使用，战争的杀伤效率将超乎以往，武装冲突迅速升级并扩大的可能性将难以预计。

三、对冲方略："三位一体"综合应对

面对人工智能的风险与挑战，应当坚持"三位一体"的应对策略。当前，人工智能的军事应用浪潮已不可避免，因此无论是来自技术还是伦理的挑战，都应坚持探索与发展人工智能技术，加强人工智能的技术预测与评估，在充分试验与分析的基础上逐步推进人工智能技术的军事应用。

（一）抢占智能科技高地

当前，人工智能已成为各大国竞相争夺的科技高地，主要发达国家纷纷将人工智能提升到国家战略高度加以发展。美军已将智能化无人系统作为支撑第三次"抵消战略"的颠覆性技术领域给予重点投资。美

国空军首席科学家办公室颁布的面向2035年的《无人系统地平线》技术评估和预测报告，认为未来各类无人系统与作战平台的自动化、自主性和远程遥控性能将随着技术的进步而不断取得突破。未来，随着超大规模计算、量子计算、云计算、大数据等技术的进步，人工智能的信息处理与控制技术将获得极大发展，在现代战争中所占的技术比重将显著增加。在这样的大背景下，唯有跟上智能科技发展步伐，及时制定人工智能发展规划与战略，见之于未萌，识之于未发，才能把握战争形态变化趋势，洞悉战争形态演变规律，实现克敌制胜。

（二）探索战争伦理规约

近年来，国际人工智能界日益重视人工智能中的伦理与法律问题，并推动相关技术标准及社会规范的研讨和制定，如IEEE全球人工智能与伦理倡议、阿西洛马人工智能23条伦理原则，我国的《新一代人工智能发展规划》也专门提出人工智能伦理与法律的“三步走”规划。在完善人工智能战争伦理规范的过程中，应确保人类对智能化武器的控制权，将人机关系纳入战争伦理的讨论维度之中，针对人工智能使用的特殊领域与战场情境建立独立的伦理评价体系，防范人类战争伦理与人工智能参与后的战争伦理相混杂，将技术、伦理与法律等控制手段配合使用、高度融合。

（三）加强国际合作对话

生命未来研究所在2015年人工智能国际会议上提交了一份信件，指出：“如果主要军事力量运用了人工智能，那么全球军事竞赛将不可避免，而最终的结果就是，人工智能将成为下一个卡拉什尼科夫冲锋枪。美国运用人工智能则必然招致报复和一场人工智能大战。”值得注意的是，该信得到了 17000 多个签名和 20000 多个附议签名。人工智能风险的承受者不再只是单一国家，而是整个国际社会。无论是发展抑或遏制人工智能技术在现代战争中的应用，国际间的合作对话都必不可少。各国应加强人工智能技术与伦理层面的交流与沟通，建立起长期有效的对话机制，根据现有国际准则推进人工智能相关研究，共同应对人工智能的风险与挑战。

无人化战争的伦理困境及社会调适

2002 年 11 月 9 日，在阿富汗荒凉的山地间，一架美军“捕食者”无人机发射“地狱火”导弹炸死了包括阿布·哈里斯在内的 6 名“基地”恐怖分子，这是人类战争史上无人机的首次实战使用。在这次袭击事件之后，美军看到了无人机具有的战术机动性强、生产维护成本低及作战效费比高等优点，坚定了发展无人机打击全球恐怖分子的决心。据美国华盛顿一家战略思想库“布鲁金斯基金会”的研究报告显示，在布什时代率先使用的无人机，在奥巴马执政时期迅速扩大了规模，“奥巴马总统同意使用无人机发动袭击的次数四倍于布什总统，通过‘定点清除’，共造成了多达 1800 名恐怖分子毙命。”①

另据美军新版无人兵器发展路线图透露，美国将在未来 10 年内投资 100 多亿美元用于无人机的研发与采购，而 10 年后美国国防部每年用于无人机研发的资金将高达 40 亿美元，其海军目前正在考虑用武装无人机——可能基于 X–47B——来取代未来一部分或全部的 F–35 有人

---

① Christopher Coker，Waging war without warriors？the changing culture of military conflict，Lynne rienner publishers，Inc.2002，67（2）：646-648.

驾驶战斗机。当然，除美国之外，英国、法国、俄罗斯及日本等国军方近年来也在精心实施各种无人兵器发展计划，多种迹象显示，在科技进步与军事需求的双轮驱动下，无人化战争正在从幻想不断变为现实。

一、无人化战争的兴起及根源

世界著名军事学者罗伯特·吉尔平早年在《世界政治中的战争与变革》一书中，预言了战争无人化的趋势，在他看来，战争在达到政治目的的过程中往往带来人员的大量伤亡、财富的急剧耗费，未来战争倘若能够无人化、精确化，暴力的胜利也许才拥有道德的意义。在吉尔平之后，军事伦理学者特纳·约翰逊在《道德与当代战争》中剖析了无人化战争崛起的大势，并在对比中西方杀戮文化异同的基础上指出，当肉身的战士走下战场的时候，机器对战争的主宰将把人类带向一个不可预知的未来，这一切的源头可追溯到杀人技术的惊人进步。的确，正是在军事技术的催生下，伴随着现代战争成本的飙升、战争目的的规约及战争手段的完善，在人类战争浩荡的演进史中，无人化战争呈现出强劲的崛起之势。

（一）战争成本的限制。在以往的战争中，作为一条战争法则，摧毁或破坏往往受到各国军事理论家和军事将领大加推崇。对此，恩格斯在《反杜林论》中曾有过精彩的论述："暴力的胜利是以武器的生产为基础的，而武器的生产又是以整个生产为基础，因而是以'经济力量'，以'经济情况'，以暴力所拥有的物质资料为基础的。"① 此外，恩格斯在批评 19 世纪的军备竞赛时也说："现代的军舰不但是现代大工业的产

① 参见《马克思恩格斯军事文集》第 1 卷，战士出版社 1981 年版，第 208 页。

物，而且同时还是现代大工业的缩影，是一个浮在水面上的工厂——的确，主要是浪费大量金钱的工厂。”① 其实，在恩格斯毫不客气地批评19世纪的战争对社会财富的大规模毁伤之时，尚未预见到20世纪以两次世界大战为代表的现代机械化战争惊人的成本。据统计，“第一次世界大战，美军每天平均消耗费用为1.94亿美元；越南战争时为2.3亿美元；第四次中东战争，阿以双方每天消耗费用均为2.78亿美元；英阿马岛战争共消耗双方638亿美元，日均消耗为8亿美元。海湾战争中，以美国为首的多国部队，耗费640多亿美元，其中‘沙漠风暴’43天消耗470亿美元，平均每天消耗11.2亿美元，这还不包括参战的伊拉克及英法和有关的中东国家军队所耗费用”。另据测算，美国原在欧洲的驻军如果打持续一年的常规高技术战争，计划耗资将达15000亿美元，比第二次世界大战的消耗总额还高出3000亿美元。显然，这样的战争实际上已成了贵族式的决斗，按照现代军备竞赛的理论，介入战争的各个国家主体已然被所参与的战争绑架，没有单方面解脱的可能，有的只是无节制地将国家的财富源源不断地投入到军备的黑洞之中，正所谓国际政治学者詹姆斯·多尔蒂所称的“这是绝对无解的暴力方程式，没有终极的完胜者，只有伤痕累累的战争玩家和赚得满满的军火贩子”②。

（二）战争目的的规约。最早的战争出现在中石器时代的初期的原始社会。原始社会的战争是由氏族部落之间或部落联盟之间，为了争夺赖以生存的土地、河流、山林等天然财富，甚至为了抢婚、血族复仇而发生冲突，进而演变成原始状态的战争。这种战争，同阶级社会的战争有着本质的区别。它不具有政治目的和阶级压迫、奴役的性质，战争中

① 参见《马克思恩格斯军事文集》第1卷，战士出版社1981年版，第19页。

② ［美］詹姆斯·多尔蒂：《争论中的国际关系理论》，阎学通等译，世界知识出版社1987年版，第214页。

的俘虏，不是杀掉，就是吃掉。随着私有制和阶级的出现，战争的目的发生了变化，从早期以生存为主要目的演变为以掠夺为主要目的。正如恩格斯在《家庭、私有制和国家的起源》一文中所说的："现在打仗，则纯粹是为了掠夺，战争成了经常性的行当。"① 从此以后，战争变成了政治的工具、阶级斗争的最高手段。当社会无法用和平方式解决矛盾时，就有可能企图或实际地运用战争这种暴力手段来解决问题。世界著名军事家克劳塞维茨因此提出了"战争是政治的继续"的至理名言。在他看来，"政治是头脑，战争只不过是工具"。可见，既然战争是政治的继续，战争的最高目的就是政治与经济上的目的，因此，战争绝不是用来解决一般性问题的，更不是一种只追求杀人或毁物的残忍的冒险。然而，人类战争从古演变至今，可谓是物理战，由于受科技水平的制约，战争指导者只有在大规模毁伤人类自身和严重破坏人类生存环境的情况下，直接通过军事作战攻击并摧毁敌人战争重心和战争基础来实现政治目的。这在军事上主要是消灭敌人的有生力量和摧毁敌方支持战争的物质基础，在经济上则表现为攻城略地和抢劫财富与资源。然而，人类战争史表明，尽管武器装备的不断发展把战争演变成血腥的暴力厮杀，单纯的有人参与的物理战并不能有效地解决国家之间的冲突，也不能完全实现其政治目的，战争演进的轨迹在物理战的框架下向无人化战争延伸乃必然趋势。正所谓，作为物理战的极致，就是发展无人兵器，比如说无人作战飞机，当对方也采取同样的手段时，战争就成了名副其实的电游，只是电游的操作手是个人，并且在虚拟空间进行，而无人化战争的操作手是国家，在现实空间进行。

（三）战争道义的掣肘。战争从诞生之初起，并不天然就受到道义

① 《马克思恩格斯选集》第 4 卷，人民出版社 1995 年版，第 164 页。

的考量，如在远古蒙昧时代的低级阶段，人类不可能有战争的道义感知。中世纪时，出现了正义战争理论。现代意义上的战争伦理问题，起源于20世纪，1905年，出版了亨利·沃纳的《武力的伦理》一书，这是世界近现代历史上第一部有关战争伦理的系统专门著作。事实上，作为一种常见的社会行为，由于战争深刻影响到人类的政治生活与经济生活，因此，对战争行为的道德拷问便构成了战争的伦理信条，相关观点包括和平主义、现实主义及战争主义。和平主义是一种认为战争或使用武力在道义上完全错误的学说。在和平主义者看来，使用武力即是罪恶，战争是无所谓正义与非正义的。它严格要求个人避免使用武力，并且鼓励每个人立即摒弃各种诉诸战争、武力和军国主义的观念。现实主义认为，战争或使用武力是一种同道德无关的活动。美国的汉斯·摩根索被认为是现实主义的理论大师，他就倾向于从人性的角度否认战争与道德的联系。在他认为，"权力欲存在于人性的结构之中，而且是不可更改的。人的这种本性决定了世界是不完美的。争夺强权的斗争使世界永远处于冲突之中。"① 战争主义或军国主义是曾经给人类带来过巨大灾难的一种道德立场，战争主义者认为，动武、打仗是道德高尚的行为，动武本身就是正义，无须讲什么开战正义、交战正义。可见，"战争主义其实也是战争方面的道德虚无主义。"② 两次世界大战及核武器运用于战争引发的灾难性后果，已经宣告了战争主义的破产。如今，战争伦理及道义的理念已经深深地根植于了人们的观念中，以往战争毫无顾忌地杀人的行为日益面临着严肃的道义考量，也正是在此背景下，无人化战争的崛起才越发引起世界主要军事大国的关注，相关无人化兵器的研制

① ［美］汉斯·摩根索：《国际纵横策论》，卢明华等译，上海译文出版社1995年版，第47页。

② Wasserstrom，R.A.，ed.War and morality.Belmont，Calif.：Wadsworth.1970，pp.78-85.

也逐渐成为军事技术发展的新增生点。

二、战争“无人化”的三大伦理困境

当代战争伦理的主要流派是现实主义，又被称为积极的和平主义，它由战争权利伦理、战争行为伦理及战争责任伦理三部分构成一个完整的规约体系。对此，军事伦理学者路易斯·亨金在《真理与强权：国际法与武力的使用》中曾指出，“从权利、行为及责任三个层面探究战争的伦理问题，可以追溯到戴维·麦克莱伦、约翰·劳特派特等人的洞见，有关约束战争的道义基础，人类的认识也许刚刚起步。”① 无人化战争作为现代高科技战争发展的前沿形态，虽然它在达成精确化打击、区分性作战及降低战争物资损耗等方面，呈现出超越以往机械化时代战争的迹象，然而，未来高端无人化战争形态对战争权利之开战正义、战争行为之交战正义及战争责任之战后权利等伦理问题，也带来了不可回避的潜在挑战，这需要从军事伦理方面进行理论呼应。

（一）战争权利伦理：开战正义的困境。在人类战争的道义追问方面，有关战争的权利伦理问题，在中世纪时期就有萌芽，在进入 20 世纪后，以国际社会签订《巴黎非战公约》为标志，有关战争权利伦理的界定日渐清晰，按照公约的相关条款，军事对抗中某一国家的行为决策主体发动战争，应当明确地区分出非法战争与合法战争，对于非法战争就应该约束性地使用武力，甚至于对于明显属于侵略性的非正义战争而言，国际社会应该通过协商决议“禁止使用武力”。而对于合法性的正义战争，诉诸武力的条件一般被公认为体现在六个方面：“正当理由、

---

① ［美］路易斯·亨金：《真理与强权：国际法与武力的使用》，胡炜等译，武汉大学出版社 2004 年版，第 97 页。

正当目的、合法权威、成功的可能性、相称性及最后手段。”① 然而，从美国近几年运用无人机发动战争来看，尽管这里尚不构成完全的无人化战争，但相关战争权利伦理问题就已经凸显了出来。具体而言，美军在运用无人机作战时，宣称的正当理由是自卫性，即美国认为“基地”恐怖组织在阿富汗政权的偏袒下发动了针对美国人民的恐怖袭击，给美国造成了重大的创伤，因此，美国在巴基斯坦运用无人机进行作战完全具有正当理由。显然，这里的评判要点在于，美国无人机的作战行动是否得到了巴基斯坦和阿富汗政府的认可。对此，根据曾任巴基斯坦总统的佩尔韦兹·穆沙拉夫的说法，巴基斯坦政府曾秘密批准美军运用无人机在其本土上进行作战。此外，美国情报部门也曾承认，巴基斯坦的军方情报机构与美国中央情报局也曾就无人机的使用问题达成过秘密协议。当然，巴基斯坦对美军无人机作战默许的条件是美军协助其清剿特定的政治对手，“这表明美国的无人机作战具有干涉巴基斯坦内斗争的第二重性，不仅显示了‘反恐战争’的扩大化，同时也显示出其干涉性……这样的行为一旦增多，势必削弱立足于自卫权之上的无人机作战正当理由的可信度。”②

（二）战争行为伦理：交战正义的困境。按照军事伦理之作战目的的道义性不能等同于作战手段的正当性思想，“交战正义”强调相称性和区别性，但就在这两方面也极具争议性。按照军事伦理学者迈克尔·沃尔泽的观点，对于美国发动的所谓反“恐”战争，“它其实名不副实，事实上介于一场‘真正的战争’和‘警察行动’之间。因此，运

① ［美］布鲁诺·考彼尔特斯等：《战争的道德制约：冷战后局部战争的哲学思考》，时殷弘等译，法律出版社 2013 年版，第 78 页。

② 钱铖、石斌：《“雄蜂”的阴影——美国无人机作战对当代战争伦理的挑战》，《世界政治与经济》2013 年第 8 期。

用的手段应该是‘非战争武力’，并应受到相关国际战争法的规约。”①的确，无人化作战手段的使用可以降低军事冲突的烈度，减少人员的伤亡，从美军近几年发动的具体作战行动来看，这也确实为其发动战争消除了许多反对的意见，因此，表面上美军一直在宣称，这种无人化作战与其谋求的反“恐”任务是相称的，具有开战的正当性，且也是无可替代的最后手段。但实际情况却并非如此，根据新美国基金会的相关数字统计，从 2004 年到 2013 年，美军无人机在巴基斯坦和也门执行了 428 次攻击任务，造成的死亡人数在 2439—3982 人之间，其中在巴基斯坦境内的攻击达 355 次，造成的死亡人数在 2003—3321 人之间。②

除了相称性之外，区别性主要指的是在作战中能够区分对待军事和民事目标，确保“非战斗人员豁免权”以及“非军事资源的免毁性”，在以往的战争伦理中，针对这两点达成了众多战争伦理规约，分布在战争法的海牙体系和日内瓦体系之中。对此，迈克尔·沃尔泽也曾强调，政府从事战争并没有滥杀的权利，相反，应当严格区分战斗人员与平民，并在作战中对后者给予恰当的保护。然而，在无人化战争中，这种区分性原则往往很难达到执行，“附带杀伤”问题一直受到非议。比如，在美军运用无人机进行的战争中，对平民的杀伤根本达不到其所宣称的“个位数”，在 2006 年至 2013 年美军于巴基斯坦发动的反恐战争中，无人机杀死 2514 名武装人员的同时也“误杀”了 153 名平民，如果将统计年限前推到 2004 年，根据英国新闻调查局的统计，平民被“误杀”

① Michael Walzer，“On Fighting Terrorism Justly”，International Relations，Vol.21，No.4，2007，p.482.

② New America Foundation，“The Year of the Drone：An Analysis of U.S.Drone Strikes in Pakistan，2004-2013”，http：//counterterrorism.newamerica.net/drones.

的数字则在168—307人之间。[①] 显然，如果美军真想达到所谓的反“恐”目的，其完全有理由确保无人机的作战使用不造成平民的伤亡，但从现实性来看，由于透明性的不足以及无人化作战平台自身的不可靠性，相关作战行动还是造成了一种事实上的武力滥用行为，对相关作战伦理道德规约产生了冲击。

（三）战争责任伦理：战后权利的困境。当一场战争结束以后，必须清算战争的罪行、对相关责任主体要进行制裁，并确保战败者的权利，这也被称为是“战后正义”。对此，无论是早年的约翰·罗尔斯、马克斯·韦伯，还是现代的伦理学者，都肯定这一方面的必要性和重要性。然而，在无人化战争中，作战主体远离战场，无人化武器以一种“非人性化”的方式杀人，像电子游戏一般视生命为草芥，没有承担战争危险的伦理性，也没有对战争苦难的情感体验，“隔离因素”将战争的发动者与实施者区分了开来。也正因此，有关战争责任的伦理问题就出现了，到底参战的自主机器人是不是战斗员？又应当承担何种战争的责任？按照 1949 年日内瓦四公约第一附加议定书第四十三条对于战斗员的定义：冲突一方武装部队的任何战斗成员都是战斗员。然而，无人化战争中的机器人战士能够为自己的行为负责吗？对此，2008 年，美军海军研究办公室发表的一份报告就认为，运用于战争的自主机器人无法承担法律责任。约克大学的电脑科学家罗伯·亚历山大对此评论说：“机器人还无法分辨平民和士兵，当然无法为它自己的行为负责，至少根据可以遇见的技术是不可能的。”[②] 如果军用机器人自己没有办法承担

---

① The Bureau of Investigative Journalism，“Covert Drone War”，http：//www.thebureauinvestigates.com/category/projects/drones/.

② Marcus Schulzke.Robots as Weapons in Just Wars，Phlisher：Springer Netherlands，Journal：Philosophy & Technology，Volume.24，Issue.3，2011.

责任，是否需要其“代理人”对其战争行为负责呢？这又引发了新的问题，谁是无人化战争中军用机器人的“代理人”？到底是作战部队的程序开发与编写者呢？还是战场指挥官呢？相关战争责任的追究显然已变成一个棘手的问题。

三、无人化战争伦理困境的社会调适机制

世界各主要军事大国对军用无人作战系统的研制始于20世纪80年代，目前，已开发出部分无人作战系统投入实战使用。随着仿生学、脑生理学、人体科学、生物工程学和纳米技术、微电脑技术、人工智能技术的进一步发展，军用无人作战武器或平台正向微型化、智能化方向发展，未来无人作战武器或平台将变得越来越小、越来越聪明，并且将越来越频繁地出现在战场上。为了避免无人作战武器或平台因程序混乱而敌我不分、滥杀无辜或造成巨大破坏，不仅需要制定人道规则控制管理己方无人作战系统，还应制定通用人道规则，控制管理敌我双方的军用无人作战系统，或制约敌我双方对军用无人作战系统进行合理的使用。

（一）完善监督机制。尽管国际社会对各国武器装备的研制没有强制的约束力，相关国家在研发尖端武器装备及筹划相关作战运用的过程中，也极力进行保密处理，刻意隐瞒相关进展及动向，然而，充分运用目前的国际战争法体系，依然能够有效地对目标对象实施监督。比如，联合国武器审查委员会就建立有定期通报的审查机制，对有关国家研发“超杀武器”进行核查、监管及规约，也正是依托这一机制，精神杀伤性武器、高爆核武器及生物化学武器等这些明显违背人类战争伦理的武器，都得到了相对有效的监管，这也从一个侧面体现出人类整体理性对战争演化的约束与引导能力。

（二）强化制裁措施。所谓制裁，就是对违法者依其法律责任而实施的强制性惩罚措施，或是强制法律责任主体履行法律义务。对于无人化战争对战争伦理引发的困境，国际社会仍需要强化制裁措施，特别是对于明显违背宣言，在作战运用中造成大量平民伤亡的情况，要追究无人化武器或平台背后“代理人”的相关责任，并进行实质性惩治。即使由于责任主体的难以界定等困难，最终的制裁可能也只落实到相关国家的政府和军方层面，但通过这样的舆论造势，仍然能有效地对目标对象形成威慑，促使其在今后的无人化战争中考虑相关“作战后果”，收敛性地发起有关军事作战行动。

（三）促进国际合作。20 世纪以前的国际合作基本上是双边或区域性的。第一次世界大战之后，国际合作开始具有全球性。1919 年通过的《国际联盟盟约》就表达了会员国“增进国际合作”的愿望，1945 年《联合国宪章》以及 1970 年《国际法宣言》等国际法律文件对此进行了追加性强化。管制无人化武器或平台往往是通过国际法来实施，而国际法的一项基本原则就是国际合作，它是指各国不论社会、政治、经济、文化上存在何种差异，均有义务在有关国际性共同问题上彼此开展合作。无人化战争伦理困境的社会调适涉及军控裁军、国家安全等敏感问题。因此，如果没有国际社会的协同合作，相关调适必将难以取得实质性的效果。毕竟，无人化战争伦理的困境，实质上有关现代科技的利用引发的全球性问题，它的有效化解或消减，切实需要通过加强国际合作来达成。

人工智能：我们需要怎样的科技传播？

以往的科技传播，往往被一些科学家觉得太低端而不屑于介入。而对于媒体工作者而言，又往往因不专业而饱受公众诟病。如人文学者谈论人工智能往往止于伦理、法律及道德层面的讨论，无法深入科技细节及应用层面，总给人一种隔靴搔痒的感觉。

杨澜懂人工智能吗？

看到这部新作《人工智能真的来了》，许多朋友可能不约而同地都会萌生这样的疑问。或许这也是传统科学观影响下人们心中固执的、隐隐的困惑。事实上，这种“思维应激”背后折射的不过是社会公众对科技传播的一种误解。通常，人们总是觉得谈论前沿科技是科学家或技术专家的专利，其他人等都没有资格参与深入对话。应该说，在科学技术日益告别意识形态的时代，上述这种思维与思想已然落伍。通读完《人工智能真的来了》一书，想必你会更加认可这一观点。可以讲，该书在社会公众与科技前沿之间架起了沟通的桥梁。

该书作者及其团队在 2016 年走访了全球三十多家顶尖科研机构和实验室，采访了八十余位业内专家。在作品中，不仅有采访手记与精美插图，还有相关链接，全方位展示了人工智能发展的曲折历程及前沿动态。具体而言，从科技传播的角度来看，该书有如下三个特点：

其一，有温度的科技传播。科学家搞科技传播，就怕干瘪瘪地讲科技知识、应用及产业等，总之，在牛顿范式影响下，将科技与各种“力”关联起来，无论是生产力还是战斗力，总之，一上来就给人一种略显功利的感觉。而其实，科技创新背后是有鲜活的人介入的，有人就有故事，就应该有温度。在《人工智能真的来了》一书的阅读中，我们就能不时地感受到这种温度。

比如，对于“计算机之父”和“人工智能之父”，作者及团队实地考察了当年阿兰·图灵创造“炸弹解密机”的英国布莱切利庄园后，不仅详细追述了曾经战火纷飞的岁月中那段惊心动魄的战争往事，而且对图灵短暂而多舛的命运有一份独特的感怀——“天才，领先于时代，常常受到误解、非议甚至排斥，这并不罕见。……我在想，如果图灵在战后能够因其卓越贡献受到应有的嘉奖，他还会在数年后因同性恋被判有罪并处以羞辱的化学‘去势’疗法，而选择在 1954 年 6 月 7 日用一只浸染过氰化物的苹果结束自己年仅 41 岁的生命吗？如果让他在被追认为‘计算机之父’和‘人工智能之父’与有尊严地生活之间做出选择，他会怎么选？人类总是在事后毫不吝惜溢美之词，将受迫害者奉为神圣，却不能在他们活着的时候给一点好脸色。这样的人类‘智能’，也够让人无语的”。而对于未来人机共处的时代，在“摊开你的掌心”一节中，作者也展开了富有人文气息的追问：“人和机器进行分工并共存协作，这是制造业比较理想的环境，但的确只有少数的人需要留下来维护、操纵或者管理机器，丢了饭碗的人该何去何从，这是一个绕不过去的社会问题。机器触摸不出我们手心的温度，人类也不希望感受机器金属材质的冰冷冷的‘手’带来的寒意。”

其二，有深度的科技传播。客观地讲，人工智能所涉及的前沿问题，无论是人工神经网络，还是机器深度学习，都不是科技传播容易讲明白的事。略知皮毛可以，但真正要深入了解这些前沿科技的进展细节及应用前景，还是需要做一番功课的。《人工智能真的来了》一书带给读者阅读愉悦感的地方恰恰在于，相关科技前沿的介绍通过全球范围内领域顶尖专家的讲述体现出了专业性，表述比较准确。这一点对一部科技传播作品而言，往往是容易被忽视但同时也是最容易“破相”的地方。

比如，在讨论到深度学习之时，一般的人工智能图书也就是简要一带而过。而在这里，先是“卷积神经网络之父”、深度学习领袖人物之一的杨·乐昆（Yann LeCun）教授对深度学习概念进行了专业界定，然后指出深度学习的核心计算模型是“人工神经网络”，而杨·乐昆所研究的“卷积神经网络”是人工神经网络最主要的一种升华。接下来详细追溯了其在这条科研道路上不懈探索的过程。最后引用“谷歌大脑”创始人吴恩达的一句比喻来阐述深度学习到底是什么——“深度学习就像是建造火箭，如果你想造火箭，怎么做？太空火箭是个巨大的引擎，同样需要很多燃料。如果引擎太小或燃料不够，火箭哪儿都去不了。火箭引擎就是我们必须要训练的电脑，以及神经网络，燃料就是大数据，两者结合，火箭才能越飞越远”。显然，这样的科技传播话语由于来自一线的采访手记，有必需的专业深度又不失可阅读性。

其三，有浓度的科技传播。面对一个即将到来的万物互联、万物智能的时代，社会公众都对人工智能领域的前沿进展充满好奇，也对诸如“深蓝”战胜国际象棋冠军加里·卡斯帕罗夫、AlphaGo 战胜李世石九段以及 IBM Watson 在《危险边缘》中战胜人类智力竞答冠军等人机大战相关新闻耳熟能详，但对于这些人类重大科技进展之间的关联性、承继性及延展性却不无陌生，对于其间发生的无数精彩纷呈而又妙趣横生的科研故事就更鲜有挖掘。如果这个工作没有人去做，世界人工智能领域的大拼图就缺少了应有的色彩，社会公众在科技传播末端所感知到的科技气息就缺少了应有的浓度，如此，不能不说是一种遗憾。

正是就这个意义而言，《人工智能真的来了》在科技前沿与社会公众之间架起了桥梁，书中不时出现的或这样或那样的小插曲，为相关的科技理性注入了人文浓度。如在采访斯坦福大学人工智能实验室的李飞飞教授时，从相关链接中得知，李飞飞还创办了世界上唯一的只面对女学生的人工智能夏令营。她将参加夏令营学生的年龄段选择在高中，因为她发现这个年龄段的学生开始思考大问题，她希望让这些女孩接触一些人工智能领域最领先、顶级的科技。“在李飞飞看来，有更多的女性进入到科技研究领域，不仅是性别平等，同时也是让女性把对人文的关怀带入到科技的发展中，给科技以灵魂，给科技一颗有温度的心。”此外，书中还介绍了各种民用的、军用的先进机器人，帮助人们了解人工智能前沿动态，并对其可能引发的社会问题进行了追思。

伴随着世界机器人大会的召开，以及商业资本逐渐进入“人工智能”领域炒作概念，许多人呼吁，是要给人工智能降温的时候了。其实，并不尽然。中国目前的人工智能热度还不够，不是要降温，而是需要更加专业的人士来介入，做好科技研发、应用及传播工作，尤其需要跨学科的关注、对话及畅想，或者以类似 DARPA 机器人挑战赛一样的形式，开展互动性、尖端性及开放性的科技传播活动。

在书中，斯坦福大学计算机系终身教授、斯坦福大学人工智能实验室主任、“谷歌云”首席科学家李飞飞有这样一句话：“在科技发展的过程中，社会学一定要跟上。每一次工业发展，我们都得有社会总体思考——不管是政治家也好，法律制定者也好，哲学家也好，教育家也好。希望人工智能可以调动整个社会的一场对话。”我觉得，李飞飞讲得很到位，说到底，人类发展科技是为了让世界变得更美好，因此，在人工智能前沿科技蓬勃发展之际，通过有效的科技传播让整个社会更好地理解科技，其实也是帮助人类洞察自身未来的最好方式。

更何况，在信息时代，所有领域都面临着与公众对接的问题，当我们经常感叹社会的商业娱乐过度扩张引发“娱乐至死”危机的时候，其实我们不妨换一种思维，让类似科技主题的异质深度报道介入公共传媒领域与商业娱乐竞争，毕竟单纯的抱怨与批评商业娱乐的无序浸染，对社会传播生态的改变作用并不明显，商业娱乐背后其实是强大的资本力量在扩张。《人工智能真的来了》一书背后有《探寻人工智能》纪录片和《人工智能真的来了》系列视频短片，这种视频节目与纸质图书相互配合，另加专业媒体团队介入在科技领域进行深度报道的做法，似乎是信息时代开展优质化科技传播的有效途径。

智能社会与技术暖男

初识“海国图智”，原以为粗心大意写错了字。后来不断看到其推出的系列讲座、学术交流及研究报告，才逐渐了解其初心。此次近距离参加其筹办的“2017 中国人工智能、智慧城市和全球治理论坛”，才渐次熟悉起来。应该说，这种汇聚大学、企业、政府和社会其他领域的开放探索与聚智创新，触摸到了新时代知识生产、传播及发酵的新范式。

在信息时代，每个人都是全球大信息网中的一个端口，整场报告研讨下来，四面八方的学术信息、产业动态、政府政策及金融资讯，汇聚到个人的大脑终端，倘若不能归序、消化及融合，只能增加大脑的紊乱性，相反，则会化作灵动的溪流，默默流淌进血脉之中沉淀为永久的智慧。

站在智能社会的门前，每个人都应是技术暖男。

这是聆听整场各路高手报告后，心中涌现的一丝感悟。人工智能，作为一种“群技术”，不管你愿不愿意，它在悄然渗透、重构并形塑着我们日常生活的每一个角落，每每给我们带来猝不及防的惊喜或惊讶。人与人之间的阶层差序、知识差序及文化差序，在面对新技术时往往表现得最为充分，也最为反常。在人类历史上，每当一种新技术诞生之时，人们不由得会赞叹、争议或恐慌，这折射的其实是人类对自身安危的一种深深的关切。新技术将会引我们走向何方？新技术将带来怎样的颠覆性变革？新技术将解构什么传统价值？等等。如果你不想被时代抛弃，唯一的选择就是做一个技术暖男。

技术，是人类获得自由的阶梯。从钻木取火、农业革命、工业生产，到核能突破、信息爆炸，人类在进化之路上的每一次跃迁，都倚重了技术的搀扶，从而让理性彰显价值，让生活五彩缤纷。当然，相伴其中而锻造出的杀人兵器，一度也曾让人类忧心忡忡，试图用伦理红线、法律杠杆阻断技术延展的不羁野性。核生化武器就是最明显的例证，工业技术和平主义就是最温馨的尝试。

如今，面对人工智能浪潮的扑面而来，依然需要人类在技术效率与社会安全之间划出界限，在资本注入与伦理考量之间明晰路标。否则，面对人工智能与国家安全、人工智能与社会安危、人工智能与隐私保护、人工智能与价值重塑等系列问题，没有人会觉得“它在远方，我在家乡”，温柔与风雨，相距甚远。事实上，就在这次论坛上，许多专家就提出了有关人工智能与国际关系在本体论意义上的革新问题，人工智能与文明性的转变问题，人工智能与世界安全的隐患问题，人工智能与未来战争的重塑问题，等等。

纷呈的视角相互启迪，也促使我们认识到，在人工智能技术的军事应用维度，除了面对军事领域的机器翻译、机器人战士、无人化武器装备、人机融合作战指挥控制系统、智能化的军事情报体系、实战情景化的军事训练体系，以及三理汇聚“融战争”（物理信息战、生理信息战及心理信息战）等，是否还有更深层次的问题有待挖掘。中国社会科学院袁正清研究员还给笔者提出了一个更深刻的问题，“农业时代有

《孙子兵法》，工业时代有《战争论》，人工智能时代，应该有一部什么样的军事名著呢？”

有人说，在资本与媒体助推的今天，人工智能领域存有泡沫。对泡沫保持一定的警惕性，颇有意义，但也不应以此为借口关闭注目、探索及精研人工智能新技术的心门，毕竟，符号的繁荣有两面性，试想，倘若不是在这样一个信息流动、扩散及交融无比便捷的时代，每一个社会中的个体，又怎能感受到一种技术的喧嚣与冲击呢？“你悄悄地来，我静静地走”，这绝不是全球媒体时代的场景映射。

技术，早已不仅仅是一种工具，它已然成为人类想象的物化、思想的凝聚及理性的延展。如果，在一场技术盛宴中，我们注定不能缺席，那何不干脆成为技术暖男呢？

走近它，凝视它，反思它。

战争变脸的恐惧：从超人类到后人类

人类以往的科学技术是外在于人本身的。作为一种工具，其善的一面，改变了人类的衣食住行等各类需求，使生活更加美好，其恶的一面，增强了人类的攻防对抗等暴力需求，使战争更加残暴。然而，近年来突飞猛进的生物交叉技术则在悄然改变着这一切，如果生物交叉技术可以随意改变人类基因，就像近年来“剪切 / 复制”基因序列片段技术正在做的那样，那么，不仅孩子的身高、体格、智力、相貌可以改变或选择，更会合成生命、改变生命，进而解构人之为人的自然主体性。当然，今天的科学技术水平还没有演化到这一步，但未雨绸缪的思想准备却并不能等一切到来时再行启动，那就为时已晚。

一、超人类革命来了

事实上，近年来一些西方思想家也开始热衷于讨论此类问题了，如弗朗西斯·福山、迈克尔·桑德尔及尤尔根·哈贝马斯等。福山以研究政治哲学广为人知，结果却写了一部《我们的后人类未来：生物技术革命的后果》，来讨论生物技术革命所引发的社会问题，包括经济的、道德的、政治的乃至人类信仰方面的可能性危机。我们不仅要问，是不是他们过于杞人忧天了？毕竟，技术预见还窥见不到这样遥远的未来。

其实不尽然。看到这部《超人类革命：生物科技将如何改变我们的未来》，眼前不禁一亮。作者吕克·费希为法国哲学家，曾担任过法国教育部长，同时也是一位哲学科普作家，出版过《学会生活》《宗教后的教徒》《新生态秩序》等三十多部作品，还担任过法国电视哲学节目《秩序种子》的主持人，可谓是个活跃的媒体人、作家及政治家。或许正是这种深度介入社会的经验，激发出了他富于前瞻的思想观念，对科技前沿的风吹草动有着异乎寻常的敏感度。

在我们的日常生活中，科技类媒体不断将前沿科技发展资讯推送到我们眼前，新一代信息技术、新材料技术、认知科学、生物交叉技术、人工智能、机器人技术及新型制药技术等，让我们对“科技风暴”“科技革命”有一种身临其境的在场感。这些前沿科技会不会支持人机混合、克隆繁殖、基因工程、胚胎操纵及人种改良等，想想这些熟悉的陌生词，再想想人类科技发展演进史，所有对自然、对人体、对科技怀有敬畏感的人，心头都会涌现出一丝寒意与困惑：科技向何处去？人类向何处去？

作为思想的先行者，吕克·费希自然也看到了这一点，在他的视域中，“眼下法国和整个欧洲确实需要认识到，美国正在兴起一种名为‘超人类主义’的新意识形态，不仅有‘超人类主义’预言家、学者，还有令人瞩目的代表人物和知识界拥趸。这一思潮日益强大，得到了谷歌等互联网巨擘的支持，拥有若干研究中心，并获得源源不断的资金支持”。

这种“超人类主义”追求的终极目标是什么呢？说得更直接些，

到底是要创造一种“后人类”的新物种？抑或只是沿着传统人类进化之路创造一种“更好的人”？前者是激进型超人类主义，旨在走向后人类主义，像美国奇点大学的库兹韦尔等都持此种观点，期待一种人与机器人或动物结合的新物种诞生。后者则是保守型超人类主义，与文艺复兴时期米兰多拉及孔多塞的人文主义一脉相承，后来的康德、卢梭、弗朗西斯·培根、弗格森及拉美特利，也都主张人类有无限完善性，不应局限于某种自然本能或神秘本性。显然，这是两种不同的进路。

二、从超人类到后人类，古典人文主义的终结？

《吉尔伽美什史诗》是人类历史上第一部小说，在吉尔伽美什史诗或西西弗神话里，曾经追问过一种人类的永生，没有疾病与生物性的束缚，永无止境的生命不是梦想。这种让时间变得虚无的未来是否让人恐惧呢？诚如一本没有结尾的书、一条没有终点路、一部没有结局的电影、一段没有休止的音乐，试想一下，确实让人顿生惊恐。

但是，上述这样的未来却已经引起关注。《超人类革命：生物科技将如何改变我们的未来》中提及的四份文献，就印证了这一点：其一，美国发表了题为《用以增强人类功能的技术的汇合：纳米技术、生物科技、信息技术及认知科学（NBIC）》(2003)，报告建议美国政府加大相关研究，以防止其他国家在军事及经济领域抢先；其二，美国生物伦理委员会撰写的一份题为《超越疗法：生物技术和追求幸福的权利》(2003）报告，知名的美国思想家迈克尔·桑德尔和弗朗西斯·福山都参与了这份报告，该报告对人类机能增强这类超人类计划持坚决的反对态度；其三，欧盟公布的一份专门研究超人类主义的报告《技术汇聚：塑造欧洲社会的未来》(2004)，这份报告认为平均主义是人类不可动摇的价值根基，从生物保守主义立场出发，主张新科技可被用来改善社会和政治而不是生物和自然，显然，这也是延续西方古典人文主义的传统，反对超人类主义引发的人类新型不平等；其四，欧洲议会发布一份题为《人类增强》的报告（2009），这份报告认为超人类主义已经无法避免，简单的禁止就犹如一个临时补丁、一块橡皮膏一样，无法彻底解决问题，维持不了多久，人类只能思考如何进行伦理、道德及法律等层面的监管与规约。

尼克·博斯特伦和马克斯·摩尔是超人类主义运动的两大创始人，早在2005年，尼克·博斯特伦就撰写了《超人类主义思想史》论文。马克斯·摩尔在2003年也撰写了《反熵原则3.0：超人类主义宣言》。2012年，两位又携手推出了《超人类主义宣言》，对超人类主义鼓与呼。

如果这种激进型超人类主义变为现实，那么，在孔多塞、卢梭等思想家当年所言人的无限“完善性”基础上，人类的进化将发生跃迁。今天，人工智能发展所激起的社会思潮与躁动，本质上就是对这种激进型超人类主义的担忧。试想，如果与古典人文主义彻底告别，认可大脑不过是一台更为精密的复杂机器，人类的思维秘密终将被科学技术破译，到那时，就不仅是IBM的电脑“沃森”赢得《危险边缘》电视节目，也不仅是AlphaGo战胜李世石，或AlphaGo Zer打败AlphaGo等新闻资讯，各种让人脑洞大开的事情一定会接踵而至。不过，那样的世界图景会是更加和谐美好呢？还是会更加动荡不安？这考验着人类的智慧。

对此，今天当然有一些专家提出质疑，认为从控制论的思想角度研究，这个有极大困难。“人工智能的终极目标，即建造有意识的机器这件事，只能通过控制论的方法实现，让复杂性从简单性中自发涌现。

两种特定的‘人工智能编程语言’都尝试了这种涌现的思想，这就是Prolog和LISP，两者都在语法中使用了迭代的方法。程序员可以一开始定义简单的规则，然后通过高度递归的结构（或者复杂的反馈循环）让复杂性自发涌现。为了理解这些，我们需要进一步研究两个控制论思想：自发性和从混沌中涌现出秩序。”①

尽管如此，倘若激进型超人类主义变为现实，今天一些科学家的忧虑与警告，就不是可有可无的了。大家熟知的是比尔·盖茨、史蒂芬·霍金及埃隆·马斯克在2015年7月对人工智能威胁的联名呼吁。当然，今天的人工智能发展距离激进型超人类主义或后人类主义，还存在遥远的距离。但后人类主义那种“去物质化”的、非生命的技术观，致力于打造在智力和生物双维度超越人类的新生物体倾向，都不禁让人心生寒意：古典人文主义终结之后，人类命运是忧是乐？

三、后人类时代，战乱抑或和平？

有关后人类的未来，作者在《超人类革命：生物科技将如何改变我们的未来》中，谈及了包括机器人技术和人工智能在内的六大技术前景。倘若在这组技术或别的相关技术催化下，人类真的走进了后人类社会，是喜是忧？这就涉及更深层次的军事伦理问题了。在对战争进行道德拷问中存在着两种绝对对立的观点，即纵容主义（或战争主义）与和平主义。两者都离不开人的思维主体性、人的意识主体性，基本支点还是人的生命的自主性。倘若这种支点不存在了，没有了这种主体性，就没有所谓正义战争与否的断定，就更没有人类规约战争的标尺。到那

① ［英］乔治·扎卡达基斯：《人类的终极命运：从旧石器时代到人工智能的未来》，陈朝译，中信出版社2017年版，第173页。

时，人类社会是否会走向失控，就成为一个严肃的问题。

当然，今天的生物交叉技术或人工智能都还不足以让我们担忧，有关后人类战争的未来也还比较遥远，走上战场的机器人技术、人体增强技术、新一代信息技术、生物交叉技术等都还不至于颠覆传统的战争规范，然而一旦后人类时代的技术冲破了底线，一切就需要重新审视。比如，当人体机能增强的新物种出现后，历史上，尼安德特人被更强的克罗马农人灭绝的悲剧会不会重演？福山在其《我们的后人类未来：生物技术革命的后果》中也表达了这种担忧："即使物种层面的基因工程还要25年、50年或100年以后才能实现，它也是生物技术最重要的未来发展。其原因是，人的本质是正义和美好生活这些概念的基础，如果这种技术日后被广泛运用，所有这些概念将发生深刻变化……有充分理由需要我们谨慎对待，我们必须尊重事物发展的基本规律，不可想当然地认为人类可以轻松地任意加以改进……建水坝或在某一地区进行单一种植都会扰乱无形的关系，以不可预知后果的方式破坏环境的平衡，更何况改变人的本质。"

在《超人类革命：生物科技将如何改变我们的未来》中，批判了福山对后人类主义的批判，尤其对福山"自然的神圣化是道德准则""尊重他人的道德'在自然/本性中生了根'"等立场观点，都给予了有力的反驳，认为只要人类继续存在，人似乎就注定是可能性的动物，不是被什么"自然基础"控制而一心向善的动物，而是一种超越自我的存在，一半是天使，一半是野兽："20世纪，土耳其人制造了亚美尼亚种族大屠杀，'二战'中6000万人死亡，犹太人大屠杀，1960年以来在拉美地区、印度、柬埔寨、卢旺达、阿尔及利亚、南斯拉夫、叙利亚、中非共和国、利比里亚、马里、伊拉克发生的屠杀，总之，几乎发生在世界所有地方，还有最近出现的'伊斯兰国'的追随者，'伊斯兰国'

似乎扩散到全球：我们是否能绝对肯定人类最关心的是合作与互助、团结、和平与友爱？我们真的能确定人的本性如此善良，所以绝对不能改良，而且要怀着感恩的心维持原样？”

在《超人类革命：生物科技将如何改变我们的未来》中，吕克·费希并没有讨论后人类时代的军事意蕴，其关注的是后人类主义与共享经济在政治上的共同基础，能够洞见到超人类主义与互联网经济之间那条隐秘的联结丝带，折射了作者不凡的洞见。

未来，丝毫不会顾及人们的意愿，我们唯一能做的，就是竭尽所能地预知它的到来。

附　录

一位英国军事专家眼中的未来战争

[英] 克里斯托弗·柯克　撰文

石海明　刘铁丹译

生物技术与未来战争，这是一个全新的挑战。

——克里斯托弗·柯克

身体是人类最初的、最自然的工具。

——马塞尔·毛斯

常言道，科幻小说是一种有关现实与超现实的文学形式，是现实（合理、科学的事物）和超现实（可理解为对熟悉的事物和日常生活的疏远）的结合体。然而，大多数科幻小说的写作是对现实的延伸或推断。如果科幻小说只关心超现实，我们将无法理解；而只关心现实的话，那么它也只会是一本关于科学的著作，而非科幻小说。正是这两者相得益彰，才使得科幻小说既能挑战那些普通的事物，又能挑战那些异想天开的事物。

1908 年，当人类展望战争未来之际，已能够从 H.G. 威尔斯的著作中获取不少灵感，在书中，他预测了原子战争的到来。这本小说的背景设定在 1958 年（一个相当精确的时间），但其创新之处也正在此。在威尔斯的故事中，轰炸美国城市的飞机是 1908 年的双翼飞机，炸弹是由飞行员从飞机上扔下来的手榴弹。时至今日，如果我们想一睹战争的未来，将通过何种方式呢？也许可以从奥森·斯科特·卡德的《安德的游戏》开始。在本书中我们发现，早年间对士兵的训练采取的是在一个特殊的游戏室里“做游戏”的形式。从那时起，政府已经开始着手培养军事天才，并在战争游戏中训练他们。

另一本有影响力的科幻著作是利奥·弗兰库斯基的《一个男孩和他的坦克》。这本书将虚拟与现实相结合，讲述了一群生活在某星球上的殖民者有关坦克战争的故事。弗兰库斯基的世界是一个战士与坦克相结合的世界。书中最有说服力的一句话是：“小子，如果你的坦克对你忠诚，你就不必对它忠诚了。”值得注意的是，卡德和弗兰库斯基的小说都与当代美军有着或多或少的联系。卡德的小说被用来作为海军陆战队大学的领导力课程。而弗兰库斯基的《一个男孩和他的坦克》则在 1991 年由一名第一骑兵师的士兵证实，当时他正被派遣到海湾地区，等待“沙漠风暴”行动。

上述案例说明，新的力量正在改变战争的面貌。自 1945 年以来，三次革命重塑了武装冲突的形式：原子革命、信息革命和生物技术革命。虽然根据一些评论家的说法，我们可能已经进入了一个冷战后的“第二核时代”，原子武器仍然无法被各国利用。但对大多数未来战争思想家而言，信息技术和生物技术才是 21 世纪最重要的。在西方，由于公众一直对军事行动心存厌恶，而社会又对此极为敏感，因此，这些革命都可能为把握未来战争提供实际可行的机会。

一、生物技术的融合和信息革命

虽然这篇文章的主题是生物技术，但我们将越来越认识到，信息技术革命与生物技术革命是密切相关的。事实上，数字生物学或许有可能在未来各个行业中担任主角。如果没有信息技术革命所带来的计算能力的提高，人类基因组的解码是不可能完成的。基因操作需要对有关生物的信息代码进行解码和重组，而这个过程只可能在处理能力呈指数增长时进行。从另一方面来看，信息技术时代的语言已明显受到自然影响。人类基因组计划所揭示的是，我们具有几乎和黑猩猩相同数目的基因。那么是什么使我们变得不同？是什么使我们聪明？或许是通过百万个电化学连接的细胞特别是脑细胞的联络和重组能力。由网络连接和反馈回路的原理（它们是网络技术的基础）可知，人类的大脑类似于控制我们这个身体运行的互联网。

随着时间的推移，了解程序性质的科学家们——尤其是那些知道如何适应复杂系统操作的科学家们——将会建立起可衍生（而不是解决）最可能想到的问题的计算机。计算机编程时，“演算法”——允许在计算机空间演算的方案——决定了变革的步伐。为尝试创建更复杂的计算机“大脑”，科学家们还在研究人类大脑中复杂的神经网络，期待制造出具有与人类 DNA 诸多功能相同的“数字染色体”。在战争领域，数字生物学已经为战争规定了交战规则。仪器方面，将经历从生物学角度定义的过程。生存方面，战士也可能很快通过机器人技术和基因重组技术得到加强，并给予他 / 她消除过去的缺陷、繁殖纯种后代的机会。

二、未来战争：数字生物学已在重新制定交战规则

我们生活在一个颇具挑战的时代，一个生物制品比文化产物享有更多特权的时代。因此，正如进化心理学家告诉我们的那样，不同于过去的观点，人类行为将更多地由基因决定，并且，作为一个物种，通过修改我们的基因，我们很可能会做得更好。千百万年以来我们非常擅长的活动之一就是战争。没有什么理由能让我们不再作战；事实上，情况正好完全相反。

三、后人类战争：未来的挑战

生物学（但尚未是生物技术）已经改变了我们看待军事行动的方式以及后军事环境中武力的使用方式。例如，海军陆战队作战实验室的“下一步后海军陆战队”（MCAN）部门一直在为未来作战探索一种名为“生物系统的灵感”的系统，据它在网页上所说：

“在过去的三个世纪中，我们将战争视为一种牛顿力学系统的模式。也就是说，它是机械有序的。但事实上，它可能不是。更可能的模式是一个具有开放式结局、初始条件和持续‘输入’同等重要并对二者非常敏感的复杂的系统。而这些‘输入’就是‘战争的命运’。”①

该部门认为，如果假定战争仍是一个复杂的可预见性小事件，那么，只有当我们运用的作战力量和战术是分散的、自主的、适应性强的并且规模不大时，它才能成功地运作。

① 美国海军陆战队作战实验室，http：//www.mcwl.quantico.usmc.mil。

适应性强且复杂的系统的特点与生物的某些特点相类似。处理生物就是对“环境”做最小的损害。在武装冲突中，环境可广义地理解为社会性和政治性的，以及生态性的作战环境。术语“生态”最初在 19 世纪 60 年代出现，它描述了对与环境相互作用的生活系统的整体研究。生态学家研究生物群体、生活方式、自然循环和人口结构的变化。这样的研究恰恰是目前新一代美国军事战略家正在做的，而且系统性的想法在 2003 年的伊拉克战争中变得特别明显。这场战争的目的是在迅速作战的情况下使伊拉克领导层失去能力，同时尽可能地维护伊拉克社会和民众的生存环境。北约联盟的策略成功地实现了用更小的、更分散的、适应性和自主性更强的作战力量完成大部分作战目标。不但经济基础设施被保留下来，还避免了人道主义灾难的发生，伊拉克的社会秩序基本完好。

今后，生物技术的影响可能不在仪器上而是在战争的规模上。这个现实是不符合以往军事革命经验的。大多数军事革命，已经以这样或那样的方式，影响了战士对自己职责的看法。例如，长弓的使用（随之而来的是大炮的引进）摧毁了骑士精神的思想和积极的勇气，使其在本质上变得更加被动。同时，从新的价值观而言，它又变得更加宝贵，即有勇气接受打击，而非有勇气给予打击。

19 世纪末 20 世纪初，战场机械化的崛起带来了进一步的改变。机械化战争把战士禁锢为一个以工业生产力和可预测性能力评价其表现的系统。从本质上讲，在规模较大的军队中，例如那些 1870 年后在欧洲占主导地位的军队中，战士成了“工人”。如今，在信息时代，军事专业人员已日益成为信息处理专家，并被禁锢在赛博世界。未来的生物技术革命或许会比我们曾经历过的那些革命更彻底地改变军人的专业。

在这么多正在试图改变军人对“自我”专业意识的技术之中，有三种技术对士兵“后人类”的未来至关重要。首先是表演性的并涉及人机交互的现象。随着在军事运作中互动性和复杂性的增加，人类与机器之间的接口也在不断地变化。第二种技术在我们已经开始的把分子生物学的分析方法变成制造工具的意义上，是行为性的。今天大部分的现有技术则是补偿性的（补偿身体受伤或退化，包括分出部件和整容手术）。在未来，人体将通过器官和赛博材料的融合变得更加强壮，对此我们是非常有把握的。第三种技术是规范性的，指的是基因操纵和合成药物的使用将超越自然选择的可能性，并迅速拓展人类的活动范围。基因和合成药物最终可能影响军事人才所设想的他与敌人之间相互作用的方式。在所有这三种情况下——表演性的、行为性的和规范性的，技术进步不再像最初被发明的工具和武器那样，仅涉及人体的延伸，而是以越来越快的步伐被纳入或同化到人类身体中去。

四、人机界面

士兵、水兵、飞行员与机器的相互作用一个世纪以来一直被认为是军事专业的一大特色，而且在未来可能还会得到加强。美国军方一直致力于人体与各种机器在功能上的融合，而非身体上的啮合。例如，系统分析、社会心理学、以计算机为媒介的系统等，尤其是人员管理技术，被认为是能够帮助飞行员更有效地使用机器从而提高其表现的性能指标。

在认知工程方面，美国空军（USAF）在寻求人与机器间的结合上已经比其他任何军队更进一步。通过试图修改飞行员的认知过程，美国空军力求使飞行员在操作上更有效率。为驾驭 21 世纪基于计算机技术的高性能飞机，飞行员必须具有瞬间反应能力。由于技术的复杂性，飞行员的头脑必须比以往任何时候更具有机器友好性。逐渐地，军事训练的目标成为“设计导向的”——换句话说，它的目的在于培养可以更快地处理信息的操作者，从而使他们具有更快的速度和更灵敏的战斗反应能力。

在功能上，我们已经运用了能提高我们处理大量信息能力的数字网络。互联网即是其中的一种。美国一些正在进行的研究项目可能成为未来军事技术的先驱，其中最著名的是麦克唐纳·道格拉斯的“副驾驶员”项目。这是一项自1986年以来就持续取得进展的项目。这个程序旨在让“专家系统”评估外部传感器和显示器的输入，并诊断所有机载子系统——包括飞行员。如果飞行员无法自己作出决定，这个程序会自动采取行动。

然而，在21世纪初，我们探讨最热烈的是如何实现既在功能上又在形体上将机器和人体啮合。如今从生物遥测技术到“人机接口”和仿生学（自然生态系统的复制），一系列词语和术语被用来形容我们不断发展的机械人身份。越来越多的工程正在转变为生物学基础学科。目前，在美国麻省理工学院的人工智能实验室，机器人由硅、钢铁和活细胞组装而成。而这些简单设备的活化剂是由实验室培育的肌肉细胞，以及终有一天会被天衣无缝地安装到残疾人身上的假肢的前体细胞。外科身体改造和生化改造（例如，通过使用肉毒杆菌毒素）已经是司空见惯了。50年内，甚至更短时间内，这些发展将可能用来增强未来军事人员的能力。

一种流行的对未来生物技术的构想，是通过将硅植入人体，从而与计算机相互作用的技术。在威廉·吉布森的“赛博朋克”故事中，数据是通过“湿线大脑植入物”或嵌入人类大脑的计算机芯片来传输的。这些故事，加上其他未来主义的愿景，为我们承诺了另一个世界的存在。在这个世界中，神经系统和硅之间会有一个先进的接口，一个神经植入物将能够增强视觉和听觉感知以及理解、记忆和推理的能力。这也将是一个计算机和人之间的区别逐渐模糊的世界。

光导纤维投影仪已经可以将图像投在我们的视网膜上，使我们在无电视或电脑屏幕的情况下也能直接观看。此外，通过耳部植入物帮助提高人类听觉能力的研究也在进行中。同样，科幻作家威廉·吉布森对未来的构想是，美国空军将研究神经元越来越多的硅芯片，以改善人类和机器间的沟通，而这实际上是用激素和神经电刺激来激活芯片。DARPA 有一个脑机接口计划，用他们自己的话说，就是一种旨在“通过实时性地访问大脑中的非侵入性代码，并将其整合到一个外围设备或系统中进行操作，来增强人为表现的新技术”①。简单来说，它通过研究出大脑如何控制运动并运用大脑来控制外部设备，加强人为表现，传输（已在猴子身上试验成功）互联网上的大脑信号，以便在数百里外操作机械臂。这个由 DARPA 负责的实验可能预示着一种未来时代的来临。在这个时代，战士的大脑——或许部分是碳，部分是硅——也许能通过思想的力量来操作武器。

如果战争在未来仍是人类文化的核心，那么，士兵的身体，以及他们的个性，可能必须重新配置。

五、技术：机械战士的崛起？

美国军事领导中心主任与《军事评论》的前任首席编辑弗雷德里克·蒂默曼上校曾表示，“未来战士的存在是唯一可以肯定的”。蒂默曼

① 美国国防部高级研究计划局国防科学办公室，“人类辅助神经装置”（2004 年 1 月 10 日）。

所言的未来是属于这些国家的——当然主要指的是美国——这些能够通过革新应用技术的方式“改造和扩展士兵生理功能”的国家。如果战争在未来仍是人类文化的核心，那么士兵的身体以及他们的个性可能必须重新配置。在这方面，赛博格条件对人类以及人类的战争文化理念有着巨大的影响。因为，如果可以人为地增强耐力，那么随着人与机器的协同进化，我们是否必须重新定义战士的精神气质？

然而，尤其是要注意到，机械人都不太像科幻作家所想象的那样——至少目前还不是。流行的军事机械人观点可以从最近的两个好莱坞电影《机械战警》和《再造战士》中发现。第一部电影中，机械人是底特律警察署的成员，全消费产品公司（OCP）的附属产品。1992 年出现在罗伯特·艾默里奇的《再造战士》中的“Unisols”（另一个工业品牌），是另一种不同的机械人。他们的超加速机体能够将死肉变成活组织。在越南死亡后，电影中的两个主角用冰打包，被空运回家，去除内脏并重新安装机械设备，转化成真正的 21 世纪士兵。而注入他们的头盖骨的血清使他们丧失了记忆。他们代表着终极杀人机器。由于他们对自己而言早已死去，因此在面对死亡时毫无畏惧。

这两部影片带给观众的是对未来的一种构想，其中生物技术是私营部门率先发展的。在这方面，正如我们传统上理解的那样，技术已开始改造本体论，或战争中的存在科学。重要的是，应该认识到，生物技术具有三个特点。首先，它具有恢复性，可通过更换失去的肢体和器官重获正常功能；其次，它具有可重新配置性，能够为人类适应环境并创建后人类提供可能。有趣的是，第一个发明“机械人”一词的曼弗雷德·克莱因斯，其最初工作竟是研究如何使人类适应外太空；生物技术最显著的特点是提高人体能力。这种特点很可能成为未来许多军事研究的目的。正是这第三个特点，可能成为未来战争的核心。尤其是当科学可以使我们摆脱达尔文进化论制约的情况下。

这里的问题是：通过重新设计，士兵们是否会形成一个独家种姓成员的自我形象？“技术化”过程——在此期间，大大增强的体魄得到重组，因而能够优化运作——是威廉·吉布森的赛博朋克科幻小说的核心。在吉布森的幻想世界里，机械人的身份已不再由社会标准如阶级、种族甚至是国籍决定，取而代之的是，它成为技术决定的生物——也就是说，它由新身体的构造所决定。

在吉布森的幻想世界里，低温冷冻和数字化感官使身份有了新的定义，就像网络空间所衍生出的它自己的虚拟社区一样。在吉布森的一篇短篇小说《捍卫机密》里，主人公具有经过电子技术提升的视力，以及如一套双刃解剖刀般锋利的、经肌肉电极接到她增强了的神经系统的假手指。她不再是一个使她产生自我意识的社会或种群中的一员。相反，她是赛博格文化中一个定制的功能型产品，并且，她对不喜欢她的人也少有尊敬。吉布森提供给我们的是一个简单的社会团体——一个战士对他人天生的尊敬已不再是文化产物而是生物科技的产物。大卫·托马斯写道，他的机械人互相欣赏的是精湛的技巧和高速的运作——而这些特性已直接整合到他们自己的假肢和基因结构中。

六、“天生”杀手：生物技术和战士文化

人类基因组计划描绘了人类进化史上最绚烂的一笔。一方面，该计划使我们的人性受制于生物技术的干预。而人性，我们很长时间以来一直认为是天生的。从理论上讲，繁殖一个战士的DNA，或者制造一群战士或“天生”杀手是可能的。这正如小说《安德的游戏》中所希望的那样。其目的有两个：第一，使士兵不再恐惧、惊吓或焦虑，这样就

能使他们在战斗中更加勇敢（或鲁莽）；第二，使专业军事人员在杀敌方面更加有效。当然，在追求第一个目标的同时，第二个目标也可以完成。

“天生”战士不仅是一个杀手。而且，若有必要的话，还必须是一个时刻准备在战场上奉献生命的人。乔安娜·伯克在她备受赞誉的著作《面对面的杀戮》开头中写道，“人类在战争中的典型特征不是死亡，而是杀戮”，这一血腥的特征也常常处于人的思想前沿之中。J. 格伦·格雷在他 1959 年的开创性研究《战士帮》中分析认为，士兵杀手是所有勇士中最强大的同时也是最可怕的。他们不会反省或反思，而只是永远存在于任何军队中。荷马史诗中的阿基里斯是至高无上的杀人机器，被阿里安的马其顿战争史描述得绘声绘色的亚历山大也是这样。阿里安毫无讽刺地告诉我们，亚历山大的确将杀戮呈现得无比精湛。

杀戮究竟是文化的产物还是自然的产物？进化心理学认为，通过自然选择，人类天生具有相似的喜好、倾向和能力。这些能力使我们能够不断进步，并成为这个星球上占统治地位的物种。换句话说，我们一出生就已经具备了这些能力，如学习语言的能力等。我们有一些好似计算机程序般的能够使我们掌握语言技能的东西，如以听见父母交谈的方式习得语言。

然而也会出现这样的情况，尽管我们天生被编程为带有暴力因素，有些人却天生要比别人更倾向于暴力。即使到 21 世纪中叶，战争很可能还只是男性暴力活动中的一种。即使在不同文化背景的社会中，男子杀死其他男人的概率往往都比女子杀死其他女人的概率多 20—40 倍以上。绝大多数杀手都处于同一个年龄段，士兵在壮年时期，通常是 15 岁到 30 岁之间。在这个年龄群体中，有些人比其他人更倾向于杀人。例如，在西方社会，7%的年轻男性犯了 79%的重复暴力罪行。如果这在一般社会中都属实，那么毫无疑问，军队也必然如此，因为军队也属于民主社会的一个缩影。

当然，暴力和战争是不同的。一个好士兵不等同于一个不听话还有着暴力倾向的青少年罪犯：冲动、过度活跃、低智商以及经常心不在焉。两者的不同之处在于，青少年罪犯毫无纪律可言。他们不喜欢被控制，而最严重者往往是缺乏良知的精神病患者。他们若寻求战争，很可能将自身置于由自己所设定的规则之中。军队中很少发现有暴力倾向的年轻挑衅者，他们与战友都有着兄弟般的关系，并且，他们往往有着极高的自尊心。

然而，战争中一个有趣的现象是，在某种程度上，甚至对某些职业军人来说，杀人时也毫无激情。例如，据统计，1%的战斗机飞行员在第二次世界大战中至少击毁了35%的敌机。显然，他们不仅比他们的同行更有才华，而且更有战斗力。陆战的数字则更为显著。举例来说，芬兰军队的西蒙·海耶中士，在1939年的冬季战争中，用不合格的军用步枪，3个月内就杀害了219名苏联士兵。第一次世界大战中美国远征军阿尔文·约克中士（电影中加里·库珀的表演令人印象深刻）也是一个天生的杀手。约克中士在伊利诺伊州阿格涅之战停战前一个月，即1918年10月8日的一天，便杀害了28个德国兵。换种方式看，约克一个人就相当于两个德国步兵连。除杀死28名士兵外，他还擒获了另外182名士兵，因此可以说，约克甚至有可能已经改变了前线关键地带的战略态势。

杀戮似乎并不是在所有情况下、对所有士兵，甚至是对最为训练有素的士兵都是易如反掌的。天生的士兵不是后天制造的，而是生下来便具有灵性的——并且极其少有。这就是为什么军方首选遵守集体纪律的军人，如机枪手，因为他们更容易控制，而且由于常常与战场相距甚远，他们更少情绪化——总而言之，他们更加“机械”。战争中最残酷的就是那些毫无人情味的远程决策、制度和程序，尤其是当它们必须被合理地实施时更是如此。

从进化心理学的角度来看，我们可以做出一些假设。我们并非天生要杀人，正如我们并非天生就进行战争一样。可以将杀戮比作是与复杂的电路相连的权变策略，这个电路允许我们下意识地去计算，杀人是否符合我们的利益。将侵略视为一种战略在今天已经比过去少得多了。作为一种暴力，战争在一些富裕的国家之间已经减少，而这不仅是因为道德或伦理的原因。事实上，道德往往使我们选择的权变策略合法化。道德是文化的产物，如果说我们变得更合乎道德（至少在我们自己看来），那是因为在人们的观念中我们已经更加国际化（或更少对陌生人抱有敌意）。此外，技术推动下的文化、旅游和历史知识水平的提高，以不同的方式促使我们不断扩大世界主义的影响，并由此使我们的社会想象力更加丰富。通过电视和电影，我们能将自己放到其他人的日常生活中，即使他们在生理上或者有时是心理上，与我们相去甚远。

七、遗传学和军事效能

如果我们的后现代社会通过体育的方式继续阻止或纯化暴力，那么他们可能会发现征募天才士兵时可用之才将更少。因此，如果我们希望延续战争事业，我们或许必须从操纵基因库着手。使药效得到增强，而不单是基因工程，也可能会是这一进程中的关键因素。也许士兵的基因工程还言之尚早——即使它最终要到来，也最多是 21 世纪后半叶的事情。

已被科幻作家所广泛提及的一项基因工程，就是克隆——将一个具有完整 DNA 的成熟人体细胞植入一个已去除细胞核的人类卵细胞中。克隆是一种将父母中一方的基因特征转移至一个胚胎，从而有效地创建一个与父 / 母基因相同的双胞胎的方法。克隆技术已在社会引起恐惧，理查德 · 道金斯曾用优美文笔描述道：“千百万个相同的小希特勒组成的方阵随着相同的基因鼓声踏起正步。”尽管如此，目前科学的观点是，克隆人类在遗传学上仍有困难，即使有可能实现，也将会是很久以后的事。但是，克隆可以被用来为人类提供细胞库，例如，更换在战场上失去的部分肢体。未来克隆很可能用于备件手术，而非复制人类。

未来的一项可能的工程即是操纵我们的基因。假如将繁殖置于一个比性竞争更能成功地传播优良基因的具有高度选择性的社会程序中，我们将真正步入一段新的航程。在未来 50 年内，我们或许可以完善自己，设计自己的孩子，并有可能创造出更加出色的士兵。过去我们用来改变自然环境的技术，现在可以用来改变自己。这不是通过修改人类本性，而是通过修改某种特殊人群的行为——包括那些战士的行为——而达到的。这些变化或许可以通过一系列的研究突破而成为可能。这些突破包括能一次读取 6 万个基因的被称作 DNA 芯片的矩阵阵列。人工染色体的制造则是另一项突破，它能像自然出现的染色体一样被成功地区分。之后是生物信息学上的进步——即使用计算机驱动的方法破译人类基因组。

我们已经可以通过定向改变或选择特定变体的方式来修改基因特征。更改动物的单个基因现在已成为一个例行的流程。目前这一领域的研究已经得到科学家们的支持和鼓励。他们宣称，可以破译我们的基因，从而分清我们在诸如犯罪、酗酒和吸毒等领域的行为之间的关系。如今的关键问题是，要找到许多具备相似才能（如运动能力超凡）的人所共同拥有的基因变体的一个结合体，从而操纵人类基因系统。

由于每个人身上都有许多基因信息——从简单的单基因疾病到复杂的多基因的情绪和行为特征，对雇主而言，使用基因数据选择准员工已具有越来越大的吸引力。早在20世纪70年代，镰状细胞性贫血的发现便促使美军首次使用基因筛查。隐性基因的携带者——许多是非洲裔美国人——被谢绝进入美国空军学院，原因是担心他们在缺氧环境中血红细胞可能衰减。

美国军方1992年进一步声称，他们将启动一个雄心勃勃的计划：从其工作人员中采集数百万的DNA样本。这项计划旨在便于对战争中阵亡的男女作出准确的身份鉴证。然而，在两名海军陆战队员根据美国宪法第四修正案关于隐私权的规定而拒绝提供血液的官司之后，有人担心，同样的基因样本会用于生物医学研究。这样的研究可能有助于确定最佳的军事基因，或淘汰最差的士兵：那些最易引起担心的人。如果孤立遗传性状成为可能，那么提高人格特质也将有可能实现，如增强特种部队所需的冒险精神，并为与电脑共同处于虚拟空间中的飞行员提供高于平均水平的稳定情感。

所有潜在的基因操纵是否最终会导致精英战士的出现——一个与天生普通公民所不同的群体？由于处在一个由责任、勇气、英雄主义及荣誉等一系列概念所构成的价值体系中，传统上军队经常将自身看作是具有其独特文化的。然而，在即将到来的生物技术的时代，它将可能产生超越性的生物学文化。在基因筛查出现之后，为什么要划定一个战士的阶级、民族或种族？为什么不可以基于基因类型来做这些划分——积极歧视（隔离某个“显性基因”）或消极歧视（筛选检测情绪和行为不稳定的倾向）？在未来几十年的进程中，生物技术可能会给军事人员带来显著的伦理和道德问题。

八、军事文化、神经科学与药理学的影响

一个更加有利可图的炒作项目——仅仅因为它已经出现了一段时间——涉及修改或通过神经药理学的方法对人类行为进行控制。在不久的将来，军事当局可能受其影响，为降低人类对疼痛的敏感度，而试图通过某种操纵手段，从而增强其体力和心理承受能力。目前，士兵的基因改变项目是五角大楼为寻求扩展战士能力而所作努力的一部分——一个重在利用设备而非药物来提高其性能的程序。所以，如果能让一个人保持一周清醒、具有作战并做出决定的能力，传输测试器（TMS）或电磁能量就能使科学家“快速推动”一个士兵的大脑。在未来，为通过眨眼次数来判断一个士兵的情绪，也可能利用附着在衣服上的设备。内部植入物能够监视人类心跳，并在士兵对程序毫无意识的情况下使其自行服用镇静剂或安神药。

为避免上述的一切太过牵强附会，应该提到的是，通过药物增强运动能力的做法已经在体育运动中有至少三十年的历史。例如，在体育运动中被禁止服用的激素能够促进红细胞生成素的分泌，提高血红细胞的携氧能力，从而增加10%—15%的耐力。而新陈代谢和生理增强剂则是现代职业运动的关键药物。除了体育道德，使用这类药物还涉及检测和副作用的问题。赢得比以往更大的胜利、塑造运动员的社会地位等目的均促成了体育运动中药物的持续使用。类似地，对赢得战争的持续性需求很可能也会加速药理学在未来军事作战中的应用。

历史上每一支军队都曾试图用尽一切方法来减轻压力，从而提高部队战斗力。酒精是最古老的方法。如今，随着神经科学的不断进步，较之过去，通过药理学手段控制焦虑和恐惧已被证实是更便宜、更简

单、更高效的方法。利眠宁和安定等药物已被用来治疗焦虑，百忧解和左洛复则被用来对抗忧郁。处方药被用来减轻压力和疲劳，增强美国空军飞行员保持清醒状态的能力，使其能够保持一次性多达七十二小时的清醒。不仅如此，焦虑抑制药物还被用来给投入战斗的飞行员服用。据报道，万艾可也许已被用来给一些特种作战部队使用，以提高其睾丸激素水平，使其能更好地进行侵略。

通过药理学手段操纵人类情感，将使战争无须再面对生理和心理的忍耐问题。在未来，我们甚至可以通过取消罪恶感，以避免英勇作战后留下的经常性创伤的影响。假使通过吞咽药丸，士兵可使自己免除一生的悔恨，那后果将会怎样？通过药物使一颗心灵得到解脱的愿望并非牵强附会。内疚和遗憾的感觉会以一种模仿和追踪巨大恐惧感的方式游走在神经网络中。因此，定位其中一种感觉的方法，也可以用来定位另一种感觉。抑制主管大脑中产生恐惧反应的激素以及软化回忆和唤起情绪的实验已在美国加州大学尔湾校区付诸实施。β–受体阻滞药与心得安已被用来阻止初期创伤造成的影响，以使最初的恐惧感得到消除。

哥伦比亚大学的另一个研究小组已经发现操纵抑制恐惧的蛋白质形成的基因，并在分子层面揭示了传统的“战斗或飞行”恐惧的机理。由此，相应的问题也产生了：我们西方国家很快就能钝化人类的良知，解脱心灵的遗憾、悔恨、痛苦或内疚了吗？“后果管理”的最终目的是使士兵对自己的行为所造成的后果视而不见吗？这是得寸进尺的开端——道德被麻痹的士兵出现在我们的世界？

九、结　语

生物技术最彻底的影响可能不是在战争的存在主义层面上，而是在战争的形而上学层面上。在形而上学层面上，死亡被看作一种牺牲的方式，亦即士兵所理解的自我死亡的方式。其意义在不同的文化中常常有所区别。不可避免的是，当不同人群对各自的生活方式有不同的偏好时（我们可理解为由不同文化所决定的偏好），伦理问题就会出现。所有社群都根据他们自己的历史经验和集体认识来选择最佳的生活方式，社群之间的道德分歧由此产生。

由于人权的约束，我们都要遵守通用规则，这就触及一个完全不同的问题，即当代哲学家尤尔根·哈贝马斯所谓的“作为同一物种成员的自我认识”问题。这种自我认识与随时代而变化的文化无关，而与不同文化所持有的对人性的看法有关。哈贝马斯认为，生物技术的革命威胁到了人这种宝贵物种的自我认识。事实上，他认为，生物技术最近的发展以及基因研究会使人对于技术的偏好变得机械化。最明显的例子是，父母想要孩子拥有某种特定的皮肤或某种头发颜色，或准备消除他们所认为的人类不完善的地方，而这些不完善的地方大部分是遗传的。在这一点上，人体不再神圣，因为它只是一个“物体”，只是国家或父母可以随意修改或重新设计的一件工具。根据哈贝马斯的看法，一旦我们将人体——包括军事人员的身体——只看作是有缺陷的“硬件”，而将他们的头脑看作是有待强化的“软件”，那么我们作为一个物种的自我认识将会受到威胁。

生物技术的伦理内涵使人却步。雷·库兹韦尔在他 1999 年的著作《心灵机器时代》中指出：“下个世纪首要的政治哲学问题将是如何定义‘我们是谁’。”在承诺不仅重新制造我们的身体，还要再造我们的世界的情况下，这些新技术引起了一个十分重要且紧迫的问题，就是整个社会与以其名义而作战的士兵之间的不断交锋。此外，如果未来战争是文化间的斗争，即西方人民、国家、社会或政权与非西方人民、国家、社会或政权之间的斗争，那么它的主体间的意义将变得更为重要。出于这个原因，即便是后人类战争也很可能只是在本体论上如从前一样真实。用美国当代杰出的哲学家理查德·罗蒂的话来说：

人性既不是本质，也不是终点，而是一个持续的不稳定的成为人的过程，这个过程包含一个无法回避的事实：我们的人性借自于其他物种，确切而言，在某种意义上我们在其他物种那里确认我们的人性……其他物种会告诉我们“我们是否是人”及其意义。

正是把人性看作一个过程这种观点，将我们引入了生物技术和战争问题的核心。未来，我们将把人性看作是一个持续的“成为”人类的过程——一个通过机械人的强化（“参与演变”的一种形式），相比过去更受技术影响的过程。与此同时，道德已变得更加具有主体间性而不再是主观性。这就是为什么我们需要对不久的将来才可能开始的“后人类战争”的前景进行深刻考虑的原因。西方的未来战士会发现自己脱离了他们自己物种的那种自我认识吗？他们会认为自己与那些来自其他物种并从未经历过后人类环境的战士在基因方面大相径庭吗？

作者简介：

克里斯托弗·柯克：英国伦敦政治经济学院教授，国防政策与军事伦理研究领域的世界知名专家。其代表性著作包括，《战争和20世纪：一项战争和现代意识的研究》（1994年）、《战争和狭隘的良心》（1998年）、《人文战》（2001年）、《无兵之战：改变军事冲突的文化》（2002年）及《未来战争：21世纪战争的复魅》（2011）。

后 记

与科学家的早餐谈话

2018年4月19日，早餐时间，在某高科技创新大楼，与一位曾在著名科研机构担任过要职的科技大咖袁建平闲聊，这位从黄土高原上走来的航天科学家说，“我特别喜欢吃胡辣汤泡饭，这种美食是一种‘交叉集成创新’，胡辣汤和米饭这两种食物一般不出现在同一个餐馆，但我们可以考虑让它们混搭，味道还不错……”

在“哈哈哈……”的笑声中，我感受到了科技创新领域一流大家的睿智，也突然受到启发，激活了心中思考良久的一个战争研究难题。当时，我们撰写的《人工智能颠覆未来战争》已经送出版社审校，正在思考“人类战争到底向何处去?”的问题。倘若能摆脱就军事谈军事的思维陷阱，从跨学科的视角来触摸这一话题，会不会有“柳暗花明又一村”般的新发现呢?

结果是令人惊喜的。在随后的几天时间里，大脑中灵感不断。有关未来世界与冲突的思考，仿佛走进了一片新天地。

2018年4月30日上午10点02分，我应约与上海交通大学科学史与科学文化研究院原院长江晓原教授通话，进一步讨论了有关人工智能、生物交叉技术与未来战争的诸多问题，江晓原教授家中有五万余册藏书，向来以博学、睿智及机敏享誉学术界，在科学史、天文学、科幻小说和电影等领域都造诣颇深，听其从科幻、伦理及国际关系等跨界的角度一番纵论后，脑海中厘清了许多杂乱的思绪。回到办公桌前，我拨通该书合作者贾珍珍博士的电话：

“珍珍，有想法了，我们这个作品虽然是个有意思的题目，但还不够前沿……”

出版社已经要编印出版了，《人工智能颠覆未来战争》只是探索路上的一个逗号，但在该书出版之际，我们却想到后续研究方向——《后人类战争》。

后人类战争，确实是一个激动人心的理论挑战。我对江晓原教授说，我们争取创作一部让美国西点军校翻译的军事学著作。说完又觉得这是一个有点“不着边际”的话语。战争研究的领地，多少年来，无数高智商的头脑都试图在这里采撷硕果，最终让后来者记住的，仅仅是那几个孤零零的熠熠生辉的名字：孙子、克劳塞维茨、米切尔、杜黑、格雷厄姆，等等。

我们会成为幸运者吗？

《后人类战争：人工智能形塑的未来军事与世界》，这显然是一个交叉研究的题目，有一定的挑战性。今天推出的《人工智能颠覆未来战争》就算是它的序曲吧。

本书乃我们近年来在导师曾华锋教授（国防科技大学文理学院院长）及王湘穗教授（北京航空航天大学战略问题研究中心主任）指导下持续研究的结晶，其间，团队成员刘一鸣及金宁等，慷慨贡献了各自的智慧与汗水，好友罗尔文在该书创作过程中给我们提供了许多灵感火花，使作品增色不少。此外，诸多领导、恩师、同学及朋友给予了大力帮助，家人的理解与支持给我们撑起安心求学问道的宁静天空，在此一并表达深深的谢意！

本书完稿后，著名军事专家乔良将军、中国电子科技集团有限公司总经理吴曼青院士、中国指挥与控制学会理事长戴浩院士、中国科学院自动化研究所复杂系统管理与控制国家重点实验室王飞跃主任、海国图智研究院陈定定院长、中国人民大学国际事务研究所王义桅所长等知名专家审阅书稿后给予了热情推荐，让我们备受鼓舞的同时也深感有责任持续深入研究下去。国防大学胡晓峰将军对人工智能与智能化战争也是真正懂行的高手，等我们再深入研究推出更有分量的第二部智能化战争主题作品后，再请胡将军审阅，本书权作抛砖引玉。

最后，特别需要指出的是，就在本书创作收尾之际，我们偶然接触到陈国强将军力推的“红蓝融合”，其敢想敢做的担当、锐意创新的精神及无比睿智的头脑，给我们深深的触动，也启发我们在封面图案设计中加注了“红蓝融合”的元素。见贤思齐，我们在路上。

石海明　贾珍珍

2018 年 5 月

责任编辑:刘敬文
装帧设计:王欢欢
责任校对:吕　飞

图书在版编目(CIP)数据

人工智能颠覆未来战争/石海明,贾珍珍 著. —北京:人民出版社,2019.6
ISBN 978 - 7 - 01 - 020862 - 6

Ⅰ.①人…　Ⅱ.①石…　②贾…　Ⅲ.①人工智能-应用-未来-战争　Ⅳ.①E81

中国版本图书馆 CIP 数据核字(2019)第 095743 号

人工智能颠覆未来战争
RENGONG ZHINENG DIANFU WEILAI ZHANZHENG

石海明　贾珍珍　著

人民出版社 出版发行
(100706　北京市东城区隆福寺街 99 号)

北京汇林印务有限公司印刷　新华书店经销

2019 年 6 月第 1 版　2019 年 6 月北京第 1 次印刷
开本:710 毫米×1000 毫米 1/16　印张:26
字数:323 千字

ISBN 978 - 7 - 01 - 020862 - 6　定价:60.00 元

邮购地址 100706　北京市东城区隆福寺街 99 号
人民东方图书销售中心　电话 (010)65250042　65289539